십이지 이야기

JUNISHI MONOGATARI

by MOROHASHI Tetsuji 諸橋轍次

Copyright © MOROHASHI Tetsuji
All rights reserved.
Originally published in Japan by TAISHUKAN Publishing Co. Ltd., Tokyo.
Korean translation rights arranged with TAISHUKAN Publishing Co. Ltd., Japan
through THE SAKAI AGENCY and B&B AGENCY.

이 책의 한국어판은 바오출판사에서 비엔비 에이전시를 통해 저작권자의 허락을 얻어 출간했습니다. 이 책의 일부나 전부를 상업적으로 이용하고자 하는 분은 바오출판사로 연락하시기 바랍니다.

십이지 이야기

2009년 12월 15일 초판 1쇄 발행
2009년 2월 23일 초판 2쇄 발행

지은이 | 모로하시 데쓰지
옮긴이 | 최수빈
펴낸이 | 이문수
교정·편집 | 이만옥
디자인 | 민진기디자인·컬처북스
펴낸곳 | 바오출판사

등록 2004년 1월 9일 제313-2004-000004호
주소 서울시 마포구 서교동 469-5 정서빌딩 403호 (121-842)
전화 02)323-0518 문서전송 02)323-0590
전자우편 freelms1@naver.com

ISBN 978-89-91428-06-5 03150

* 값은 뒤표지에 있습니다. * 잘못 만든 책은 바꿔드립니다.

십이지 이야기

모로하시 데쓰지 지음 — 최수빈 옮김

옮긴이 머리말

이 책을 우리말로 옮긴 저는, 말띠해[丙午年]·말달[午月]·말시[午時]에 태어났습니다. 그래서 어릴 때부터 어른들에게 "쉬지 못하고 말처럼 늘 바쁘게 뛰어다녀야겠구나" 하는 걱정 어린 이야기를 종종 듣곤 했습니다. 돌이켜 보면 지금까지 생활이 늘 바쁘고 고됐던 것 같습니다. 하지만 바쁘지 않고 고되지 않은 삶이 어디에 있겠습니까? 진위 여부를 떠나 저는 그런 어른들의 말씀을 매우 재미있게 들었던 기억이 납니다. 저뿐 아니라 한국인이라면 누구나 자신이 무슨 띠인지는 알고 있을 것입니다. 그리고 저와 마찬가지로 많은 분들이 자신이 태어난 해의 십이지에 대한 이야기를 들은 경험이 있을 것입니다. 또 새해가 되면 어김없이 이번 해는 십이지의 어떤 동물에 해당되며, 그래서 어떤 특징이 있는지에 대해 이야기하기도 합니다.

한국인을 비롯해 중국인과 일본인, 즉 동아시아인들은 예로부터 십간十干과 십이지十二支라는 해석의 틀을 통해 자신들의 삶의 정황을 이해하고자 하였습니다. 간단히 말해 십이지는 십간과 더불어 인간이 머무르는 시간과 공간을 구획 짓고, 그것에 의미를 부여하는 하나의 기호로 작용하였습니다. 십이지를 고안해낸 고대 동아시아인들의 사고의 밑바탕에는 인간과 동물, 식물은 물론이고 계절과 천체, 우주 모두가 하나의 동일한 법칙과 체계 속에 놓여 있다는 믿음이 있었습니다. 그리고 동아시아인들은 각각의 사물들이 상응관계에 있다고 생각했습니다. 따라서 사람 역시 각 개인마다 특정 동물이나 특정 별자리, 특정한 해[年]나 계절, 혹은 시간[時]과 상응관계에 있다고 믿었던 것입니다.

쥐나 토끼, 말, 닭 같은 십이지 동물들은 바로 동아시아인들이 자신의 존재나 삶의 정황이 우주적 공간이나 시간, 그리고 사물이나 사람과의 관계 속에서 어떻게 자리매김하고 있는가에 대한 의문에서 비롯된 상징적 도구들입니다. 이러한 도구들은 사람들로 하여금 자신이 처한 상황을 이해하고 받아들이며, 나아가 그러한 상황에서 어떻게 사고하고 행동해야 하는가를 판단하는 소중한 자료가 되었습니다. 그런 이유로 간혹 미신의 그림자가 어른거린다는 이유로 괄시를 받기도 하지만, 21세기 과학문명의 홍수 속에서 살아가는 오늘날의 우리들에게도 여전히 의미 있는 전통의 산물로서 남아 있는 것입니다. 이 책은 이렇듯 우리 문화 속에서 오랫동안 자리하면서 민중과 함께 한 십이지에 관한 이야기를 다룬 책입니다.

이 책의 저자인 모로하시 데쓰지諸橋轍次는 무엇보다 《대한화사전大漢和辭典》의 편찬자로 널리 알려져 있는 대학자입니다. 동양학을 공부하는 분이라면 누구나 저자가 편찬한 사전의 존재를 알고 있을 것입니다. 저자는 젊은 시절 중국으로 유학을 떠나 한자와 고전을 연구하면서 한자 사전의 필요성을 절감하고, 일본으로 돌아와 사전 편찬에 매달리게 되었다고 합니다. 그 과정에서 완성된 원고를 화재로 잃기도 하고, 눈을 지나치게 혹사해 한쪽 눈을 잃는 시련을 겪기도 했지만 불굴의 노력과 축적된 지식을 바탕으로 세계에서 가장 정확하고 방대한 사전의 하나로 평가받는 《대한화사전》을 펴내기에 이릅니다. 이 번역본도 사전의 편찬 과정에서 나온 것입니다.

이 책은 십이지의 기원과 의미를 더듬어 밝히는 것은 물론 각 동물들에 관해 예로부터 전해져오는 역사적 사실이나 전설 같은 다양한 이야기들을 한 권의 책으로 묶은 것입니다. 저자는 수많은 고전을 자유자재로 인용하면서 십이지에 관한 재미있는 이야기들을 자문자답自問自答 형식으로 들려줍니다. 물론 그 속에는 오늘날 우리들이 일상적으로 쓰는 한자어휘나 고사성어의 유래도 있고, 마음에 새길 만한 교훈적인 이야기도 적지 않습니다. 저자가 머리말에서 밝힌 대로 이 책은 학문적인 목적으로 쓴 책이 아닙니다. 그럼에도 불구하고 이 책이 담고 있는 정보는 매우 폭넓을 뿐만 아니라 학문적으로도 유용하다고 생각합니다. 수많은 옛 문헌 속에서 십이지에 얽힌 이야기들을 가려내어, 그것을 정리해서 나열하고 있다는 것만으로도 충분히 학문적 가치가 있다고 할 것입니다. 특히 이 책의 서론인 '십간과 십이지'는 십간과 십이지의 기원과 그 의미를 밝히는 다소 전문적인 내용을 담고 있어 이 분야를 연구하는 분들에게 의미 있는 자료가 될 것으로 생각합니다. 따라서 이 책은 일반인들이나 관련 분야를 공부하는 학자들 모두에게 유용할 것으로 판단됩니다.

본래 이 책의 원서에는 각주가 달려 있지 않습니다. 책 속에서는 인용 구절이나 고사故事에 대한 일본어 번역만을 싣고 있습니다. 그리고 그 내용도 원문과 동일하지 않고 일반인들이 이해하기 쉽도록 각색한 것이 많습니다. 또 어떤 문헌에 나오는지 출전을 표기하지 않은 경우도 많습니다. 본 번역본에서는 인용문의 원문과 그 출전, 그리고 본문에 등장하는 문헌을 각주로 표기했습니다. 따라서 저자가 본문에서 원전을 각색해서 인용한 부분과 각주의 원문이 약간 다를 수 있다는 것을 미리 말씀드립니다. 그리고 각주를 통해 일반인들에게는 낯선 명칭이나 문헌에 대한 정보를 제공하고, 보다 깊은 이해를 원하는 분들에게는 원문이나 출전을 알 수 있도록 했습니다. 사실 번역 자체보다 본문의 내용을 확인하고 원전을 찾아서 일일이 각주를 다는 데 훨씬 더 많은 공과 시간이 들었습니다. 본 번역본에 작은 공功이라도 있다면 바로 여기에 있다고 할 것입니다.

번역을 하면서, 저자가 이 책을 저술할 때 중국이나 일본의 옛 문헌을 일일이 찾아서 인용한 것이 아니라 과거 공부했던 내용을 머릿속에 담아

두었다가 그대로 지면에 옮겨놓은 게 아닌가 하는 생각이 들었습니다. 실제로 그랬을 것으로 생각합니다. 그 때문인지 어떤 인용문들은 본래 문헌이 아닌 다른 출전으로 표기된 경우도 있었고, 또 드물게 인명을 잘못 쓴 곳도 있었습니다. 그런 경우에도 본문이나 각주를 통해 바로잡았음을 밝혀둡니다.

번역을 마치고 보니, 옮긴이의 부족한 실력으로 대가大家가 뜻한 바를 잘못 전달한 것은 아닌지, 또 우리말 표현이 미숙해서 독자들의 눈살을 찌푸리게 하지는 않을지 걱정이 앞섭니다. 그럼에도 감히 독자 분들에게 이 글을 권해드리고자 하는 이유는, 그런 실수를 상쇄하고도 남을 만한 자료적 가치와 내용의 풍성함, 그리고 누구나 쉽게 읽을 수 있게 쓴 지은이의 배려가 이 책에 담겨 있기 때문입니다. 부디 저자가 초대하는 십이지 이야기 여행에 동승해 고전의 향기를 한껏 느껴보시기를 권합니다.

2008년 11월 최수빈

머리말

십이지는 말할 필요도 없이 '자子·축丑·인寅·묘卯' 등 열두 개로 이루어져 있습니다. 이 책은 십이지에 해당하는 동물들, 즉 쥐나 소, 호랑이, 토끼 등에 관해 예로부터 전해져오는 역사적 사실이나 전설 등 여러 이야기들을 다양하게 모아놓은 것입니다. 말하자면 축소판《대한화사전》의 월별月別 내용을 한 데 모은 것입니다. 십이지 자체의 기원이나 의미를 살펴보는 것은 학문적으로 의의가 있으며 흥미로운 일이라고 생각하지만, 이 책은 처음부터 그런 의도를 가지고 쓴 것이 아니라는 사실을 우선 밝혀두고 싶습니다.

십이지는 여러 면에서 우리들의 삶과 많은 관련이 있습니다. 십이지는 연중행사年中行事 가운데에 들어가 있을 뿐만 아니라 풍습 안에도 스며들어 있습니다. 또한 여러 기물器物이나 유적遺蹟 속에도 그 명칭이 나타나기 때문에 관점에 따라서는 우리들의 일상생활 자체와 불가분의 관계에 있다고 할 수 있습니다. 따라서 사람들의 입에 오르내리거나 귀에 들리는 일이 많습니다. 예를 들어, 정월이라든가 명절, 경신일庚申日 밤, 자일子日

아침이라고 할 경우에 반드시 십이지 중 어느 한 가지는 얼굴을 드러내기 마련입니다. 그리고 그런 말들을 접할 경우 많든 적든 십이지에 관한 역사적 사실이나 전설을 알고 있으면, 이야기의 소재도 되고 무료함을 달래주는 데 도움이 될 것이라고 생각합니다. 그래서 이렇게 잡기雜記를 쓰게 되었습니다.

그리고 이 책에서는 십이지에 관한 격언이나 속담 등도 덧붙였습니다. 십이지의 유래나 격언, 속담 등은 그 문장은 짧지만 의미심장한 것이 특징입니다. 더욱이 우리는 그것이 주는 교훈이 과거 수천 년 동안 이미 많은 사람들을 가르치고 이끌었음을 이미 경험했고, 그런 점에서도 십이지는 강력한 힘을 가지고 있다고 할 수 있습니다. 독자 여러분들께서 만약 십이지의 교훈을 통해 삶을 되돌아볼 수 있다면, 그것 또한 수양修養에 도움이 될 것으로 생각합니다.

모로하시 데쓰지

차례

옮긴이 머리말_4

머리말_10

서 론 | 십간과 십이지_15

제1장 | 자子·쥐_39

제2장 | 축丑·소_59

제3장 | 인寅·호랑이_79

제4장 | 묘卯·토끼_101

제5장 | 진辰·용_123

제6장 | 사巳·뱀_145

제7장 | 오午·말_163

제8장 | 미未·양_181

제9장 | 신申·원숭이_203

제10장 | 유酉·닭_221

제11장 | 술戌·개_247

제12장 | 해亥·돼지_271

옮긴이 주_295

찾아보기_329

일러두기

1. 이 책은 諸橋轍次의 《十二支物語》(大修館書店, 2000年 新裝 8刷)를 완역한 것이다.
2. 본문에서 일련번호가 붙은 주는 모두 옮긴이 주이며, 후주로 처리했다.
3. 모든 인명과 지명은 외래어 표기법에 따라 표기했으며, 해당 고유명사가 처음 나올 때 한자를 병기했다.
4. 이 책에 수록된 도판과 찾아보기는 원래 원서에는 없는 것이지만, 독자들의 이해를 돕기 위해 수록한 것이다.

서론_

십간과 십이지

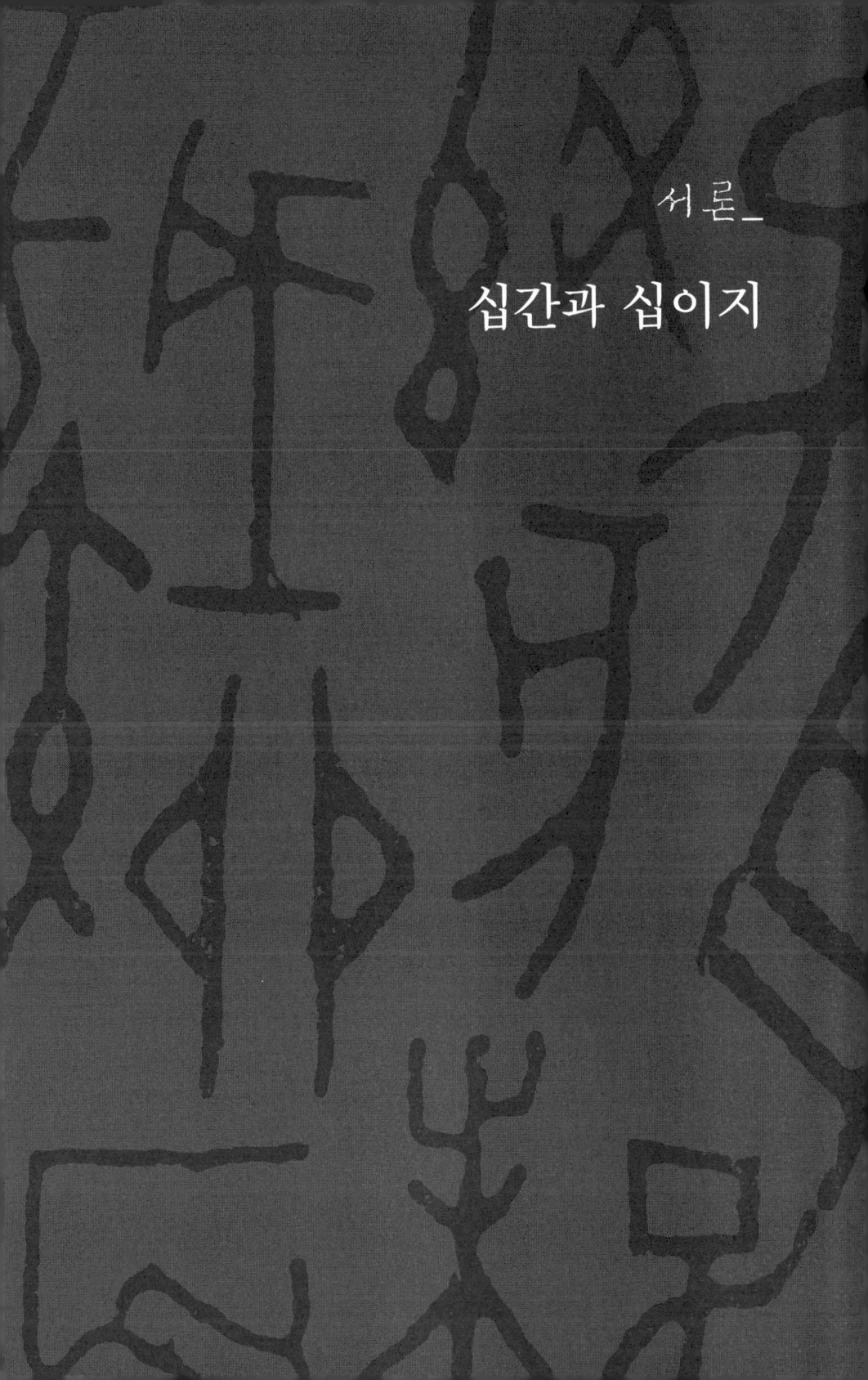

선생님, 건강해 보이십니다.

모로하시 덕분에 잘 지내고 있습니다. 감사합니다.

올해 연세가 어떻게 되시는지요?

모로하시 메이지明治 16년1883 양의 해에 태어났으니까 올해 여든다섯입니다.

양띠 해에 태어나셨습니까? 그러고 보니 몇 해 전에 병오년丙午年이라고 해서 그 해에 태어나는 아이가 시집을 가면 이렇다 저렇다 해서 세간에서 꽤나 말들이 많았습니다. 자子·축丑·인寅·묘卯로 이루어진 십이지와 관련이 있는 쥐나 소 등에 관한 여러 가지 재미있는 전설이나 고사가 많이 있는 것으로 알고 있습니다. 그에 관한 말씀을 꼭 들어보고 싶습니다.

모로하시 병오년에 태어나는 사람이 어떻다느니 하는 것은 사실 미신이지요. 하지만 쥐나 소, 호랑이에 관한 전설이나 고사를 찾아보는 건 사람에 따라서는 상당히 흥미로운 일일 겁니다. 그런데 십간과 십이지, 즉 간지干支의 기원이나 그 밖의 것에 대한 학문적인 연구에 이르면 그 내용이 꽤나 어려울 뿐 아니라 결국 해결되지 않는 문제일지도 모르겠습니다.

그래도 꼭 말씀을 들려주셨으면 좋겠습니다. 우선 간지가 무엇인지부터 말씀해주시지요. 십간은 갑甲·을乙·병丙·정丁·무戊·기己·경庚·신辛·임壬·계癸이지요?

모로하시 그렇습니다. 그리고 십이지는 자子·축丑·인寅·묘卯·진辰·사巳·오午·미未·신申·유酉·술戌·해亥입니다. 그리고 이 십간과 십이지를 배합하면 일日(하루)의 명칭이 되기도 하고, 연年(해)의 명칭이 되기도 합니다. 작년이 바로 병오년에 해당되어서 여러 가지로 소란스러웠던 거지요. 다시 60년이 지나면 병오년이 됩니다. 사람들이 60세가 되는 해에 환갑잔치를 하는 것도 그 때문이지요.

그럼 간지라는 말은 무엇을 나타내는 것입니까? 먼저 그 말씀부터 해주시지요.

모로하시 《황극경세서皇極經世書》[1] 같은 문헌에 따르면 "간干이란 간幹, 즉 줄기를 말하고, 지支란 지枝, 즉 가지를 말한다"[2]고 합니다. 중국에서는 음

音이 같으면 같은 뜻으로 사용하기도 합니다. 그리고 가지와 줄기의 관계는 어머니와 자식의 관계 같은 것이어서 《사기史記》3 〈율서律書〉 등에서는 "십간십이지를 십모십이자十母十二子"4라고도 말합니다. 또 간과 지의 관계에 대해 《황극경세서》 등에서는 "십간은 하늘이고 양陽이며, 십이지는 땅이고 음陰"5이라고 이야기하고 있습니다만 그건 본래의 뜻이 아닙니다.

그러면 간지의 기원은 어느 무렵부터입니까?

모로하시 그건 도저히 알 수 없습니다. 《통감외기通鑑外記》6라는 문헌이 있습니다. 이 책에 따르면 태고 시절 천황天皇이 반고盤古의 뒤를 이어 천하를 다스렸는데 "무위無爲하면 세상은 저절로 조화를 이룬다"고 하여 그때 처음으로 간지의 명칭을 제정했다고 합니다.7 그리고 황제黃帝 때 대요大撓에게 명해 처음으로 갑자甲子를 만들었다고도 합니다.8 하지만 이 모두는 전설에 지나지 않습니다.

《사기》〈은본기殷本記〉에 보면, "은나라(商이라고도 한다)의 시조인 계契는 상商에 나라를 세웠으나 그 자손인 반경盤庚시대에 은의 땅으로 옮겼다"고 합니다. 계로부터 8대에 걸친 후대 사람들을 각각 보정報丁·보을報乙·보병報丙·주임主壬·주계主癸·천을天乙 등으로 열거하고 있습니다. 그런데 이 이름들 속에 십간의 명칭인 경庚·정丁·을乙·병丙·임壬·계癸가 나오지요. 그래서 여기에 후대 역사를 추가해서 기록한 것이라고 생각하는 사람들도 있습니다. 하지만 십간십이지가 은대에도 있었다는 무엇보다 확실한 증거는, 지금의 중국 허난성河南省 안양현安陽縣, 즉 장더彰德에서 조금 떨어진 곳에 있는 인쉬殷墟에서 발굴된 갑골문甲骨文 안에 십간십이지 각각의 명칭이 새겨져 있었다는 것입니다. 이런 사실을 고려해볼 때

은대에 이미 십간십이지가 일반적으로 상당히 널리 보급되어 있었던 것으로 생각됩니다.

갑골문 속 십이지 문자

말씀을 통해 십간과 십이지의 명칭이 은대에 있었다는 사실을 잘 알았습니다. 그 역사가 대단히 오래되었군요.

모로하시 실제로는 훨씬 더 오래되었을지도 모릅니다. 《사시사시事始》[9] 등에는 황제黃帝가 자子·오午 등으로 십이진十二辰[10]을 만들어 달[月]에 이름을 붙였다고 나와 있습니다. 하지만 물론 믿을 수는 없는 내용이지요. 간지의 기원에 대해서는 고인이 되신 하시모토 마스키치橋本增吉[11] 박사가 상세하게 다룬 바가 있습니다.

간지의 십十과 십이十二라는 수는 어디에서 유래한 것입니까?

모로하시 중국에서는 예로부터 하늘[天]의 수數는 오五, 땅[地]의 수는 육六이라고 했습니다. 오에서 십이 나왔고, 육에서 십이가 나왔다는 것은 쉽게 생각할 수 있습니다. 그래서 십간을 천간天干, 십이지를 지지地支라고 도 이야기합니다. 하지만 천간지지가 그 기원이 되지는 않습니다. 그보다 앞선 어떤 사상이 있었겠지요.

그렇다면 어떤 또 다른 사상이 있었다는 말씀인지요?

모로하시 십이지는 달의 둥그러짐과 이지러짐을 보고 정한 것이고, 십 간은 아마도 오행五行의 오에서 나온 것으로 생각됩니다. 오행의 오가 어 디에서 유래했는가에 대해 사람들은 흔히 인간 사회와 가장 관계가 깊은 목木·화火·토土·금金·수水에서 유래한 것이라고 말합니다. 하지만 보다 소박한 사고, 곧 다섯 개로 이루어진 손가락과 발가락의 수나, 혹은 가장 눈에 잘 띄는 백白·흑黑·적赤·청靑·황黃의 오원색에서 나온 것일지도 모 르겠습니다.

오행에 대해 좀 더 말씀해주시지요. 그리고 그것과 간지와의 관계에 대해 서도 말씀을 해주시면 좋겠습니다.

모로하시 오행사상은 중국에서는 아주 오랜 옛날부터 있었습니다. 중국 에서 가장 오래된 문헌인 《서경書經》[12]의 〈홍범洪範〉편에 보면 "일은 수水, 이 는 화火, 삼은 목木, 사는 금金, 오는 토土라고 부른다"[13]고 나옵니다. 여기서 오행은 수·화·목·금·토의 순서로 나옵니다. 그런데 전국시대戰國時代 이후 가 되면 오행상승설五行相勝說과 오행상생설五行相生說이 동시에 유행합니다. 전자는 토·목·금·화·수 순으로 되어 있고, 후자는 목·화·토·금·수의 순 서를 따르고 있는데, 간지와 연결되면 상생설의 순서에 따릅니다.

그럼 간지 읽는 법을 좀 알려주시지요. 병오丙午를 일본어로는 히노에우마ヒノエウマ라고 읽는데, 읽는 법이 상당히 어렵습니다. 좀 더 쉽게 읽을 수 있는 방법이 없을까요?

모로하시 있습니다. 십간의 경우 갑을甲乙과 같이 둘씩 짝을 지으면 다섯 쌍이 되지 않습니까? 그것을 목·화·토·금·수의 오행에 각각 배치시킵니다. 그런 다음 각 쌍 중에 위에 있는 것을 형兄, エ으로 보고, 아래에 있는 것을 아우弟, ト로 보아서 갑甲은 키노에キノエ, 을乙은 키노토キノト, 병丙은 히노에ヒノエ, 정丁은 히노토ヒノト, 무戊는 쓰치노에ツチノエ, 기근는 쓰치노토ツチノト, 경庚은 카노에カノエ, 신辛은 카노토カノト, 임壬은 미즈노에ミズノエ, 계癸는 미즈노토ミズノト라고 읽으면 됩니다.

오행(五行)	목(木)	화(火)	토(土)	금(金)	수(水)
형 (兄, 에, エ)	갑 (甲, 키노에, キノエ)	병 (丙, 히노에, ヒノエ)	무 (戊, 쓰치노에, ツチノエ)	경 (庚, 카노에, カノエ)	임 (壬, 미즈노에, ミズノエ)
아우 (弟, 토, ト)	을 (乙, 키노토, キノト)	정 (丁, 히노토, ヒノト)	기 (己, 쓰치노토, ツチノト)	신 (辛, 카노토, カノト)	계 (癸, 미즈노토, ミズノト)

십간을 오행에 배치시켜서 갑을을 목에, 병정을 화에 짝짓는 방법은 언제 누가 정한 것입니까?

모로하시 그것 역시 알 수 없습니다. 다만 《협기변방서協紀辨方書》[14] 같은 문헌에 "갑을은 목에 속하고, 병정은 화에 속한다"[15]는 내용이 있습니다. 모두 전국시대 이후 음양가陰陽家나 성가星家 등이 주창한 것으로 봅니다.

십간과 십이지를 배합한 이른바 간지는 모두 해[年]에만 이름이 붙여진 것 같은데 본래부터 그랬습니까?

모로하시 아니, 그렇지 않습니다. 원래는 날[日]에 이름을 붙였던 것입니다. 따라서 중국에서 가장 오래된 문헌인 《서경》이나 공자가 재편집[筆刪]했다는 《춘추春秋》[16] 같은 문헌에 나오는 간지는 모두 날을 나타내는 것이지 해를 나타내는 것이 아닙니다.

그렇다면 언제부터 해를 표시하게 된 것입니까? 일본에서는 신년申年이다, 술년戌年이다, 혹은 병년丙年이다 해서 모두 해에 붙어 있지 않습니까?

모로하시 날을 표시한 것은 은대부터지만 간지로써 해를 나타내게 된 것은 훨씬 후대의 일인 것 같습니다. 사실 이건 매우 어려운 문제입니다. 이전에는 대개 전국시대 중엽, 즉 기원전 350년 전후라고 보는 것이 정설이었습니다.

그 정도로 후대입니까?

모로하시 신죠 신죠新城新藏[17] 박사나 이지마 다다오飯島忠夫[18] 박사 같은 분들의 이론이 대개 그 점에서 일치합니다. 그런데 최근에 다이토분카대학大東文化大學의 고지마 마사오小島政雄 선생에게 간지기년법干支紀年法에 관한 저술을 받았는데, 그에 따르면 전국시대 중엽부터 200년이나 지난 전한前漢 초기라고 합니다. 좀 더 구체적으로 말하면 전한 문제文帝 16년, 다시 말해 회남왕淮南王 유안劉安이 즉위한 회남 원년기원전 164에서 더 거슬러 올라갈 수는 없는 시대(회남 원년 이후)라고 단정하고 있습니다. 회남 원년은 《회남자淮南子》[19]가 편찬된 해인데, 고지마 선생은 《회남자》〈천문훈天文訓〉에 "천일天一[20]이 병자丙子[21]에 있다"는 등의 기록을 간지 기년의 전형적인 표현이라고 주장하고 있고, 그러한 결론을 뒷받침하기 위해 상세하고 적확한 증거를 제시하고 있기 때문에 정설로 받아들여도 무방하지 않나 생각합니다.

십이지에 대해 말씀입니다만 자子를 쥐[鼠]로, 축丑을 소[牛]로 읽는 것은 십이지 이외에는 전혀 없습니까?

모로하시 그렇습니다. 자를 쥐로, 축을 소로 읽는 것은 십이지 이외의 경우에는 전혀 없다고 봅니다. 제가 어릴 적에 한자로 '子子, 子子子'라고 쓴 뒤에 어떻게 읽는지 묻는 놀이가 있었습니다. 혹시 이걸 읽을 수 있겠습니까?

못 읽겠군요.

모로하시 '네코(子子=ネコ, 고양이)의 코(子=コ, 새끼)는 코네코(子子子=コネコ, 새끼고양이)'[22]라고 읽습니다. '고양이의 새끼는 새끼고양이'라는 뜻으로 당연한 이야기이지요. 그 새끼가 쥐가 될 수는 없겠지요?(웃음)

그러면 누가 도대체 자를 쥐, 축을 소라고 읽은 것입니까? 일본인입니까, 중국인입니까?

모로하시 물론 중국인입니다. 근거가 있습니다. 옛날부터 중국에 십이지 그림이 있었는데, 그 그림을 보면 자에는 쥐, 축에는 소가 그려져 있습니다. 다만, 어째서 자라는 글자가 쥐에 해당하고, 축이라는 글자가 소에 해당하는지는 알 수 없습니다. 《사물기원事物紀原》[23]이라는 책을 보면 "황제黃帝가 자子·축丑 등의 십이진十二辰을 세워 그것으로써 달[月]에 이름 붙이고, 또한 열두 짐승의 이름을 그것에 붙였다"[24]는 말이 나옵니다. 황제는 물론 전설 속의 인물이지만, 그렇다고 해도 상당히 오래 전부터 쥐나 소 등에 배치한 것은 사실일 겁니다. 뒤에서 다시 이야기할 기회가 있겠지만, 십이十二라는 수는 천체天體의 십이진을 본떠 달에 배치한 것이 확실합니다. 그런데 왜 하필이면 많은 동물 중에 쥐나 뱀 같은 동물을 택했는지는 확실히 알 수 없습니다.

그렇다면 일본에는 언제부터 간지가 전해졌습니까?

모로하시 그건 저도 잘 모르겠습니다. 다만 나라奈良시대[25] 이전부터 이미 전해져 있던 것만큼은 확실한 것 같습니다.

그렇군요. 그러고 보니 쇼소인正倉院[26]에 있는 문화유품 중에 분명히 '십이지각조석판十二支刻彫石板'이 있던 게 기억이 나는군요. 한쪽 면에 두 개씩 뛰어난 구도로 조합된 것이었지요. 그렇다면 덴헤이天平[27] 이전이라는 이야기가 되니까 지금으로부터 1천 2~300년 전에 이미 전해져 있었다는 말이 되는군요. 게다가 자는 쥐, 축은 소, 술戌은 개[犬], 해亥는 돼지[猪]라는 것도 알고 있었고요.

모로하시 그건 틀림없습니다. 일본 《국어대사전》에서 본 겁니다만, 덴헤이 보자宝字 2년 정월 3일이 초자初子[28]에 해당하고, 그날 행사를 기린 노래에 다음과 같은 내용이 있습니다.

오늘은 초봄 처음 맞는 하쓰네波都襧[29]
옥비玉箒[30] 손잡이를 잡기만 해도 흔들리는 명주실 끝[玉緒]

여기서 자를 네襧로 읽는 것으로 볼 때, 자를 쥐라고 풀이했던 것만큼은 분명합니다. 그리고 지명地名인 '우나데ウナデ'를 묘명수卯名手라고 쓰는데, 여기서 묘卯를 우ゥ=兎, 즉 토끼로 풀이하고 있었던 것이 확실합니다. 그리고 '야도카사마시오宿かさましを('방을 빌려주었을 텐데'라는 뜻)'[31]라고 할 때 조동사 마시ましに 마시오ましお(申尾, 원숭이꼬리)를 대응시키고 있기 때문에 신申을 마시, 즉 원숭이[猿]로 풀이하고 있는 것이 확실합니다.

만요카나万葉仮名[32]가 완성될 무렵에는 이미 십이지가 전해져 있어서 자·축·인·묘를 각각 쥐[鼠]·소[牛]·호랑이[虎]·토끼[兎]로 풀고 있었다는 것을 잘 알 수 있습니다. 또 쇼소인 문서의 호적戸籍을 보면 '네마료根麻呂' '우시마료宇志麻呂' '도라바이刀良賣' '우마료宇麻呂' '다쓰마료龍麻呂' 같은 말들이 나옵니다. 이들은 모두 십이지를 쥐ね네=鼠, 소うし우시=牛, 호랑이とら토라=虎, 토끼うう=卯, 용たつ다쓰=龍으로 풀어서 명명命名한 것으로 생각됩니다. 이건 제 생각이 아니라 모두 국어사전에 나와 있는 것입니다.

말씀을 들으니 간지가 언제쯤 일본에 전해졌는지 대략 알 것 같습니다. 다음으로 여쭙고 싶은 것은, 왜 중국인들이 십간으로 갑을병정을, 십이지로 자축인묘 같은 글자를 택했는가 하는 것입니다. 거기에 어떤 특별한 의미가 있습니까?

모로하시 그건 전혀 알 수 없습니다. 그 문제는 간지의 기원이 정말 중국에 있는지 아니면 서역西域이나 혹은 다른 지역에 있는지 하는 문제와도 관계가 있습니다. 만약 간지가 중국 이외의 다른 지역에서 유래한 것이라면, 십간인 갑을병정이나 십이지인 자축인묘도 단순히 그 기원지의 어떤 원어를 음역한 것이라는 추측도 가능합니다.

십간십이지에 별도의 명칭이 있습니까? 정월正月을 섭제攝提로 쓰는 경우도 있다고 들었습니다만…….

모로하시 그렇습니다. 이야기를 순서대로 하기 위해 우선 십간십이지와 달의 관계부터 이야기해보도록 하지요. 예로부터 중국에서는 십간십이지를 천체의 운행과 관련지었습니다. 즉, 먼저 천체를 십이지에 따라 나눈 뒤에 세성歲星(태세太歲라고도 하며 오늘날의 목성)의 위치에 따라 그 달을 정했습니다. 이는 《이아爾雅》33의 〈석천釋天〉에 나오는 설명인데, 태세가 자子를 가리키면 곤돈困敦이라고 명명하고, 축丑을 가리키면 적분약赤奮若, 인寅을 가리키면 섭제격攝提格, 묘卯를 가리키면 단알單閼이라고 명명합니다. 그리고 그 밖의 것도 다음 표에 나온 것처럼 각각의 이름을 붙였습니다.

하력夏曆, 은력殷曆, 주력周曆은 각각 한 달씩 차이가 나는데, 하夏에서는 태세성太歲星이 섭제격인 때를 정월로 하고, 단알單閼에 있을 때를 2월로 합니다. 그리고 주周에서는 곤돈困敦에 있을 때를 정월, 섭제격에 있을 때를 3월로 합니다. 보통 하력이 일본의 구력舊曆이고, 주력이 지금의 태양력에 해당합니다.

십이지 (十二支)	자(子)	축(丑)	인(寅)	묘(卯)	진(辰)	사(巳)	오(午)	미(未)	신(申)	유(酉)	술(戌)	해(亥)
별명 (別名)	곤돈 (困敦)	적분약 (赤奮若)	섭제격 (攝提格)	단알 (單閼)	집서 (執徐)	대황락 (大荒落)	돈장 (敦牂)	협흡 (協洽)	군탄 (涒灘)	작악 (作噩)	엄무 (閹茂)	대연헌 (大淵獻)
하월 (夏月)	11월	12월	정월	2월	3월	4월	5월	6월	7월	8월	9월	10월
은월 (殷月)	12월	정월	2월	3월	4월	5월	6월	7월	8월	9월	10월	11월
주월 (周月)	정월	2월	3월	4월	5월	6월	7월	8월	9월	10월	11월	12월

십이지에 별도의 명칭이 있는 것처럼 십간에도 그런 게 있습니까?

모로하시 그렇습니다. 갑은 알봉閼逢, 을은 전몽旃蒙, 병은 유조柔兆, 정은 강어强圉, 무는 저옹著雍, 기는 도유屠維, 경은 상장上章, 신은 중광重光, 임은 현익玄黓, 계는 소양昭陽이라고 합니다. 이것은 해[歲]에 붙이는 것이니까 만약 올해가 병오년이라면 병의 유조柔兆와 오의 돈장敦牂을 이어 써서 유조돈장柔兆敦牂의 해가 되는 것입니다.

상당히 어려운 문자를 썼군요. 무슨 의미가 있는지요? 곤돈이니 알봉이니 해서 글자 하나하나만 놓고 봐서는 도저히 그 의미를 알기 어려운데요.

모로하시 그건 저도 잘 모릅니다.

그렇지만 적어도 십간과 십이지를 이루고 있는 갑을병정이나 자축인묘 같은 글자들이 갖고 있는 의미는 알 수 있지 않을까요? 중국에 그런 내용을 설명한 책이 없는지요?

모로하시 있습니다. 《사기》〈율서〉나 《한서漢書》[34] 〈율약서律歷書〉, 그리고 《백호통白虎通》[35]이나 《석명釋名》[36] 같은 문헌에 보면 약간 설명이 나와 있습니다.

좀 말씀해주시지요. 간지의 글자들은 우리가 일상적으로 쓰고 있는 친근한 글자들이니까요.

모로하시 조금 복잡하긴 하지만 설명해보도록 하지요. 우선 십이지에 대해 말씀드리면, 모든 것을 천시天時, 즉 때에 따라 변하는 자연 현상과 관련시켜 설명하고 있습니다. 자는 자滋(번식, 번성함)로서 이 절기에는 만물이 앞으로 번성하게 될 싹이 움틉니다. 축은 뉴紐, 즉 끈으로서 애써 싹튼 것이 아직은 끈에 묶여 있어 충분히 성장하지 못하며, 인은 연演(펼침, 자라남)으로서 만물이 자신을 드러내서 처음으로 땅 위에 돋아나는 것을 말합니다. 그리고 묘는 무茂(무성함)로서 만물이 무성하게 우거지는 것을 말하고, 진은 신伸(늘어남, 자라남)으로서 만물이 자라나는 것, 사는 이已(생장이 완료됨)로서 이미 만물의 무성함이 지극하여 이때부터는 열매를 맺는 시기로 접어드는 것이라고 합니다. 이상의 여섯 자는 모두 양기陽氣가 점차 왕성해가는 모양을 나타냅니다. 그리고 아래 여섯 자는 모두 음기陰氣가 아래에서부터 발생해 올라오는 모양을 나타내는 것이라고 합니다.

오는 오伍(섞임)로서 음기가 아래에서부터 올라와 양기와 서로 섞이는 것, 미는 미昧(맛)로서 만물이 이루어져 자양분이 많고 좋은 맛이 나게 되는 것, 신은 신身(몸)으로서 만물의 본체가 완성되는 것, 유는 노老(늙음) 혹은 포飽(물림, 싫증남, 배부름)와 운韻이 통하는 것으로서 만물이 충분하게 완성되면 노쇠하는 것, 술은 탈脫(벗음, 떨어짐) 또는 멸滅(소멸함)과 운이 통하여 사물이 떨어져 나가거나 혹은 소멸하는 것이고, 해는 핵核(씨앗)으로서 만물이 다음 대代의 씨앗이 되는 것이라고 합니다. 요컨대, 십이지는 모두 계절에 따라 만물이 봄에서 겨울에 이르기까지 변화하는 상태를 기초로 한 것이라고 설명하고 있습니다.

그 점은 십간도 마찬가지입니다. 갑은 갑甲(갑옷, 껍데기)으로서 만물이 처음으로 씨앗을 깨고 나오는 것, 을은 알軋(다툼, 삐걱거림)과 운이 통하는 것으로서 만물이 다투어 뻗어나가는 것, 병은 병炳(밝음, 빛남)으로서 밝게 드러나는 것이라고 합니다. 그리고 정은 만물이 장정壯丁처럼 되는 것, 술은 무茂(무성함)로서 만물이 무성하게 우거지는 것, 기는 기起(일어남)로서 지금까지 움츠리고 있던 사물이 무성하게 일어나는 것, 경은 경更(고침)으로서 만물이 숙연하게 자신을 가다듬어 고치는 것이며, 신은 신新(새로움)으로서 음기가 새로워져서 거두어들이는 것, 임은 임任(맡음)으로서 양기가 만물을 그 아래에 두고 맡아 기르는 것, 계는 규揆(헤아림, 법도)로서 만물이 법칙에 맞추어 싹트는 것이라고 말하고 있습니다.

그 의미는 잘 모르겠지만 조금은 억지로 짜맞춘 듯한 느낌이 들기도 합니다. 모두 음이나 운으로 해석하고 있어서 다소 무리가 있어 보이지만, 이것 외에 달리 설명할 방법이 없는지도 모르겠습니다. 좀 더 찾아보면 뭔가 알 수 있을지 모르지만 지금으로서는 마땅한 자료도 없기 때문에 이 정도로만 이해하면 좋을 것 같습니다.

처음에는 날[日]을 나타내던 간지가 해[年]를 표시하게 되고, 그 다음에는 달[月]을 나타내게 된 것은 잘 알겠습니다. 그런데 아시는 바와 같이 그것이 일본에서는 시時에도 쓰이고 있지 않습니까?

모로하시 그렇습니다. 축삼丑三이나 자각子刻 같은 게 그렇지요. 그리고 일곱 시나 저문 여섯 시도 그렇지요. 여기에 대해서는 선생님께서 좀 설명을 해주시지요.

아래 표를 보시면 일목요연하게 알 수 있습니다. 밤 아홉 시는 자각子刻으로 지금의 밤 열두 시이고, 밤 여덟 시는 축각丑刻이며, 축삼 시가 정확히 지금의 새벽 두 시에 해당합니다. 이상이 십이지와 시의 관계입니다만, 실제로 방위와도 관계가 있는 것 같습니다. '도읍[都]의 진사辰巳는 남동쪽에'라는 노래도 있고, 또 건문乾門, 술해戌亥이 지금도 남아 있으니까요.

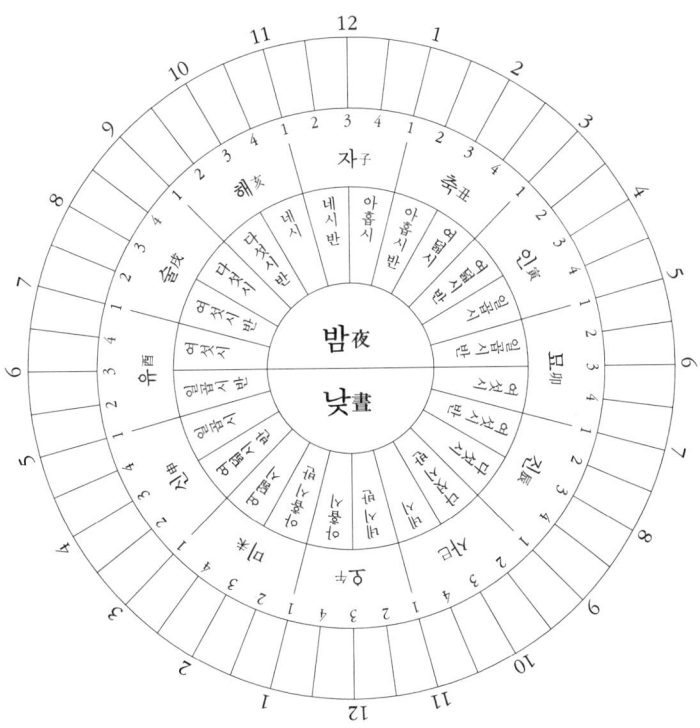

모로하시 그렇군요. 물론 이것 역시 중국에서 기원한 것이지요. 아래 표에서 보듯이 자를 정북正北, 오를 정남正南, 묘를 정동正東, 유를 정서正西로 하고, 그 밖의 것도 십이지의 순서에 따라 배열하고 있습니다. 도읍의 진사辰巳[37]는 도읍의 남동쪽, 건문乾門[38]은 북서쪽에 해당합니다.《주역周易》에 팔괘八卦라는 것이 있는데, 그 중 감坎·리離·진震·태兌 이 네 개를 각각 정북子·정남午·정동卯·정서酉에 배열하고, 건乾을 술해戌亥(북서), 손巽을 진사辰巳(남동), 곤坤을 미신未申(남서), 간艮을 축인丑寅(북동)에 대응시켰습니다.

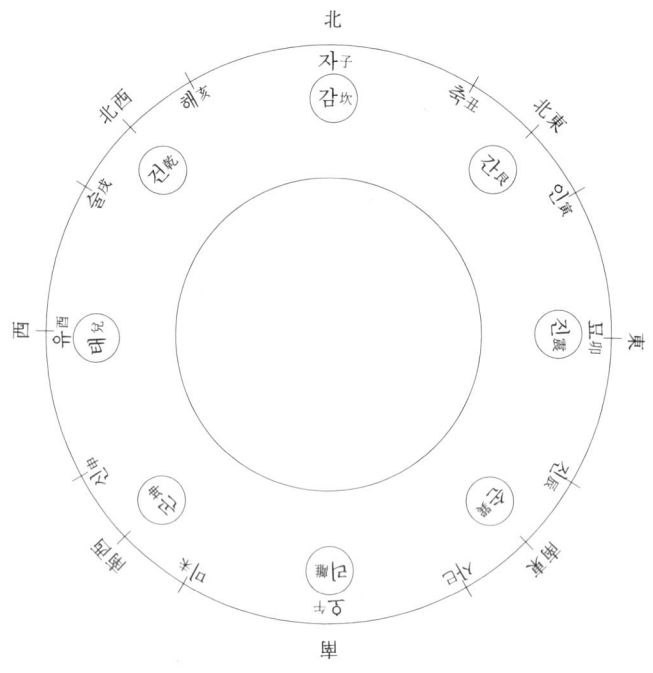

그렇게 되면 간지가 시時에도 관계하고 방위에도 관계하게 되니까 자연스럽게 인간의 운명과도 관계한다고 생각하는 것이 인지상정이겠지요. 뭐

니 뭐니 해도 인간 세상의 운運은 시時와 처處 없이는 생겨난다고 할 수 없을 테니까요.

모로하시 그렇습니다. 바로 거기에서 미신이 생겨날 소지가 있다고 생각합니다. 우리가 보통 쓰고 있는 달력을 한번 보십시오. '올해는 쥐해다. 쥐는 갉아먹는 성질이 있으니까 금년에 태어나는 아이는 무엇이든 이로 갉아먹는 성질이 있다. 내년은 원숭이해다. 이 해에 태어나는 아이는 누구든 머리가 좋고 신체가 날렵할 것이다.' 이런 이야기로 시작해서 '원숭이해에는 결혼하지 마라. 헤어질 염려가 있다. 호랑이해도 안 된다. 백년이 지나야 돌아올 염려가 있다'는, 수긍하기 힘든 말도 안 되는 이야기들도 있지요.

또 '병오년에 태어난 딸은 불이 타는 것처럼 기氣가 세서 상대를 잡아먹을지도 모른다. 화재에 대한 염려도 없지 않다'는 이야기도 있는데, 이처럼 결혼을 방해하려는 좋지 못한 미신까지 만들어낸 거지요.

방위도 마찬가지입니다. 집을 지을 때 변소의 방향이 좋은가 나쁜가 하는 것은 실질적인 이유가 있을지도 모릅니다. 하지만 올해는 무슨 해니까 길한 방위는 어느 쪽이라든가 혹은 이사를 할 때는 어디에서 어디로 갈지 그 방위를 따질 필요가 있다는 등의 이야기는 아무 근거도 없이 인간의 항상심을 어지럽히기만 합니다.

중국에도 이와 유사한 미신 같은 것이 있습니까?

모로하시 물론 많이 있습니다. 주로 도교와 관련된 것이 많습니다만 그런 이야기를 일일이 소개할 필요는 없을 것 같습니다. 그런 이야기를 하는 것

자체가 미신을 조장하는 일이 될지도 모르니까요. 하지만 위서緯書³⁹에 나오는 삼혁설三革說은 일본 역사와도 제법 관련이 있으니 소개해볼까요.

삼혁이라면?

모로하시 혁명革命과 혁운革運, 혁령革令을 말합니다. 혁명은 신유년에 발생하고 역성易姓⁴⁰의 대변화가 일어납니다. 혁운은 무진년에 일어나며 기운機運(기회와 운수)이 완전히 달라집니다. 혁령은 갑자년에 일어나며 그 시대의 제도와 법령을 개혁한다고 합니다.

그러고 보니 진무神武 천황⁴¹이 즉위한 게 신유년이고, 즉위 4년째 되던 해에 도리미산鳥見山에 사당을 세워 제사를 지낸 것⁴²이 갑자년이어서 그것이 각기 혁명과 혁령에 해당한다는 글을 어디서엔가 본 적이 있습니다. 그래서 도쿠가와德川시대⁴³의 어떤 국학자는 이런 것을 유학자를 공격하는 재료로 쓰기도 했는데, 혁명을 시인하는 듯한 글을 읽는 것은 괘씸한 일이라고 해서 몹시 비난을 했던 것 같습니다.

모로하시 위서를 읽었다고 해서 한학자가 혁명을 용인하는 건 아니지 않습니까?

그렇습니다. 특별히 신유혁명⁴⁴이라고 해도 일본에서는 중국에서 말하는 역성혁명 따위의 의미는 없었기에 더욱 그렇습니다. 다이고醍醐 천황⁴⁵ 창태昌泰 3년에 미요시 기요유키三善淸行⁴⁶가 우대신右大臣인 스가와라노 미치자네菅原道眞⁴⁷에게 글을 올려 "내년은 신유년이기에 혁명의 때입니다. 천운天運은 신비하여 예측하기 어렵지만 어쨌든 당신은 천황의 총애가 지극하니 그 족함을 알고 좋은 경치를 자유롭게 누리고, 산과 같은 지혜는 언덕과 골짜기에 감추어둔 채 유유자적하게 사는 것을 생각해보시는 것이 좋을 듯합니다"라고 했습니다.

하지만 스가와라노는 이 말을 귀담아 듣지 않았기 때문에 결국 그 이듬해에 후지와라노 도키히라藤原時平[48]가 거짓으로 꾸며낸 말로 인해 다자이후太宰府[49]로 밀려나는 운명이 되고 말았습니다. 여기에서도 혁명의 의미는 단지 개인의 길흉을 나타내는 것으로 해석할 수 있습니다. 간지가 사람의 운명에 관계한다는 믿음을 여기에서도 발견할 수 있지요.

모로하시 신유개혁 때문에 생각났습니다만, 연표年表를 만드는 사람이 최초의 해, 즉 첫해를 갑자甲子로 하지 않고 신유辛酉로 한다면 언제나 숫자 1에서 시작되기 때문에 편리할 것입니다. 이는 역사가이신 미야케 요네키치三宅米吉[50] 선생께서 가르쳐주신 것인데, 선생께서도 한번 해보십시오. 편리합니다.

감사합니다. 저도 간혹 연표를 사용하니 그렇게 한번 해보도록 하겠습니다.

모로하시 삼혁설과는 다르긴 하지만 일상적인 민간신앙과 관련된 여러 가지 믿음이 오늘날에도 있는 것 같습니다. 제 고향은 물론이고 도처에 있는 경신탑庚申塔은 마치 도조신道祖神[51]처럼 취급되고 있습니다. 또 불교의 청면금강青面金剛[52]이라는 것도 이와 동일한 것으로 보이며, 그 문자비도 세워져 있습니다. 모두 경신년에 건립된 것일 겁니다. 게다가 '이것도 해서는 안 되고, 저것도 해서는 안 된다'는 수많은 금기도 있지요.

경신강庚申講53이라고 해서 이웃 사람들이나 친척들이 함께 모여 놀거나 혹은 경제적인 목적을 가진 상조기관이 된 경우도 있지요. 이런 것들은 일종의 사회적 의미도 있습니다. 그렇지만 그런 모임을 갖는 밤에는 '남녀가 동침을 하거나 결혼을 해서는 안 된다. 만약 그것을 지키지 않고 아기를 낳으면 그 아기의 도벽盜癖을 고칠 수 없다'는 등의 이야기도 있습니다. 이 역시 근거 없는 미신이라고 해야겠지요.

모로하시 이런 경신신앙은 어느 무렵부터 시작되었는지요?

대략 헤이안시대 때부터인 것 같습니다. 처음에는 귀족사회의 풍습이었는데, 그날은 경신어유庚申御遊라고 해서 잔치를 베풀고 시와 노래, 악기 연주를 하며 즐겼던 것 같습니다. 중세가 되면 그런 풍습이 무사武士들 사회에까지 전해져서 경신대庚申待라는 이름으로 모여서 밤새도록 먹고 마시면서 함께 이야기를 나누었답니다.

그런데 그것이 어느 때부터는 신申, 곧 원숭이에 대한 신앙과 연결되었습니다. 원숭이가 산신山神의 사자使者라고 해서 경신일에 영산靈山을 받들어 모시는 제사를 지내는 데까지 이르게 되었지요. 경신강을 '사루돈코 원숭이모임'라고 부르는 것도 바로 그 때문이지요. 위에서 선생님께서 경신탑이 도조신과 똑같이 취급되었다고 하셨는데, 그것은 신원숭이과 사루다히코노카미猿田彦神를 연관시켜서 생각했기 때문인 것 같습니다. 사루다히코노카미는 천손天孫54이 강림할 때 선두에 서서 안내하는 존재로서 도조신과 관련이 있는 것으로 생각됩니다. 그런데 이런 경신 풍습도 중국에서 유래한 것이겠지요?

모로하시 저도 많이 조사한 것은 아니지만 아마 도교에서 나온 것 같습니다. 《포박자抱朴子》[55] 같은 문헌에도 이미 나와 있으니까요. 《포박자》의 저자는 갈홍葛洪[56]으로 알려져 있지요. 그의 생존연대를 미루어볼 때 동진東晉시대에는 이미 경신 풍습이 있었던 것 같습니다.

중국의 전설에 따르면, 인간의 몸 안에 세 마리의 벌레가 살고 있는데 이를 삼시三尸라고 합니다. 그 중에 상시上尸는 머리 안에 있으며 팽거彭倨라고 하고, 중시中尸는 뱃속에 있으며 팽질彭質, 그리고 하시下尸는 발 가운데 있으며 팽교彭矯라고 부릅니다. 모두 팽씨 성을 가지고 있기 때문에 삼팽三彭이라고도 하지요. 일설에 따르면 상시는 청고靑姑, 중시는 백고白姑, 하시는 혈고血姑라고 하기 때문에 삼시를 삼고三姑라고 부른다고도 합니다. 아마 삼시를 암컷 벌레라고 생각했기 때문이겠지요. 이 삼시가 경신일 밤에 몸 밖으로 빠져나가 인간이 남모르게 지은 죄를 천제天帝에게 몰래 고한다고 합니다. 그래서 도를 닦는 사람은 그날 밤에 잠자리에 들지 않는다고 하는데, 이를 '수경신守庚申'이라고 합니다. 이런 믿음은 꽤나 강력하고 널리 퍼져 있었던 것 같습니다.

당나라의 유종원柳宗元[57]이 지은 〈매시충문罵尸蟲文〉[58] 즉, 삼시충을 나무라는 글이 있습니다. 거기에 보면 "도사가 있어 말하길, 사람은 모두 시충 세 마리를 가지고 있어 그것이 배에 거하는데, 사람의 은밀하고 작은 과오를 보고하니, 곧 매일의 경신庚申을 기록해두었다가 사람이 잠든 뒤에 몸 밖으로 나가 상제上帝에게 참소함으로써 흠향하기를 구한다"[59]는 기술이 있습니다. 그리고 제일 마지막에는 축도祝禱의 말이 담겨 있는데, 그 내용은 다음과 같습니다.

시충을 쫓아내면 화禍가 숨을 곳이 없다. 아래 백성의 많은 녹祿(대가)이 있을 것이다. 오직 상제의 공功으로 복을 받을 것이다. 시충이 죽게 되면 화가 거처할 곳이 없으니 아래 백성이 대저 소생할 것이다. 오직 상제의 덕으로 만복이 오는 부符이리라.[60]

이게 과연 사실일까요? 그러니 이런 이야기는 입에 올리지 않는 것이 좋습니다. 그럼 이제부터 십이지를 순서대로 열두 차례에 걸쳐 이야기해보도록 하겠습니다.

제1장_
자子·쥐

모로하시 이제 본격적으로 이야기를 해야 할 것 같은데 뭐부터 시작을 하지요?

십이지의 첫 번째인 쥐에 대한 말씀부터 듣고 싶습니다.

모로하시 쥐 말씀이십니까? 호랑이나 사자는 짐승 중에서 왕좌를 차지하고 있는 동물이어서 자료도 있고 품위도 있지만 쥐는 아무래도 좀……. 제일 처음 나오는 주인공으로는 격이 많이 떨어져서 이야기하기가 곤란하군요.

확실히 그런 느낌이 드는 게 사실입니다. 만약 제게 이야기하라고 한다면 정말 말문이 막힐 것 같습니다. 어렸을 때 고양이 목에 방울을 단다는 이야기를 자주 듣긴 했습니다만…….

주첨기朱瞻基 | 과서도瓜鼠圖 | 명대明代 | 베이징고궁박물원

모로하시 그것도 재미있지 않습니까? 천적인 고양이로부터 도망치기 위해 고양이 목에 방울을 단다, 그것도 처세술의 하나다, 그런 이야기지요. 하지만 누가 고양이 목에 방울을 달 것인가 하는 문제에 부딪히면 모두들 입을 닫고 말지요. 그렇게 대책 없고 어리석은 모습은 지금 세상에서도 흔히 볼 수 있지요. 예로부터 이야기라는 것은, 잘 음미해보면 역시 맛이 나게 되어 있지요.

제가 알고 있는 쥐 이야기는 서산鼠算[1] 정도입니다.

모로하시 서산은 쥐가 새끼를 많이 낳아서 그 숫자가 불어난다는 건데, 거기에 수학적으로 확실한 근거가 있는지는 모르겠습니다.

근거가 있는 것 같습니다. 부모 쥐가 정월에 열두 마리를 낳았다고 하면, 그 다음 달인 2월에는 다시 열두 마리의 새끼를 낳습니다. 이렇게 해서 1년이 지나면 몇 마리가 되겠습니까? 매우 많은 수가 되겠지요. 추산하실 수 있겠습니까?

모로하시 여덟 조疊[2]의 다다미를 깔아놓고 각 다다미의 네 귀퉁이에 처음은 1리厘, 그 다음은 2리, 그 다음은 4리, 또 그 다음은 8리, 또 그 다음은 16리 같은 식으로 2배수로 늘어가면 매우 큰 수가 나오겠지요.

배수 계산이지요. 서산은 그것과 달라서 총계가 296억 8천 257만 4천 402마리라는 엄청난 수가 된다고 합니다.

모로하시 그것 참 대단하군요. 그런 식으로 계산하면 그 수가 끝이 없겠군요.

선생님의 전공인 한자 분야에 쥐에 관한 재미있는 이야기가 많이 있을 것 같습니다.

모로하시 옛날 중국에서는 별이 흩어져서 쥐가 되었다고 했답니다. 따라서 서산 같이 그 수가 무수히 많았겠지요. 《설문說文》[3] 등의 문헌에 따르면, 쥐는 본래 "구멍에 살고 있는 벌레의 총칭"이라고 나와 있습니다. 그

 렇다면 더더욱 그 수가 끝이 없는 셈이지요.

중국 문자에는 그 형태를 본떠서 만든 것이 많다고 들었습니다. 앞으로 들려주실 십이지에 관한 말씀에도 그런 글자들을 찾아볼 수 있을까요?

모로하시 그건 육서六書[4]의 하나인, 이른바 상형문자를 말하는 것이지요. 그런데 십이지는 모두 동물이니까 대개 형상을 본떠 만든 문자, 즉 상형문자가 많습니다. 쥐서鼠 자는 그림처럼 쥐의 형태를 본떠 만든 글자입니다. 그림의 윗부분 은 쥐의 이빨을 나타내고, 아랫부분 은 쥐의 배와 발톱, 꼬리를 표현하고 있습니다. 무엇보다 쥐의 가장 큰 특징은 이빨이지요. 이빨로 곡물이나 의류를 갉아먹고, 나중에는 쌀뒤주나 옷장을 갉아먹기도 합니다. 따라서 이빨을 크게 강조해서 표현하고 있는 것입니다.

쥐 두 마리가 1년이 지나면 296억 마리를 넘게 된다고 하니까 쥐에 관한 문자도 상당히 많을 것 같습니다.

모로하시 밭에 있는 밭쥐[田鼠]나 들에 있는 들쥐[野鼠], 머리가 커다란 쥐[碩鼠]처럼 형용사를 갖다 붙이면 쥐에 관한 여러 가지 말을 만들어낼 수 있습니다. 쥐서 자 부수로 이루어진 글자만 모아보더라도 그 수를 셀 수 없을 만큼 많습니다. 지금 머리에 떠오르는 것만 열거하면 날다람쥐 '석鼫', 족제비 '유鼬', 박쥐 '오鼯', 생쥐 '혜鼷' 등 몇 자에 지나지 않지만, 《대한화사전大漢和辭典》[5]에는 전부 107자가 나와 있습니다. 그 가운데 획수가 많은 것은 참원숭이를 뜻하는 '참鑹' 자입니다.

이런 글자들을 보면 서鼠 자가 들어 있어도 쥐와는 관계가 없는 것이 많다는 것을 알 수 있습니다. 하지만 앞서 설명한 것처럼 중국에서는 쥐가 본래 구멍에 살고 있는 벌레류의 총칭이었기 때문에 그렇게 쓰더라도 별 상관이 없는 듯합니다. 저만 이야기를 하는 것 같으니 이제는 제가 여쭈어보겠습니다. 일본에는 쥐에 관한 재미있는 말이나 고사가 없는지요?

글쎄요. 쥐는 사람들이 그다지 좋아하지 않는 동물이지만, 색깔만큼은 쥐색이라고 해서 다양한 옷에 사용되고 있지요. 자잘한 쥐색 무늬라든가 스님들이 입는 쥐색 법의 등이 있지요. 하지만 가죽색 외에는 그렇게 잘 쓰이지 않는 것 같습니다.

모로하시 중국에서 가장 오래된 시집인 《시경詩經》[6]에 보면 이 쥐가죽을 매우 귀중한 것으로 노래한 시가 있습니다. '상서相鼠'라는 제목의 시입니다.

> 쥐를 보아도 가죽이 있으니
> 사람이 예의가 없을 소냐.
> 사람이 예의가 없다면
> 죽지 않고 무엇 하리.[7]

춘추시대 위衛 문공文公은 어리석은 임금이어서 풍속風俗을 바로잡지 못했다고 합니다. 그 때문에 지위 고하를 막론하고 여러 신하들이 무례하기 이를 데 없었는데, 이 시는 바로 그런 것을 비판하고 있습니다. 대강의 의미는 '쥐가 천하고 더러운 동물이라고 하지만 잘 보면 가죽이 있어서 훌륭하게 자신의 외면外面을 잘 덮고 있다. 예의는 인간의 외부를 감싸서 내부를 지키는 소중한 것이다. 그런데 오늘날의 인간은 그토록 소중한 예의를 지킬 줄 모르니 가죽으로 외면을 감싸고 있는 쥐에도 미치지 못한다. 그런 상태라면 사람으로서 살아 있을 이유가 없다. 죽지 않고 있은들 무엇을 할 작정인가?'라고 하며 혹독하게 비판하고 있습니다. 이쯤 되면 쥐 가죽도 값이 꽤나 비싸질 것 같군요.

지금 생각나는 것은 가죽밖에 없습니다. 아, 그 밖에 두세 개 정도 생각나는 게 있긴 합니다만 모두 좋은 말은 아닌 것 같습니다. '네즈미나키鼠鳴き'라는 말이 있습니다. 쥐처럼 작은 목소리로 소곤소곤 이야기하는 것을 이르는 말인데, 창녀가 호객행위를 하는 경우에만 사용하는 것 같습니다. '쥐가 소금을 몰래 훔친다'는 말도 있습니다. 무언가를 눈에 띄지 않게 조금씩 훔치는 것을 비유하는 말이지요. 중국에 '서적鼠賊'이라는 말이 있는데, 대개는 좀도둑과 관련이 있는 것으로 알고 있습니다.

모로하시 그렇군요. 일본에는 네즈미코조鼠小僧[8]에 관한 이야기가 있지요. 연극 속에 등장하는 지로키치次郎吉의 참회는 참으로 멋진 장면이지요. 그런데 네즈미코조가 실존했던 인물인지요?

실재했던 것 같습니다. 물론 꾸며낸 이야기도 많았을 겁니다. 전하는 바에 따르면, 그는 몸집은 작았지만 동작이 대단히 민첩해서 주로 무사 가문의 저택에 몰래 숨어들어가 재물을 훔쳤다고 합니다. 그런 재물로 가난한 사람들을 도와준 의적이었는데 덴보天保[9] 3년1832에 감옥에 갔다고 합니다.

도요하라 구니치카豊原國周 | 네즈미코조鼠小僧 | 19세기

모로하시 그런 관점에서 보면, 중국에서 쥐는 좀 더 악당의 모습으로 묘사됩니다. 다시 《시경》을 예로 들어보면, '석서碩鼠'라는 시에 다음과 같은 구절이 나옵니다.

큰 쥐야, 큰 쥐야.
우리 기장 먹지 마라.
세 해 동안 네가 부리는 것을 견디어왔건만,
나를 돌봐줄 기색이 없구나.

떠나가리 너를 떠나가리.
저 즐거운 땅 찾아가리.
낙토樂土 낙토樂土!
거기 내 살 곳을 얻으리.[10]

이는 춘추시대 위魏의 백성들이 당시 관리들이 강제로 징수하는 과도한 세금 때문에 겪는 고통을 호소하는 시입니다. 석서는 큰 쥐를 뜻하는데, '가렴주구苛斂誅求', 즉 백성의 고혈膏血을 짜서 착복하는 악한 관리를 비유합니다. 이 시의 대강의 뜻은 다음과 같습니다.

'머리가 검은 큰 쥐여. 아무쪼록 뼈와 살을 깎아서 간신히 모은 나의 쌀 창고를 망쳐놓지 말아라. 3년이라는 긴 시간 동안 너에게 어떤 불평도 하지 않고 잘 섬겼거늘, 너는 나의 생활을 조금도 봐주지 않는구나. 이제 더 이상은 참을 수 없다. 어서 빨리 너에게서 달아나 어디든 안주할 좋은 땅을 찾아보리라. 낙원이여, 낙원이여! 그곳에 가면 최소한 살 곳을 얻어 생활의 고통은 면할 수 있을 것이다.'

이 시는 이처럼 애처롭고 비참한 백성의 호소를 담고 있습니다.

쥐처럼 보잘것없는 하찮은 동물도 시의 소재가 될 수 있군요.

모로하시 후대의 시에서는 어떻습니까? 원元나라 등문원鄧文原[11]의 시에 보면, 조금 전에 언급한 '석서'와 관련된 내용이 있습니다.

벼와 기장 물결에 나란히 서서 그 해의 공功을 기다리네.
그대가 나라의 것을 도둑질하여 먹으니 소찬素餐과 같아

평생 탐욕스럽고 교활하여[貪黠] 결국은 무엇에 쓸 것인가?
보라 인간의 온몸도 끝난다는 것을.¹²

그 외에는 좀처럼 생각나지 않는군요. 《시경》시대에는 무엇이든 이목耳目에 들어오는 것은 모두 시의 재료로 삼았기 때문에 '상서'나 '석서'처럼 쥐를 소재로 한 시가 있었던 거지요. 지금 생각났는데 '행로行露'라는 시가 있습니다. 옛날 도읍 근처에 한 처녀가 살고 있었습니다. 아무런 약속이 없었음에도 불구하고 어느 날 어떤 남자가 나타나 처녀와 자신이 부부의 연을 맺기로 약조를 했다며 생트집을 잡았습니다. 그러자 처녀는 그 남자의 부조리함을 고발했지만 받아들여지지 않고 철저하게 외면당하고 말았습니다. 그때 처녀가 노래한 것이 바로 '행로'라는 시입니다. 다음과 같습니다.

누가 말했는가. 쥐에게 큰 송곳니가 없다면
어째서 내 집 담장은 뚫렸는가라고.
누가 말했는가. 저에게 집(부부가 될 약속)이 없다면
어째서 나를 송사에 끌어내려 하는가라고.
아무리 나를 가두어놓으려 한다 해도
나, 당신의 여자로는 따르지 않으리.¹³

이 시의 내용은, '사람들은 쥐가 담벼락에 구명을 뚫는 데 송곳니가 없으면 안 될 거라고 생각한다. 그와 마찬가지로 남자가 여자와 소송한 이상 처녀가 부부가 되기로 약속한 것이 틀림없다고 소문을 내고 있지만 이 세상에는 부조리한 것이 없지 않다. 실제로 쥐에게는 이빨은 있으나 송곳니는 없다. 그럼에도 쥐는 담벼락에 구멍을 내놓는다. 처녀는 부부가 될 약속을 한 기억이 없다. 그럼에도 불구하고 남자는 그러한 일이 있었다고 거짓으로 소송을 벌인 것이다. 어떤 부조리한 소송을 벌인다고 해도 그 남자의 뜻에 따르지 않겠다'는 처녀의 결의를 기술한 것입니다.

　이 시의 앞부분에는 "누가 말하는가. 참새에게 뿔이 없다면 어째서 내 집 지붕이 뚫어졌는가?" 하는 구절도 있습니다. 따라서 이 시를 계기로 '서아작각지쟁鼠牙雀角之爭', 즉 '쥐의 송곳니와 참새 뿔의 싸움'이라는 말이 나왔는데, 이후 부조리하고 무리가 있는 소송을 뜻하는 의미로 사용하게 되었지요.

그렇다면 쥐는 도둑도 되고 탐관오리도 되는가 하면, 반면에 예의 있는 군자의 모범이 되기도 하는군요. 도대체 그 정체를 알 수가 없군요.

모로하시　그렇습니다. 인간 사회에서 도둑이 '양상군자梁上君子'에 비유되기도 하니까요.

그런데 그 양상군자라는 것은······.

모로하시　이 말은 사실 쥐와는 관계가 없지만, 말이 나왔으니 이야기를 해볼까요? 옛날 후한後漢에 이름이 진식陳寔이요, 자가 중궁仲弓인 인물이 있었습니다. 학문을 좋아하고 연구가 깊었으며, 훗날 관리가 되어서도 항상 덕을 쌓고 청렴하며 정숙해서 대단히 평판이 높았습니다. 그런데 어느 해 심한 기근이 들었는데, 그 때문인지 여기저기에 도둑이 횡행했습니다. 그러던 어느 날 밤, 그 도둑이 진식의 집에 몰래 들어가 대들보 위에 숨어 밤이 깊어지기를 기다렸습니다. 진식은 그런 사실을 진작에 알고 있었지만 모르는 척하면서 자식들을 모아놓고 이렇게 훈계했습니다.

"모름지기 인간이란 공부를 해야 한다. 착하지 않은 사람도 본래부터 악인惡人은 아니다. 모두 타고난 이후의 습관 때문에 그렇게 되는 것이다. 지금 너희들이 알고 있는 '대들보 위의 군자梁上君子'가 그 좋은 예가 아니겠느냐?"

이 말을 듣고 있던 도둑은 '아뿔싸! 내가 있는 것을 알고 있었단 말인가' 하고 깜짝 놀라 대들보에서 내려와 깊이 사죄하였습니다. 그러자 진식은 온화한 얼굴로 "그대의 풍모를 보니 본디부터 도둑은 아닌 듯싶구나. 아무래도 가난 때문에 도둑질을 한 것 같으니 이제부터는 마음을 고쳐먹어라"고 하며 비단 두 필을 내주었습니다. 이에 감동한 도둑은 마음을 고쳐먹었고, 그때 이후 진식이 다스리고 있던 현 내에는 도둑이 한 사람도 없게 되었다고 합니다. 이것이 양상군자에 얽힌 고사입니다.[14]

그런 면에서 보면, 대들보 위에 함께 있다 하더라도 쥐는 전혀 은혜를 느끼지 못할 것 같군요.

모로하시 그렇습니다. 쥐에게 그런 걸 바라는 것은 무리겠지요. 특히 쥐는 교활하기 때문에 자신이 있는 장소를 이용해서 나쁜 짓을 하지요. '성호사서城狐社鼠'라는 말이 생겨난 것도 바로 그 때문일 겁니다.

성호사서는 무슨 뜻인지요?

모로하시 설명이 조금 길어지겠지만 한번 이야기해보지요. 성호사서란

한마디로 큰 우산 밑에 숨어서 나쁜 짓 하는 것을 말합니다.

옛날에는 사社라고 해서 토지신을 받들어 모시는 크고 작은 제사가 많았습니다. 지방에서 하는 작은 제사로는 이사里社 같은 것도 있었고, 천자나 제후의 경우에는 중요한 행사로서 대단히 성대하게 제사를 지냈습니다. 곡물의 신인 직稷을 받들어 모시는 제사와 더불어 국가 차원에서 지내는 매우 중요한 행사였지요. 그래서 사직社稷이라는 말이 곧 국가 그 자체를 나타내는 것이 되었습니다. 그런 이유로 사에 나무를 묶은 다음 그 위에 칠을 합니다. 쥐는 그런 사정을 이용해서 그곳을 자신의 거처로 삼습니다. 사람들은 쥐를 잡으려면 우선 거기에 연기를 피워야겠다고 생각합니다. 하지만 그렇게 하다 자칫 잘못하면 사 자체를 태워버릴 수도 있습니다. 또 물을 뿌려서 잡으려고 하면 애써 칠한 것에 얼룩이 지고 맙니다. 그러니 별수 없이 손을 놓고 있을 수밖에 없지요. 쥐는 그런 점을 이용해서 그 속에서 편안하게 머물며 제멋대로 사는 겁니다. 《장자莊子》에 "새앙쥐는 신단神壇 밑에 깊숙이 굴을 파서 연기에 그을리거나 뿌리는 물에 젖는 화를 피한다"[15]고 한 것은 바로 이 이야기를 말하는 것입니다.

성호城狐도 마찬가지이지요. 교활한 여우는 성城을 자신의 주거지로 삼습니다. 여우를 잡으려면 성을 불태워야 하는데, 그렇게 할 수 없다는 사실을 잘 알고 있기에 여우는 그 안에서 유유자적 살아간다는 겁니다. 성호사서는 '직호사서稷狐社鼠'라고도 합니다. 여기서 직稷은 앞에서 잠시 설명한 바와 같이 사社와 더불어 천자와 제후가 중요한 제사를 지내는 장소를 가리킵니다.

선생님 말씀을 듣고 있으니 사서는 성호와 마찬가지로 자신의 위치나 지위를 악용하여 교활하게 안위, 나아가 복리를 도모하는 것을 말하는 것이군요.

모로하시 그렇습니다. 간단하게 말하면 임금 옆의 간신, 권문세가의 악한 우두머리 등을 비유하는 말입니다. 그래서 《설원說苑》[16]이라는 문헌에서는 이것을 "무릇 나라에도 또한 사서가 있으니 임금의 좌우에 있는 자들이 그들이다"[17]라고 설명하고 있습니다. 실제로 일본에도 과거 막부幕府 시대에는 주군의 위세 뒤에 숨어 악한 일을 도모한 간신이나 권문세가는 물론이고, 주인의 권력을 믿고 행세하면서 자신의 배만 불리는 악한 집사執事들이 많았습니다. 근래에 민주정치시대가 되면서부터는 그 폐해가 줄어들게 된 것 같습니다만, 그 형태가 바뀌었을 뿐 사서가 없다고는 할 수 없습니다. 이데올로기라는 사에 숨은 쥐, 집단이라는 사에 숨어 있는 쥐, 자유나 자치라는 미명의 사에 숨어 사는 쥐가 얼마든지 있을 것입니다. 이들은 보통 쥐가 아닙니다. 결코 방심해서는 안 될 것입니다.

본래 쥐는 동물 중에서도 하찮은 것으로 여겼고, 그 영향으로 사람을 경멸하거나 업신여길 때에는 언제나 쥐를 예로 들었지요. 《삼국지三國志》[18] 〈위지魏志〉에 왕윤소王允素라는 사람이 "관동의 쥐, 무엇을 하려 하는가?"[19]라고 말하고 있으며, 또 《비연외전飛燕外傳》[20]에는 소의昭儀가 비연飛燕에게 "쥐가 사람을 물 수 있습니까?"[21]라고 비난받는 내용이 나옵니다. '서배鼠輩'라는 말 역시 어떤 사람을 경멸하는 의미로 쓰입니다.

너무 구체적으로 이야기를 하면 좀 복잡해질 것 같습니다. 그보다는 차라리 중국의 옛 이야기를 좀 들려주시지요. 앞에서 나온 것과 비슷한 이야기는 없는지요?

모로하시 물론 있습니다. 진秦의 이사李斯[22]를 예로 들 수 있습니다. 아시는 바와 같이 이사는 진시황의 신하로 당시 학자들의 논의가 귀에 거슬린다고 해서 분서갱유焚書坑儒라는 터무니없는 일을 도모한 사람입니다. 하지만 그는 일면 매우 똑똑한 사람이어서 손해를 볼 만한 경솔한 실수는 저지르지 않았습니다.

젊은 시절, 이사는 작은 고을에서 관리를 지낸 적이 있었습니다. 하루는 자신이 묵고 있던 관가의 변소 안에서 작은 쥐가 불결한 것을 먹고 있다가 사람이나 개가 오는 것을 보면 놀라서 창고 안으로 달아나 숨는 모습을 보았습니다. 그래서 이번에는 창고 안을 들여다보니 쥐가 그곳에 쌓아놓은 가마니의 쌀을 배불리 먹으며 놀고 있었습니다. 게다가 창고 안에는 개는 물론이고 사람도 함부로 들어오지 않아서 아주 유유자적하게 지내고 있었습니다. 그런 쥐의 모습을 본 이사는 큰 깨달음을 얻었다고 합니다. 그때 이사는 "사람의 현명함과 어리석음은 쥐와 같다. 제 스스로 있을 곳에 있을 뿐이다"[23]라고 탄식했다고 합니다. 이 말은 처세의 길에서 사람에게 가르침을 주는 명언이라고 생각합니다.

상당히 재미있는 이야기이군요. 그 외에 다른 이야기는 없는지요? 편하게 들을 수 있는 일화가 있으면 들려주시지요.

모로하시 앞에서 예로 든 《장자》에도 그런 이야기가 두세 가지 있습니다. 장자에게 친구이자 논쟁 상대이기도 했던 혜시惠施라는 인물이 있었습니다. 그런데 이 혜시가 양梁, 즉 위魏나라의 재상이 되었습니다. 크게 출세를 해서 본인은 의기양양했지만, 일면 자신의 높은 지위를 누군가에게 빼앗기지 않을까 염려했던 모양입니다. 그때 마침 장자가 찾아왔습니다. 그러자 혜시의 또 다른 친구가 진지한 표정으로 혜시에게 주의를 주었습니다. "이번에 장자가 이 나라에 오는 것은 예삿일이 아니라 분명 자네의 자리를 노리고 오는 게 분명하네. 방심은 금물일세" 하고 말했습니다. 이에 혜시는 몹시 당황하여 허둥거리며 사흘 밤낮으로 온 나라를 뒤져 장자를 찾았습니다. 그런 때에 마침 장자가 불쑥 찾아온 겁니다. 당연히 장자는 혜시가 허둥대는 모습을 이상히 여기며 천천히 우화寓話 하나를 이야기하기 시작했습니다.

원추鵷鶵라고 하는 큰 새의 이야기를 자네는 알고 있겠지. 이 새는 아침에 남해南海를 떠나서 저녁이면 북해北海로 날아가네. 원추는 그 자신이 워낙 훌륭하고 자존심도 강한 새라서 어떤 자리에 나아가거나 물러남에 있어 절대 함부로 하지 않았다네. 예를 들어 나무에 머물고자 할 때도 오동나무 같은 영목靈木이 아니면 머물지 않았네. 먹으려고 할 때도 세상에서 희귀한 대나무의 열매가 아니면 먹지 않았으며, 마시려고 할 때에도 단 샘[醴泉]의 물이 아니면 마시지 않았다네. 이 새가 유유히 하늘을 비상하고 있을 때, 가끔 그 아래에는 한 마리의 솔개[鴟]가 썩은 쥐를 입에 물고는 그것을 아주 소중하게 지키고 있었다네. 솔개는 그저 하늘을 날아가고 있었을 뿐인 원추에게 쥐를 빼앗기는 것은 참을 수 없다고 생각해서 위를 올려다보면서 성을 내며 소리쳤다네. 이 이야기를 자네는 어떻게 생각하는가? 생각나는 것이 없는가? 지금 자네는 양나라의 재상 자리를 놓고 나에게 화내려 하는가?[24]

이 이야기를 하면서 장자는 껄껄 웃었다고 합니다.

재미있는 이야기로군요.

모로하시 장자는 원래 허무의 세계에 안주하고 싶어 하는 인물이지요. 그런 주장을 펴는 인물이었기에 인간의 세속적 욕망은 가능한 한 통제하려고 노력하면서 다양한 우화를 통해 자신의 주장을 펼쳐보이고 있습니다. 다음 이야기도 그런 우화 중의 하나입니다.

성왕聖王이라고 칭송받던 요堯 임금도 역시 세속 정치에 염증이 났다고 합니다. 그래서 그는 당시 유명한 현인으로 알려져 있던 허유許由를 찾아가 임금 자리를 물려주고 싶다고 간청을 했습니다.

"해와 달이 빛나고 있는 때에는 횃불을 켜도 소용이 없습니다. 때에 맞추어 비가 잘 내리면 양동이에 가득찬 물을 밭에 부어도 별 도움이 되지 않습니다. 이와 같이 어리석은 짓을 해서는 안 됩니다. 당신처럼 대단한 현인이 있는 오늘, 나 같은 사람이 임금 자리에 버티고 있는 것은 참으로 부끄러운 일입니다. 지금 당장 임금 자리를 내놓을 테니 제발 받아주십시오."

그러자 듣고 있던 허유가 천천히 말했습니다.

"호의는 감사합니다. 하지만 저는 지금의 저로 만족하고 있기에 별로 바라는 바가 없습니다. 천하를 제게 물려주셔도 별로 쓸 데가 없습니다."

이렇게 임금의 청을 거절하면서 허유는 내뱉듯이 말했습니다.

초료鷦鷯가 깊은 숲속에 둥지를 짓지만 가지 하나에 지나지 않고, 언서偃鼠가 강에서 물을 마신다고 해도 배를 채우는 데 지나지 않습니다. 돌아가 쉬십시오. 임금님. 저는 천하를 가진다 해도 쓸 곳이 없습니다. 숙수가 부엌을 관리하지 못한다고 해도 시동尸童[25]이나 신주神主[26]가 준조樽俎[27]를 넘어가서 그를 대신 할 수는 없지 않겠습니까?[28]

문장이 어려우니 조금 설명을 해보지요. "초료, 즉 뱁새(혹은 굴뚝새)가

가노우에 이토쿠狩野永德 | 허유세이도許由洗耳圖 | 16세기 | 도쿄국립박물관

깊은 숲속에 둥지를 짓기는 하지만 단지 가지 하나만 있으면 충분합니다. 두더지(언서)가 커다란 황하가 흐르는 곳에서 물을 마시기는 하지만 작은 배만 채우면 충분한 것입니다. 저는 지금 제 처지에 만족하고 있습니다.

어서 돌아가십시오. 제게는 천하도 필요 없습니다." 이렇게 허유는 일단 겸손한 태도를 보입니다. 하지만 마지막 부분에 가서는 "요리사가 아무리 요리를 하지 못한다고 해도 신에게 제사 지낼 때 귀하신 시동이나 신주가 도마를 뛰어넘어가 요리사의 비천한 역할을 대신 할 수는 없습니다"라고 하면서 단호하게 요 임금의 제안을 거절합니다.

일설에 따르면, 요 임금의 간청을 받았던 허유는 그 뒤에 임금에게 아주 추잡스러운 이야기를 들었다며 위수渭水에 나가 귀를 씻었다[洗耳]고 합니다. 이런 이야기에 나오는 걸 보면 쥐도 꽤나 쓸모 있는 동물인 것 같지 않습니까?

좋은 말씀, 잘 들었습니다. 또 다른 이야기가 있으면……

모로하시 아이고, 저는 계속할 수 없습니다. 옛날에 오규 소라이荻生徂徠[29] 선생은 박식해서 모르는 것이 없다고 그 평판이 자자했지요. 그래서 오카 에치젠노카미大岡越前守[30]는 대답하기 어려운 질문으로 선생을 곤란하게 할 요량으로 궁리를 했답니다. 그래서 일반적인 학문 이야기를 꺼내서는 안 될 것 같아 세간에 전해져 있던 '쥐 시집가기' 이야기를 질문하기로 하고 공부를 했답니다. 그럼에도 불구하고 선생은 지지 않았습니다. 그 이야기는 어느 해에 누가 지은 책에 나와 있는 소설이라는 것과, 그리고 그 책에 실려 있는 쥐의 권속성명眷屬姓名까지 하나하나 막힘없이 대답하자 오카 에치젠노카미는 아연실색했다고 합니다. 저는 그 정도가 되지 못하니 이쯤에서 그만두기로 하지요.

제2장_

축표·소

지난번에는 자子, 즉 쥐에 관한 말씀을 매우 재미있게 들었습니다. 십이지의 순서대로 하면 자 다음이 축丑이니, 오늘은 소에 대한 말씀을 해주시면 좋겠습니다. 우선 글자에 대한 설명부터 해주시지요.

모로하시 이전에도 말씀드린 것처럼 짐승과 관련된 문자는 이른바 상형, 즉 짐승 자체의 모습을 본떠서 만든 것이 많습니다. 소우牛도 예외가 아니어서, 그 상형자를 보면 누구라도 소를 연상할 수 있을 겁니다.

그렇군요. 쥐의 경우, 쥐에 관한 문자가 다양하게 있다는 것을 말씀해주셨는데, 소의 경우에도 그런지요?

모로하시 그렇습니다. 《대한화사전》에서 찾아보니 우牛 부수에 속하는 한자가 311자나 있었습니다. 그 중에서 가장 획수가 많은 것이 '령犣'으로 전부 24획이며, 뜻은 단지 소의 명칭이라고만 되어 있습니다. 그리고 '독犢'은 송아지, '패牬'는 두 살 된 소, '삼犙'은 세 살 된 소, '사牭'는 네 살 된 소를 말하는데, 이처럼 소의 연령에 따라 구별하는 글자들도 있습니다. 그런가 하면 '방牻'은 흰 털과 검은 털이 섞여 있는 얼룩 소, '도㹰'는 황색 호랑이 무늬 소를 뜻하는데, 이처럼 털의 색깔에 따라 구별하는 글자들도 있습니다. 또 '려犂'는 등이 흰 소이며, '순犉'은 입술이 검은 소를 뜻합니다. 그 수가 끝이 없지요.

그렇지만 소우牛 변이라 하더라도 소와 직접적인 관계가 없는 글자도 많지 않습니까?

모로하시 그렇습니다. 지금 말한 글자들은 모두 소 자체에 관한 것이기 때문에 소우 부수에 속해 있는 게 당연합니다만, 311자나 되는 소우 변의 한자 중에는 소와 관계없는 글자도 많습니다. 예를 들면, '뇌牢'는 가축을 넣어놓는 우리를 말하는데 소 말고 말이나 돼지를 넣어도 되는 것이며, '목牧'이라는 글자도 목장을 의미하는 바, 소를 놓아길러도 되고 말을 놓아길러도 되지만 소우 변입니다. 소가 인간과 깊은 관계를 맺고 있기 때문인지는 몰라도 대체로 소가 짐승 전체를 대표하는 의미로 쓰였던 것 같습니다. 짐승의 수컷을 '모牡', 암컷을 '빈牝'이라고 쓰지 않습니까? 그런 걸 봐도 소가 짐승 종류 전체를 대표하는 것으로 생각할 수 있습니다.

조금 더 생각해보면, '빈모牝牡'는 소의 암수만이 아니라 모든 종류의 짐승의 암컷과 수컷에 사용되며, 나아가 짐승 이외의 암컷과 수컷에도 사용되고 있습니다. 가정에서 부인이 주제넘게 나서서 함부로 말참견하는 것을 경계하는 말로 '암탉[牝鷄]이 새벽을 알리면 집안이 삭막해진다'는 것이 있습니다. 이는 이 글자가 조류의 암컷과 수컷에도 사용되고 있다는 증거지요.

노자老子는 일부러 천한 문자를 사용하는 경향이 있는데, 빈牝이라는 글자를 통해 인간 남녀를 드러내면서 "암컷은 항상 고요함으로써 수컷을 이긴다"[1]는 말을 하기도 했습니다. 또 옛날에는 산악을 모牡라고 하고, 계곡을 빈牝이라고 하기도 했습니다. 생각해보니까 물物이라는 글자가 우牛 변으로 되어 있는 것도 흥미롭군요. 물은 심心에 대응하는 모든 것들을 총괄하는 명칭입니다. 그렇다면 인간의 지각이나 정신을 제외한 우주의 삼라만상, 즉 모든 사물이 우변인 셈이지요. 이러한 관점에서 생각을 진행시켜나가다 보면 굉장히 엄청난 것으로까지 발전할 것 같습니다. 물론 이것은 농담 반 진담 반으로 견강부회牽强附會한 것이라서 그런 문자들의 성립과 직접적인 관계가 있는지 여부는 알 수 없습니다. 어쨌거나 소가 인간 사회와 깊은 관계를 맺고 있는 것만큼은 확실하다고 생각합니다.

말씀하신 대로 소는 쥐와 달리 인간에게 매우 유익한 동물이어서 자연스레 여러 가지 재미있는 이야기가 많을 것 같습니다. 실제로는 어떻습니까?

모로하시 그렇습니다. 다른 사람에게 대접하는 음식에도 대뢰大牢[2]와 소뢰小牢[3]의 구별이 있지요. 대뢰에서 상대에게 좋은 인상을 주고 음식이 풍성하다는 걸 보여주려면 반드시 쇠고기가 들어가야 합니다. 특히 신에게 바치는 희생제물은 당연히 소였습니다. 천자天子는 천지天地에 제사를 지내고, 제후諸侯는 산천山川에, 대부大夫는 오사五祀에, 사士는 자신의 조상들에게 제사를 지냈는데, 이때 바치는 희생제물을 희우犧牛, 비우肥牛, 소우素牛라고 해서 각기 자신의 신분에 맞는 소를 썼습니다. 게다가 그렇게 제물로 바칠 때 소는 사람들에게 죽임을 당해도 태연하게 받아들입니다. 그래서 후대에 '희생犧牲정신' 같은 말이 생겨난 것입니다. 희생이라는 말이 모두 소우 변이지요.

그렇다면 '희생정신'이라는 말도 소와 관계가 있습니까?

모로하시 죽임을 당하는 소가 정말 그것을 만족스럽게 받아들이는지 어떤지는 소에게 묻지 않는 한 알 수 없는 일이지요. 옛날에 장자가 속세를 멀리 하려고 했을 때, 어느 높은 사람이 깍듯하게 예를 갖추고 높은 관직을 미끼삼아 장자를 초빙하려고 했습니다. 하지만 장자는 이렇게 말하며 거절했다고 합니다.

"자, 희생제물로 바치는 소를 보시오. 훌륭한 옷을 입히고 맛있는 음식을 먹이지만 만약 그 소라면, 돼지와 같은 생활을 하더라도 희생제물이 되는 것은 싫다고 할 것이오. 나 역시 아무리 많은 녹봉을 받는다 해도 관리의 생활은 딱 질색이외다."[4]

또 제齊나라의 선왕宣王이, 희생제물이 된 소가 벌벌 떨면서 애처롭게 비틀비틀 걸어가는 모습을 보고, "불쌍하구나. 저 소를 구해주어라. 그 대신 양을 제물로 삼으라"고 했답니다.[5] 불쌍한 것으로 치면 소나 양이나 마찬가지일 테지만, 지금 눈앞에서 본 것과 보지 않은 것에 대해 느끼는 감정은 다른 것입니다. 눈앞에서 본 것에 대한 감정을 가지고 보지 않은 것에까지 미루어 나아가면, 그것이 인술仁術이 되는 것이라고 해서 맹자孟

子는 "이러한 마음이면 왕이 되기에 족하다"[6]고 가르치고 있습니다.

소는 이처럼 자주 희생제물이 되었습니다. 다만 이마가 흰 소, 이른바 '백상白顙'이라고 하는 소만은 사람들이 좋아하지 않는다는 이유로 종종 생명을 보존할 수 있었다고 합니다. 옛날에는 강의 제방이 무너진 곳에 인주人柱를 세웠습니다. 다시 말해, 사람을 산 채로 매장해서 액막이를 했던 거지요. 일본에서도 인주를 세우는 일이 있었습니다. 물론 고대 중국에도 그런 관습이 있었지요. 하지만 그런 경우에 이마가 흰 소나 코가 심하게 휘어 있는 돼지, 그리고 치질이 심한 사람은 희생제물로 쓰지 않았다고 합니다. 아마 보기 흉한데다 깨끗하지 못한 느낌이 들기 때문에 강의 신령도 이들을 싫어할 것으로 생각했던 거지요. 장자는 이와 같은 예를 들어 이를 '무용지용無用之用', 즉 '쓸모없는 것의 쓸모'라고 해서 세속 사람들이 상서롭지 못하다고 생각하는 것도 신인神人의 눈으로 보면 오히려 그것이 매우 상서로운 것이라고 가르치고 있습니다.

희생제물 이야기를 듣고 보니 소가 가엾다는 생각이 듭니다. 좀 다른 이야기를 들려주시지요.

모로하시 그럼 소가 쓸모 있는 것은, 단지 그 고기만이 아니라는 것에 대해 이야기를 해보지요. 옛날에는 제후가 동맹을 맺을 때 반드시 소의 귀를 잘라 그 피를 마셨습니다. 이때 신분이 낮은 사람이 소의 귀를 잡고 신분이 높은 사람이 그 상황을 지켜보았는데, 그것이 조금 바뀌어서 모든 일의 맹주盟主가 되는 것을 가리켜 "소귀를 잡았다"고 말하게 된 것입니다. 오늘날에도 그런 말이 남아 있어 "저 남자에게 소귀를 잡혔다"고 말하기도 합니다.

인쉬殷墟에서 발굴된 갑골문

소귀 다음으로 소뼈도 문자를 새기는 중요한 재료로 유용하게 쓰였습니다. 책이 지금의 형태처럼 되기까지는 여러 가지 변화 단계를 거쳤습니다. 대강 말씀드리면, 종이에 묵을 묻혀 글자를 쓰기 전에는 비단에 썼고, 비단에 쓰기 전에는 대나무나 나무조각에 옻으로 썼습니다. 또 그보다 훨씬 이전에는 거북이 등껍질이나 소의 대퇴골에 글자를 새겼습니다. 이것을 '귀갑수골문자龜甲獸骨文字'라고 하지요.

중국 허난성에 장더彰德라는 곳이 있습니다. 약 3천 년 전에 은殷의 하단갑왕河亶甲王이 수도로 정한 안양安陽이 있던 곳입니다. 그런데 지금으로부터 약 50~60년 전에 그곳에서 동물 뼈가 다량 출토되어 문헌이 부족한 은대 연구에 많은 자료를 제공하였습니다. 그 덕분에 은대에 일어났던 일들에 대해 꽤 많이 연구가 이루어지고 있지요. 저도 두세 차례 그곳에 가서 동물의 뼈를 주웠습니다.

소뼈는 글자를 새기는 데만 쓰인 게 아니라 거북이의 등껍질과 마찬가지로 점을 치는 재료이기도 해서 길흉吉凶을 가늠하기도 했습니다. 그런데 부여국夫餘國[7]의 풍습은 뼈가 아니라 소발굽을 써서 길흉을 점쳤다는 이야기가 전해지고 있습니다. 어디에나 흔히 있는 말뼈는 그다지 쓰임새가 없었던 것에 비해 소뼈는 이처럼 세상에서 큰 역할을 해왔지요.

재미있는 이야기군요. 그런데 전부 소가 죽은 뒤에 일어난 이야기뿐이군요. 살아 있는 소에 대한 말씀을 좀 해주시지요. 일본에는 "소에 이끌려 젠코지善光寺[8] 참배……" 같은 구전이 있고, '젠코지의 성우聖牛'라는 말도 있습니다만…….

모로하시 살아 있는 소에 관한 이야기는 아주 많습니다. 제齊의 환공桓公에게 관직을 청했던 영척甯戚은 처음에는 가난하고 연고도 없어서 관직에 나갈 기회를 얻지 못했습니다. 그래서 당시 명성이 높았던 환공에게 발탁되고 싶은 생각에 먼저 상인이 되어 멀리 떨어져 있는 제나라로 갔습니다. 해질 무렵 제에 도착한 영척은 성문 밖에서 하룻밤을 묵었습니다. 그런데 마침 바로 그곳에 환공이 와서 손님을 맞는 성대한 잔치가 벌어졌습니다. 환공의 호사스러운 유희와 자신의 고통스러운 처지가 너무 크게 대비된다고 생각한 영척은 그 자리에서 자신이 끌고 온 소의 뿔을 두드리며 이렇게 노래했습니다.

남산은 빛나네.

흰 돌은 찬란하네.

살아서 요 임금과 순 임금의 자리를 물려받지 못하리.

남루한 옷 한 벌, 우연히 정강이에 이르네.

밤은 길어 끝이 없어라.[9]

이 소뿔의 노래를 들은 환공은 "보통 사람이 아니로구나" 하며 영척을 불러냈고, 훗날 그를 등용해 재상의 자리에까지 이끌었다고 합니다. 이 이야기는 당시에 패권을 잡은 인물이 인재 등용에 마음을 쓴 미담 중 하나로 회자되고 있습니다.[10] 또 진晉의 이밀李密은 한 마리 황소를 타고 언제나 《한서漢書》를 소뿔에 걸고 '한 손에는 고삐, 한 손에는 책'이라는 말 그대로 공부를 했다고 합니다. '우각괘서牛角掛書', 즉 '소뿔에 책을 건다'는 말이 공부의 대명사가 된 것은 바로 여기에서 유래한 것입니다.

소의 가장 큰 특징이 뿔이기 때문에 자연히 소뿔에 관한 이야기가 많은 거로군요.

모로하시 소뿔이라고 하면 일본에도 우각문자牛角文字라는 게 있지 않습니까?

그것은 일본어를 표기하는 히라가나 가운데 い이라는 문자의 두 획을 소뿔 모양으로 본 것입니다. 고사가後嵯峨 천황[11]의 딸인 엔세이몬인延政門院 공주가 아직 어렸을 때 아버지의 처소[院]에 가는 사람에게 전해달라는 시가 있습니다. "이획문자二劃文字, 우각문자牛角文字, 곧은 문자, 휘어진

문자를 군君께서는 기억해주옵소서"라는 내용의 시를 보냈다는 이야기가 《쓰레즈레쿠사徒然草》12에 나옵니다. 여기서 이획문자라는 것은 일본어 히라가나 こ코의 은어隱語이고, 우각문자는 い이의 은어, 곧은 문자는 し시의 은어, 휘어진 문자는 く쿠의 은어입니다. 이 네 글자를 합한 'こいしく'는 '그립다'는 뜻이지요. 따라서 공주가 아버지인 천황에게 전해달라고 한 시의 내용은 '그리워한다는 것을 아버지는 기억해주세요'라는 의미를 담고 있는 것입니다.

모로하시 재미있는 이야기군요. 중국 이야기 중에 소뿔에 관한 것은 아니지만 노자 이야기를 해볼까요. 노자는 속세에서 벗어나고 싶은 마음에 서쪽 관문을 빠져나가 산으로 들어가려고 했습니다. 그런데 관문을 지키던 윤희尹喜라는 인물이 제자의 예를 갖추며 "제발 이 세상에 머물러주시지요. 그렇게 하실 수 없다면 글만이라도 남겨 후세 사람들에게 가르침을 주십시오" 하며 간곡하게 부탁을 했습니다. 그의 간청에 노자는 하는 수 없이 글을 지었는데, 그것이 바로 오늘날 《노자老子》라고 하는 책입니다. 그 후 노자는 유유히 서쪽 구름을 향해 떠났는데, 그때 노자가 타고 있던 것이 바로 푸른 소였다고 합니다.

다음은 공자 이야기를 해보지요. 어느 날, 송宋나라 사람이 공자를 찾아와서 "요즘 저희 집 검은 소가 흰 송아지를 낳았는데, 이것은 무슨 조짐입니까?" 하고 물었습니다. 그러자 공자는 "그건 상서로운 조짐이오. 신에게 제사를 드리시오" 하고 말했습니다. 1년이 지나자 그 집 아버지가 이상하게도 아무런 이유도 없이 눈이 멀고, 소가 또다시 흰 송아지를 한 마리 낳았습니다. 그래서 다시 공자에게 물어보자 공자는 여전히 상서로운 조짐이라고 대답했습니다. 그러자 이번에는 그 집 아이가 눈이 멀었습니다. 역시 공자는 변함없이 상서로운 조짐이라고만 말했습니다.

그런데 때는 바야흐로 초楚와 전쟁이 일어나 송나라는 위중한 상황에 놓이게 되었습니다. 장정들은 모두 전쟁에 나가고, 먹을 것이 없는 사람은 자식과 먹을 것을 바꾸어 먹었고, 땔감이 없는 사람은 해골을 부러뜨려서 밥을 짓는 참혹한 상황이 이어졌습니다. 하지만 이들 부자만은 불구자였기 때문에 전쟁에 나가는 것을 피할 수 있었다고 합니다.[13] '새옹지마塞翁之馬'와 비슷한 이야기로 교훈적인 것도 아니고, 쉽사리 믿을 수 있는 이야기도 아니지만 공자와 노자, 두 성현과 관련된 이야기 중에 소에 관한 것이 있다는 사실이 흥미롭지요.

이 이야기로 소도 꽤 체면이 서는 것 같긴 합니다. 하지만 일반적으로 소는 미련하고 그다지 보기 좋지 않은 동물로 여겨지지요?

모로하시 확실히 소는 덩치만 클 뿐 눈치가 둔한 것처럼 보이는 게 사실입니다. 특히 얼룩소[犁牛]는 얼굴 생김새도 흉하고 동작도 우둔해서 항상 사람들에게 무시를 당했던 것 같습니다. 하지만 공자는 "얼룩소의 새끼라도 그 색이 붉고(주周나라는 붉은색을 중시했다), 제대로 된 뿔이 있으면 버려서는 안 되느니라" 하면서 행실이 좋지 못했던 부모를 둔 중궁仲弓[14]을 위로합니다. "부모가 나빠도 자식이 착하면 산천山川의 신은 버리지 않는다"고 말했던 것입니다.[15]

하지만 장자는 공자와 다른 측면에서 얼룩소를 보고 있습니다. "얼룩소는 매우 둔하다. 하지만 그렇기 때문에 코에 고삐를 달아놓아야 할 염려 없이 들에 풀어놓아도 유유히 노닌다. 그런 점에서 보면 약삭빨라 덫에 걸리는 여우나 살쾡이보다는 얼룩소가 영리한지도 모르겠다"고 말하고

장로張路 | 노자기우도老子騎牛圖 | 명대明代 | 타이베이고궁박물원

있습니다.[16] 장자는 이 이야기를 통해 '무용지대용無用之大用', 즉 '쓸모없는 것들의 큰 쓰임'을 이야기하고 있는 것이지요.

'계구우후鷄口牛後'라는 속담도 있지 않습니까?

모로하시 그것은 전국시대에 낙양洛陽 출신인 소진蘇秦이라는 변사辯士가 한 말입니다. 당시에 변방 오랑캐로 불리던 서쪽 지방의 진秦나라가 점차 세력을 얻어 중앙의 제후국들을 압박해서 땅을 나누어줄 것을 요구했습니다. 처음에 소진은 진 혜왕惠王에게 유세를 하러 갔지만 자신의 주장이 받아들여지지 않자 부아가 났던 모양입니다. 그래서 연燕나라와 조趙나라 등 가는 곳마다 진나라를 섬기는 것의 불리함을 강조했습니다. 이때 입버릇처럼 외쳤던 말이 "차라리 닭의 부리가 될지언정 소의 꼬리는 되지 말라"[17]는 것이었는데, 이는 큰 나라 뒤에 붙어 따라가는 것보다 작은 나라지만 그 선두에 서는 것이 좋다는 의미입니다. 소진은 이 주장을 가지고 당시 여러 나라, 즉 조趙·한韓·위魏·제齊·연燕·초楚에서 유세를 했습니다. 이들 여섯 나라를 종적縱的으로 통합해서 서쪽의 진나라에 대항할 계획을 세웠던 것이지요. 이것이 이른바 '합종설合從說'입니다. 이와 달리 여섯 나라가 횡적橫的으로 진나라와 연합하려고 한 것이 위魏의 장의張儀가 주장한 '연횡설連衡說'입니다.

지금까지 말씀하신 대로 소는 인간 사회와 밀접한 관계가 있어서 인명이나 지명 등에 사용되는 것이 자연스러운 일이었군요. 제 친구 중에 우시야마牛山나 우시지마牛嶋 같은 이름을 가진 이들이 있습니다.

모로하시 제 고향에는 우시노오牛の尾, 우시가쿠비牛が首라는 마을이 있는데, 이 이름들은 산의 형세 때문에 그렇게 이름을 붙인 것 같습니다. 또한 소의 산지에서 생겨난 명칭도 있을 겁니다.

중국에서도 지명이나 인명에 우자가 붙은 것이 있습니까?

모로하시 여러 가지가 있겠지만, 《맹자》에 보면 "우산牛山의 나무가 아름다웠다"[18]는 구절이 나옵니다.

무슨 뜻입니까?

모로하시 우산은 중국 산둥성山東省 린쯔현臨淄縣에 있는 산으로, 옛날 제齊나라 도읍과 가까운 곳에 있었습니다. 그러다 보니 나무꾼들이 도시를 만들기 위한 재목으로 쓰기 위해 아름다운 숲을 이루었던 이 산의 나무들을 아침저녁으로 베어갔습니다. 그래서 우산은 민둥산이 되고 말았습니다. 민둥산은 산이 갖는 본연의 성질은 아니지요. (맹자는) 나무를 베면 산도 본성을 잃어 민둥산이 되듯이 인의仁義의 양심良心도 그것을 잘라버리고 기르지 않으면 민둥산처럼 인간미 없는 짐승의 마음이 되고 말 것이라고 이야기하고 있는 것입니다. 그리고 거기에 덧붙여 "그러므로 만약 길러줄 수만 있다면 자라나지 않는 것이 없고, 길러주지 않을 것 같으면 없어져버리지 않을 것이 없다"[19]라고 가르치고 있습니다.

인명의 경우는 어떻습니까?

모로하시 없지는 않을 거라고 생각합니다만 당장 생각나는 것은 당나라 우승유牛僧孺입니다. 우승유와 이덕유李德裕 부자父子는 당唐 목종穆宗부터 경종敬宗과 문종文宗, 무종武宗에 이르기까지 4대 40년에 걸쳐 정치적 파쟁을 벌였습니다. 우승유는 이러한 우이당쟁牛李黨爭에서 한쪽 붕당, 즉 우당牛黨의 우두머리였습니다. 일설에는 우승유와 함께 이종민李宗閔이 우당의 영수였다고도 하는데, 어쨌든 이 당쟁은 중국 최초이자 가장 크고 추한 싸움이었습니다. 하지만 우승유라는 이름에도 불구하고 우보전술牛步戰術[20] 등을 사용한 흔적은 없습니다.

우보전술은 곤란하지요. 아까운 의회 일수를 백 며칠이나 늘이는 건 좀 볼썽사납지요.

모로하시 달리 방법이 없는지는 모르겠습니다만 정말 쓸데없는 일이지요. 필경 기족驥足[21]을 펼쳐 하루에 천리를 달리는 준마가 없기 때문일 것입니다. 아, 그러고 보니 '소와 천리마가 구유를 같이 쓴다'는 뜻의 '우기동조牛驥同皁'라는, 육조六朝시대 추양鄒陽[22]의 말이 생각나는군요. 여기서 조皁는 소나 말의 먹이통인 구유를 말합니다. 구유를 함께 쓴다는 것, 즉 하루에 천리를 달리는 준마가 느릿느릿 걷는 소와 똑같은 대우를 받는 것은 도저히 있을 수 없는 일이라고 한탄하는 말입니다.

  송대의 철학자 장횡거張橫渠[23]도 '우기동뢰牛驥同牢', 즉 '소와 천리마가 우리를 같이 쓰는 것'은 있을 수 없는 일이라고 하였으며, 마찬가지로 송대의 충신인 문천상文天祥[24] 역시 '정기가正氣歌'에서 '우기동일조牛驥同一皁', 즉 '소와 천리마가 구유를 한 가지로 쓰는 것은 부끄러운 일'이라고 탄식하고 있습니다. 우보전술이 의회를 점령했을 때 "소와 천리마가 같은 구유를 쓰는 것이 부끄럽다"고 절규할 수 있는 진정 훌륭한 정치인은 없는 걸까요?

우이당쟁이니 우보전술이니 여하튼 소와 정치의 관계는 재미있지 않습니까?

모로하시 주제도 아닌 정치문제는 그만두고 화제를 바꿔보도록 하지요. 칠월의 견우직녀牽牛織女라면 소와 관련이 없을 수 없으니 그 주제로 옮겨봅시다.

그러고 보니 최근 견우직녀 행사도 거의 볼 수 없게 되었습니다. 옛날에는 여염집에서도 모두 대나무 막대기에 종이를 가득 매달고, 그 종이에 각자 나름대로 글씨 등을 써넣는 모습을 많이 봤는데 말입니다.

모로하시 그렇게 글씨를 쓸 때 벼루의 물은 반드시 토란잎에 맺힌 아침이슬을 썼습니다. 그렇게 하면 글 쓰는 능력이 많이 향상된다고 합니다. 그런데 언제부터 있었던 관습입니까?

헤이안시대에 이미 있었던 것으로 보입니다. 그리고 꾸지나무 잎에 소원을 써두면 그 소원이 이루어진다고 했지요. 하지만 이런 일이 일반 서민의 연중행사가 된 것은 도쿠가와德川시대부터인 것 같습니다. 그건 그렇고 칠석七夕과 관계가 있는 견우와 직녀 전설은 중국에서 어느 무렵부터 있었습니까?

모로하시 중국 문화는 북방 쪽부터 발달했습니다. 날씨가 좋고 공기가 맑기 때문에 천체天體 관찰이 비교적 일찍부터 이루어졌습니다. 《시경》 같은 책에 나오는 옛 시에 "저기 빛나는 견우도 수레를 끌어주려 하지 않는도다"[25]라고 견우성에 대해 읊고 것이 있는가 하면, "종일 일곱 자리를 옮아왔도다. 직녀는 비록 일곱 자리를 옮겼어도 무늬 놓은 비단을 짜지 못했구나"[26]라고 직녀성에 대해서 읊은 것도 있습니다. 하지만 이 두 별이 1년에 한 번 상봉한다는 로맨스가 언제부터 시작된 것인지는 정확하게 알 수 없습니다. 어쨌든 문헌에 남아 있는 것으로는 《문선文選》[27]이나 《옥대신영玉臺新詠》[28]에 나와 있는 다음 고시古詩가 가장 이른 것이 아닌가 싶습니다.

> (밤하늘) 멀리 보이는 견우성
> 밝고 밝은 은하수의 여인
> 섬섬옥수를 빼어
> 바람처럼 쏴쏴 베틀을 돌리지만
> 종일 제대로 된 무늬 나오지 않고,
> 서러워 눈물만 비처럼 흐르고
> 은하수는 맑고 또 얕아
> 서로 거리가 얼마 멀지 않거늘,
> 찰랑찰랑 가득 찬 (은하수강) 물 사이
> 서로 바라볼 뿐 말 한마디 못하는구나.[29]

매우 아름다운 시입니다.

이밖에 견우와 직녀의 전설에 대해 상세하게 기술하고 있는 것은 없습니까?

모로하시 그런 것으로는 당唐의 장문잠張文潛[30]이 지은 '칠석가七夕歌' 같은 시가 있습니다.

  인간 세상에 오동잎
  하나 나부끼며 떨어지니,
  옥수(가을의 신) 가을철 되니
  북두칠성 되돌리네.
  신선 관리, 신령스런 까치를
  불러모아 부려서,
  곧장 은하수 지나
  가로질러 다리 만든다네.
  은하수 동쪽의 미인인
  한울님의 딸.
  베틀과 북, 해마다
  옥 같은 손가락 수고롭혀,
  구름과 안개무늬
  자줏빛 비단옷을 짜느라,
  괴롭기만 하고 즐거움 없어
  얼굴 꾸미지 않았네.
  천제께서 홀로 지내며 함께
  즐거워할 이 없음 가엾게 여기시어,

은하수 서쪽 소 끄는 남자에게
시집 보냈네.
시집 간 뒤로
베 짜는 일 그만두고
검은 귀밑머리 구름 같은 쪽진 머리
아침저녁으로 빗질하네.
즐거움에 빠져 돌아오지 않으니
천제께서 노하시어,
꾸짖어 돌려보내 다시
왔던 길 밟게 하셨네.
다만 일 년에
한 번만 만나도록 하시어,
칠월칠석에
다리 건너게 되었네.
이별은 많고 만남은 적으니
어이하면 좋을까?
자꾸 옛날의
즐거웠던 사랑만[31] 많이 생각나네.[32]

이 시는 잘 아실 것으로 생각합니다. 칠석을 노래한 것은 당시唐詩에도 많고 그 외에도 많습니다만, 소에 관련된 이야기에서는 벗어나는 것들이니 이쯤에서 접는 것이 좋겠습니다.

제3장_

인寅·호랑이

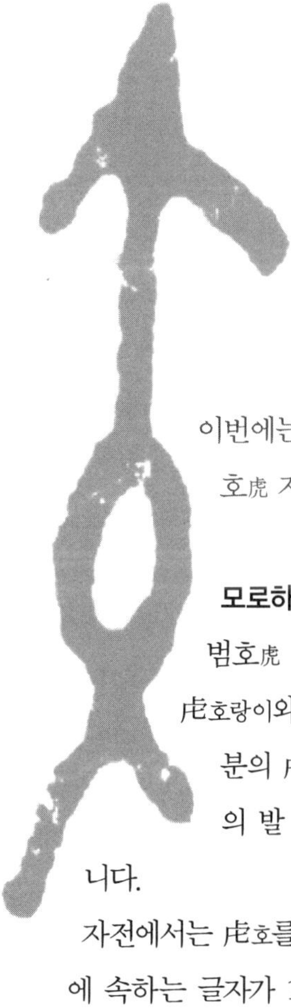

이번에는 호랑이해[寅年]에 대해 말씀해주셔야 할 텐데, 먼저 호虎 자에 대한 설명부터 부탁드려야 할 것 같습니다.

모로하시 그렇게 하는 게 좋겠군요. 호랑이를 뜻하는 한자 범호虎 역시 형태를 본떠 만든 글자입니다. 본래 이 글자는 虍호랑이와 儿인(사람)이 합쳐진 글자입니다. 다음 그림처럼 윗부분의 虍는 호랑이의 가죽 무늬를 나타내고, 아래 儿은 사람의 발 모양을 그대로 호랑이의 발 모양으로 봐서 만든 것입니다.

자전에서는 虍호를 범호 엄[1]이라고 부르는데,《대한화사전》에는 이 부수에 속하는 글자가 102자 나와 있습니다. 그 가운데 '날虤'은 호랑이가 걸어가는 모습을, '차虘'는 호랑이의 용맹스런 모습을 나타냅니다. 이처럼 호랑이와 관련이 있는 글자도 있지만, 호랑이와 아무런 관계도 없는 글자가 오히려 대다수입니다. 그렇지만 '학虐'은 잔인하다, 학대하다는 뜻이고, '효虓'는 으르렁대다, 호언장담하다, '로虜'는 사로잡다, 포로捕虜로 뜻을 새기는 등 간접적으로 호랑이와 인연이 있는 것도 많습니다. 쓸데없는 이야기인지는 모르지만, 호虎 부수에 속한 한자 가운데 가장 획수가 많은 것은 22획인 '등虉'이며, 검은 호랑이라는 뜻입니다.

호랑이는 일본어로 '토라とら'라고 합니다. 그런데 이 이름은 "잡을 수 있기とらうる도 하고, 사람을 잡을 수 있는とらゆる 짐승"이라고 《니혼샤쿠묘日本釋名》[2]에 씌어 있습니다. 중국에는 호랑이를 지칭하는 다른 명칭들이 많이 있을 것 같은데, 일본어 '토라'와의 관계를 한번 살펴볼 수 있을까요?

모로하시 말씀하신 대로 중국에는 호랑이를 부르는 명칭이 다양하게 존재합니다. 진陳·위魏·송宋·초楚 지방에서는 '이부李父'라고 하고, 강회江淮·남초南楚 지방에서는 '이이李耳', 관동關東에서부터 관서關西지방까지는 '백도伯都'라고 했다고 합니다. 하지만 이런 이름들은 단지 한 지방의 방언에 불과하며, 중국 전체에서 통용되었던 비교적 광범위한 명칭으로는 '어토於菟'가 있었습니다. 그런데 강남지방에서는 '도䖘'라고만 부르는 경우도 있었습니다. 따라서 어토於菟의 어於는 옆에 붙는 보조사라는 것을 알 수 있고, 토菟가 실제 명칭이 되는 셈입니다. 그것이 일본에 와서 아무 뜻도 없는 라ら라는 조사가 붙어서 토라とら가 된 게 아닌가 생각됩니다.

호랑이는 동물 가운데서도 가장 위풍당당한 풍모를 가지고 있지 않습니까? 일본에서는 사자만이 백수의 왕이라고 말하지만, 저는 호랑이도 사자에 뒤지지 않는다고 생각합니다만……

모로하시   사실 중국에서는 호랑이도 백수의 왕이라고 부릅니다. 예로부터 호랑이를 신비한 동물로 여겼습니다. 추성樞星[3]이 흩어져 호랑이가 되었다고 해서, 호랑이의 전신이 하늘의 별님이었다고 이야기하지요. "구름은 용을 따르고, 바람은 호랑이를 따른다"[4]는 말이 고서에 나오는 것도 호랑이의 신비한 일면을 나타내주는 것입니다.

청룡靑龍, 백호白虎, 주작朱雀, 현무玄武는 이른바 사수四獸라고 해서 영묘하고 신비한 동물로 여겨 사방四方을 상징하거나 사계절에 비유됩니다. 그에 따르면 호랑이는 서쪽에 해당하고, 가을에 배치됩니다. 또 사자가 태어나서 3일이 되면 골짜기 밑바닥으로 밀어 떨어뜨려서 기어 올라오지 못하는 새끼는 그대로 죽게 한다고 합니다만, 호랑이도 마찬가지로 생후 3일이 되면 소를 먹을 수 있다고 합니다. 그런데 만약 소를 먹으려 하지 않고 먹을 수 없는 새끼는 호랑이로서의 기상을 떨어뜨리는 것이라고 해서 부모 호랑이에게 죽임을 당한다고 합니다.

그 때문인지 일본에서는 건장하고 씩씩한 아이를 낳기 원하는 사람은 태교의 하나로 임산부에게 호랑이와 표범이 용맹스럽게 뛰어오르는 그림을 보여주기도 하고, 호랑이의 담력이나 배짱을 의미하는 호담虎膽이라는 이름을 지어주어서 아이의 경기驚氣를 다스리는 일도 있었습니다. 사내아이에게 토라노스케虎之助나 고타로虎太郎[5] 같은 이름을 지어주는 것 역시 그 아이가 용맹스럽게 되기를 바라기 때문일 테지요.

모로하시 사내아이 이름에 호자를 붙이는 것도 무리는 아닙니다. 중국에서도 호랑이는 양陽의 기운을 가졌다고 합니다. 그리고 예로부터 칠七이라는 숫자를 양기의 수數로 여겼습니다. 따라서 호랑이는 태내에 7개월 동안 있다가 태어나고, 머리에서 꼬리까지 몸길이가 7척尺[6]이라고 합니다. 견강부회이긴 하지만 호랑이가 양의 기운을 가진 동물임에는 틀림없습니다. 양물陽物이라서 좋은 점도 있습니다만, 반면에 싸움이나 다툼에 호랑이가 그 예로 자주 인용되는 것은 어떤 이유에서일까요?

예를 들어 어떤 것을 말씀하시는지요?

모로하시 위험한 일에 대한 비유로 '호랑이 꼬리를 밟았다'고 말하는가 하면, 두려운 대상이 (덮치려고) 기회를 노리고 있는 모양을 가리켜 '호시탐탐虎視耽耽'이라고 하지 않습니까? 이런 이야기들은 중국의 옛 문헌에 일찍부터 전해지고 있습니다. 또 '호랑이와 표범의 새끼는 아직 (몸에) 무늬가 다 생기기도 전부터 소를 잡아먹으려 한다'는 말도 있는데, 위대하게 될 사람은 어려서부터 어딘가 다른 점이 있다는 것을 비유한 것입니다. 같은 의미지만 일본의 '백단향나무는 떡잎부터 향기롭다'[7]라는 우아한 표현과 비교해보면 상당히 다른 느낌이 들지요.

춘추시대에 전단田單이라는 장군이 소 꼬리에 불을 붙인 다음 적을 향해 돌진시켜 상대를 호되게 골탕 먹였다는 이야기가 있지 않습니까? 호랑이는 소보다 더욱 강한데 호랑이가 전쟁에 쓰인 예는 없는지요?

모로하시 그런 예가 있습니다. 옛날 제齊와 송宋이 승구乘丘에서 전쟁을

소조塑造 십이지상 호랑이 | 통일신라 9세기 | 국립경주박물관

벌인 일이 있습니다. 그때 제나라 사람들은 모두 군마에 호랑이 가죽을 씌워서 적군에 맞섰습니다. 그런데 송나라 사람들이 그 군마들을 진짜 호랑이로 알았던지 우르르 도망쳐버렸다고 합니다. 아주 우스꽝스런 이야

기입니다만, 이런 군대 전략이 종종 사용되었다고 합니다. 성복城濮 전쟁[8]은 춘추시대 5대 전쟁 가운데 하나인데, 그 뒤에 벌어진 전쟁에서 진晉의 군대가 초楚의 군대를 무찔렀던 가장 큰 이유는 실제로 이런 군대 전략에 있었습니다.

그 밖에도 재미있는 이야기가 더 있을 것 같습니다만…….

모로하시 물론 더 있습니다. 일본에서는 지옥의 우두마두牛頭馬頭[9]가 호랑이 가죽으로 된 훈도시를 차고 아귀餓鬼를 괴롭힌다고 합니다. 그리고 중국에서는 은의 주왕紂王이 호랑이 머리를 베개로 베고 달기妲己와 동침을 즐겼다는 꽤나 시답잖은 이야기도 있습니다.

물론 재미있는 이야기도 있습니다. 옛날에 호랑이 한 마리가 온갖 종류의 짐승을 모두 잡아먹기를 바랐습니다. 그래서 모두 다 잡아먹고 마지막으로 여우만 남았습니다. 호랑이가 여우 한 마리를 잡아먹으려고 하자 여우가 "신께서 나를 백수의 왕으로 삼으려고 하신다. 만약 네가 나를 죽인다면 천제의 명을 거스르는 것이 된다. 거짓말이라고 생각하면 나를 따라오라"면서 으스대는 시늉을 했습니다. 호랑이는 설마 하면서도 여우의 뒤를 따라갔습니다. 그러자 여우가 말한 대로 온갖 짐승들이 무서워서 도망을 쳤습니다. 호랑이는 짐승들이 자신을 보고 두려워서 도망가려고 이리저리 날뛰는 것도, 영리한 여우에게 속은 것도 모른 채 기겁을 했다고 합니다.[10]

재미있는 이야기군요.

모로하시 사람은 호랑이의 위세 같은 것은 빌리지 않는 편이 낫다고 합니다. 옛날 일본에 '사람만큼 큰 개도 호랑이라는 글자를 손바닥에 써서 보여주면 물지 않는 법이다'라고 배운 사람이 있었습니다. 그런데 어느 날 이 사람이 미친개를 만나자 재빨리 그 방법을 썼는데, 어찌된 영문인지 그만 물리고 말았습니다. 크게 놀란 데다 잔뜩 화가 난 그는 그것을 알려준 스님에게 달려가서 거세게 항의를 했습니다. 그러자 스님은 아무렇지도 않은 얼굴로 "그 개는 전혀 글을 모르는 놈이요" 하며 웃었다고 합니다. 결국 호랑이의 위세를 빌린 여우치고 변변한 놈이 있을 리 만무하다는 거지요.

중국 속담에는 좋은 말이 많이 있지요. 호랑이에 관한 것으로 '두 호랑이가 서로 싸우면 결국에는 함께 살지 못한다'는 말이 있지 않습니까? 이런 속담은 오늘날의 세계 상황을 볼 때 도움이 될 만한 이야기가 아닌가 합니다. 각 나라마다 자기 나라에 원자폭탄이 있다느니 미사일이 어떻다느니 하면서 세력을 뻗쳐 상대방을 협박하고 있지만, 결국 전쟁이라도 일어나면 자신도 상대도 모두 쓰러지지 않습니까? 그 점을 서로 잘 생각해야 할 텐데요…….

모로하시 전적으로 동감입니다. 쓸데없는 전쟁은 하지 않는 게 좋지요. 말꼬리를 잡고 늘어지는 것 같아 죄송합니다만, '두 호랑이가 싸우면 결국에는 함께 살지 못한다'는 말은 두 호랑이 모두 죽는다는 게 아니라 어느 한 쪽은 죽고 만다는 이야기지요.

그렇습니까? 저는 두 호랑이 모두 죽는다고 해석했습니다만.

모로하시 원문에는 분명히 "불구생不俱生"으로 되어 있습니다. 따라서 '함께 살지 못한다'라고 읽는 게 맞겠지요. 이런 점이 한문을 읽을 때 겪는 어려움이지요.

그 점은 미처 생각하지 못했습니다. 그런데 이 말에 얽힌 고사가 있지 않습니까?

모로하시 춘추시대 조趙의 명신이었던 인상여藺相如가 한 말입니다. 인상여는 당대에 폭압적으로 권세를 휘둘렀던 진秦 소왕昭王의 콧대를 꺾고 국가의 권위를 굳건히 세웠기 때문에 종일품從一品 상경上卿의 지위에까지 올랐습니다. 그런데 같은 조의 명신이며, 더욱이 전쟁에서 공훈까지 세운 염파廉頗 장군은 이런 상여를 기분 좋게 여기지 않았습니다. 그래서 염파는 분개해하며 이렇게 말했다고 합니다.

"이게 웬 말인가? 상여는 본래 비천한 인간이 아니던가? 오로지 혀 세 치의 힘으로 진나라 왕을 위협했다고 하여 지금까지 몇 번이나 전쟁터에 나가 적을 물리치는 데 공을 세운 나보다도 더 높은 자리에 앉는 것은 어찌된 일인가? 좋다. 내 그를 만나면 반드시 모욕을 주리라."

이 이야기를 전해들은 상여는 염파와 동석할 일이 있으면 언제나 병이 났다고 핑계를 대며 그 자리에 빠져버리고, 또 외출하려다가도 염파의 수레가 보이면 곧바로 피해 달아났기 때문에 상여의 가신들은 크게 부끄러워했습니다. 그러자 상여는 부끄러워하는 가신들에게 차근차근 설명하며 이렇게 가르쳤습니다.

"나는 과거 만백성이 두려워하던 진나라 소왕마저도 호되게 꾸짖었다. 한낱 염 장군 따위를 두려워할 리 만무하다. 그러나 생각해보면, 오늘날 진나라가 우리 조나라를 공격하지 않는 것은 우리 조나라에 나와 염 장군이 엄연히 버티고 있음을 알기 때문이다. 오늘날 두 호랑이[兩虎]라고 할 만한 나와 염 장군이 서로 다툰다는 말이 나오면, 어느 쪽이든 한 쪽은 쓰러져 죽게 될 게 틀림없다. 내가 염 장군을 피하는 것은 '국가의 위급함을 우선으로 하고 내 화풀이는 뒤로 했기' 때문이다."

상여의 이러한 설명을 어렴풋하게 전해들은 염 장군은 "이는 내가 잘못이다" 하며 상여의 집 문 앞에 엎드려 사죄하였고, 그때부터 두 사람은 끝까지 '문경지교刎頸之交'를 맺었다고 합니다. 문경지교란 '목이 베일 만한 일이 있어도 결코 맹약을 뒤집지 않는다'는 뜻으로, 굳은 사귐을 말합니다.[11]

가슴이 후련해지는 이야기군요. 인상여가 "국가의 위급함을 우선으로 하고 내 화풀이는 뒤로 했다"고 한 말도 훌륭하지만 염파가 잘못을 뉘우치고 "문 앞에 엎드려 사죄했다"는 것도 남자다운 일이로군요. 그러고 보니 '두 호랑이가 서로 싸우면 결국은 함께 살지 못한다'는 말은 훌륭한 교훈이로군요.

모로하시 그런데 전국시대에는 다양한 책략가들이 있어서 이용이든 악용이든 두 호랑이를 싸우게 해서 자신은 싸우지 않고 이득을 보려 했던 사람들도 있었습니다. 여기에서는 변장자卞莊子의 이야기를 해보도록 하지요.

춘추시대 노나라에 변장자라는 무인이 있었습니다. 그가 어느 날 여관에 들었는데 산에 호랑이가 나타났다는 소리가 들렸습니다. 그래서 큰 칼을 뽑아들고 호랑이를 잡으러 나가려 했습니다. 하지만 여관에서 일하는 아이가 그의 앞을 가로막으며 "서두르지 말고 때를 기다리십시오. 지

작자 미상 | 맹호도猛虎圖 | 조선시대 18세기 | 국립중앙박물관

금 두 마리의 호랑이가 소를 잡아먹으려 하고 있습니다. 조금만 기다리면 두 호랑이는 소를 먼저 잡아먹으려고 다툴 것입니다. 다투게 되면 반드

시 더 크게 싸울 것입니다. 큰 싸움을 하면 큰 놈은 반드시 상처를 입기 마련이고, 작은 놈은 반드시 죽게 되어 있습니다. 그때 나서면 한 번에 두 호랑이를 잡는 일이 어렵지 않을 것입니다" 하고 말했습니다. 이 말을 듣고 따른 변장자는 힘들이지 않고 두 호랑이를 잡았다고 합니다.[12]

나름대로 재미있는 이야기지요. 이런 이야기를 활용해서 국제간의 분쟁을 능란하게 다루었던 책략가들이 많이 있었습니다. 진秦 혜왕惠王의 신하인 진진陳軫은 한韓과 위魏가 서로 싸우게 만들었던 책략가였습니다. 그렇게 싸운 나라가 피폐해지기를 기다려 자기 나라인 진의 이익을 도모했다는 이야기가 그 좋은 예가 될 것입니다.[13] 하지만 앞서 언급한 상여의 이야기와는 달리 아무래도 마음이 개운치 않은 이야기지요. 그런데 일본에도 호랑이에 대한 이야기가 많이 있지 않습니까?

그렇습니다. 일본에는 이미 만요萬葉[14]시대부터 호랑이가 시인들의 소재가 되었습니다. 가키노모토노히토마로柿本人麻呂[15]의 시에 보면 "적敵을 노려보던 호랑이가 울부짖는다고 모든 이들이 벌벌 떨 정도로……" 하는 대목이 있습니다. 또 사카히베노오호키미境部王[16]의 시에도 "호랑이를 타고 옛집을 넘어서"라고 하는 부분이 있습니다. 작자 미상의 잡가雜歌에는 "다른 나라의 호랑이라는 신神을 사로잡으매……" 같은 원기 왕성한 내용의 시도 있는데, 이는 결코 허풍이 아닙니다.

유명한 이야기가 있는데, 가토 기요마사加藤淸正[17]가 조선을 정벌할 때 사랑하던 시동侍童과 애마愛馬가 한꺼번에 호랑이에게 죽임을 당하자 복수를 위해 호랑이를 사냥했다는 이야기가 전해지고 있습니다. 하지만 실제 기록에 따르면, 그림책에 있는 것처럼 창을 휘둘러서 세운 공명功名이 아니라 멀리서 총을 쏜 것이라 하니 실제로는 그 정도로 재미있지는 않앉을지도 모르겠습니다.

이에 반해 긴메이欽明 천황 6년, 백제로 보낸 궁중요리사 하수히巴提使의 이야기는 통쾌함 그 자체입니다. 백제의 바닷가에서 아이를 빼앗아간 호랑이에게 복수를 한다는 이야기인데, 그는 눈[雪]에 새겨진 발자국을 더듬어서 호랑이를 발견하자 "칙령을 받들어 즐풍목우櫛風沐雨(객지로 돌아다니며 갖은 고생을 하는 것)하며 바다와 육지에서 고생을 한 것도 사랑하는 자식에게 아비의 위업을 잇게 하겠다는 일념 때문이었다. 아무리 호랑이지만 (너는) 위엄 있는 신이라고 일컬어지는바, 이 마음을 헤아리지 못할 리 없다. 어서 나와서 나의 칼(앙갚음)을 받지 못할까!"라고 하며 왼손을 뻗어 호랑이의 입에서 혀를 뽑고, 오른손으로는 칼로 찔러 죽였다고 합니다.

호랑이 사냥에 관한 것으로는 이외에도 이키노카미 이에유키壹岐守家行[18]의 부하가 죄를 짓고 신라新羅로 도망을 쳤는데, 망명 중에 호랑이를 쏘아서 잡은 공로로 "일본을 일으킬 사람"이라는 칭찬을 받고 배신한 죄를 용서받았다는 이야기가 전해지고 있습니다. 일본의 무사는 예로부터 이렇듯 용맹스럽고 무예에 뛰어난 인물들이었던 것 같습니다.

모로하시 그런 무용담이라면 중국에도 많이 있습니다. 굳게 결심하고 행하면 귀신도 그것을 피한다고 하지요. 한漢의 장군 이광李廣이 어느 날 사냥을 나갔다가 숲속에서 늙은 호랑이 한 마리를 활로 쏘아서 잡았습니다. 그가 쏜 화살은 깃 부분까지 깊이 박혔다고 합니다. 그런데 가까이 가서 보니 호랑이가 아니라 바위여서 이광은 깜짝 놀랐습니다. 하지만 자신이 쏜 활의 힘이 돌도 뚫을 수 있다는 생각에 자못 뿌듯해져서 시험 삼아 다음날 같은 장소에 가서 다시 활을 쏘았습니다. 하지만 이번에는 화살이 튕겨나올 뿐 돌에 꽂히지 않았다고 합니다.[19] 물론 만들어낸 이야기라고 생각되지만 신념을 갖고 무언가를 실행할 때에는 실제 힘 이상의 힘이 나오는 법이라고 생각합니다.

호랑이를 물리치는 이야기라면 어디서나 온통 무용담뿐인데 그건 당연하겠지요?

모로하시 그런데 한 가지, 호랑이를 물리쳤지만 그런 사실을 자랑하지 않음으로서 오히려 빠르게 출세한 한 관리의 이야기를 해보도록 하지요.

후한後漢의 유곤劉昆은 광무제光武帝 때 홍농弘農 지방의 태수太守를 맡게 되었습니다. 그 지방은 예로부터 호환虎患이 끊이지 않았기 때문에 여행하는 사람의 숫자가 점점 줄어들었습니다. 하지만 유곤이 태수가 된 뒤에 어진 정치를 베푼 탓인지 그때까지 그 지역을 황량하게 만들었던 맹호가 모두 새끼들을 등에 지고는 강을 건너 다른 지방으로 달아났습니다. 그 이야기를 들은 광무제는 매우 감동하여 "그대는 대단하네. 그대의 덕 있는 정치에 감동하여 호랑이마저도 새끼를 등에 지고 강을 건너 달아났네. 이전에도 그대의 덕 있는 정치 덕분에 바람 부는 방향이 바뀌어 화재를 막았다는 이야기를 들었다네" 하고 말했습니다. 그러자 유곤은 단지 "그런 일은 우연일 뿐입니다"라고만 대답했습니다. 하지만 주변에서 그 이야기를 들은 사람들은 웃으면서 "정직한 것도 정도가 있는 법이지 모처럼 광무제께서 칭찬을 한 것이니 만큼 능란하게 말재주를 부렸다면 은전恩典을 입는 것은 떼놓은 당상일 텐데……" 하고 말했습니다. 그 이야기를 전해 들은 광무제는 다시 감동하여 "그야말로 우두머리다운 말이로다" 하며 이를 기록에 남기게 했다고 합니다.[20]

호랑이는 아니지만 일본에서는 소가주로曾我十郎의 애인인 토라고젠虎御前[21]의 정절 등이 연극이나 이야기[22]에 많이 나오지요. 중국에도 그런 사랑스럽고 아름다운 이야기는 없는지요?

모로하시 호랑이와 정숙한 여인을 소재로 한 이야기가 많이 전해지고 있습니다. 남편이 있는 미모의 부인을 연모한 악한이 두 사람을 산으로 유인, 남편을 계곡 밑으로 밀어 떨어뜨린 다음 그 부인에게 구애를 했습니다. 그러자 덤불 속에서 호랑이가 갑자기 튀어나와 그 악한의 머리를 물어뜯었다고 합니다.

다른 이야기로는 권세를 누리고 있던 무뢰한이 젊은 과부를 겁탈하려 하자 밤이면 밤마다 호랑이가 크게 으르렁대며 문지기 노릇을 충성스럽게 잘 해냈다는 이야기도 있습니다. 이런 이야기는 모두 의로운 호랑이에 관한 전설로, 호랑이의 면모가 잘 드러나 있지요.

그 반면에 배은망덕한 호랑이에 대한 이야기도 있습니다. 대행산大行山 기슭에 풀로 암자를 짓고 사는 노승이 있었습니다. 어느 날 골짜기 밑을 걸어가는데 새끼 호랑이가 다리를 절며 울고 있었습니다. 불쌍하게도 어미가 호랑이로서 살아갈 의지가 부족하다고 여겨 계곡 밑으로 떨어뜨린 게 아닐까 하고 노승은 생각했습니다. 그래서 새끼 호랑이를 암자로 데리고 돌아와 매일 죽을 먹이고 물을 마시게 해서 길렀습니다.

새끼 호랑이는 점점 자라나 7척의 큰 호랑이가 되었지만 노승이 출입할 때는 반드시 옆에서 호위를 하고, 시장에 갔다올 때도 사람이나 가축에게 해를 끼치는 일이 없었습니다. 그러던 어느 날, 산책 도중에 노승이 코피를 흘리는 일이 있었습니다. 노승은 길을 더럽혀서는 안 된다는 생각에 호랑이에게 피를 핥게 했습니다. 그런데 그 일이 고질적인 습관을 들이는 단초가 되었는지, 그 뒤로 호랑이는 대행산의 악마가 되어 오랫동안 행인들을 괴롭혔다고 합니다.

《장자》에도 "호랑이를 사육하는 자는 살아 있는 동물을 주지 않는다"[23]는 말이 있는데, 이 말은 소인배에게는 무슨 일이 있더라도 권세를 줘서는 안 된다는 가르침이겠지요.

호랑이와 직접적으로 관계가 있는 이야기는 아닙니다만, 종종 남종화南宗畵[24]의 소재가 되고 있는 '호계삼소虎溪三笑'에는 어떤 고사가 얽혀 있는지요?

모로하시 그건 여산廬山 기슭에 있는 동림사東林寺에서 혜원慧遠[25] 스님 등 세 사람이 회심의 미소를 지었다는 이야기입니다. 저도 예전에 여산에 놀러간 적이 있습니다만, 산기슭에 있는 동림사 앞에는 호계虎溪라는 작은 시내가 있습니다. 이 이야기는 이 절에 살고 있던 혜원 스님이 수행을 위해 절에서 꼼짝 않고 단 한 발짝도 호계를 건너가지 않고 있었는데, 어느 날 친구인 도연명陶淵明[26]과 육수정陸修靜[27]이 방문하는 것으로부터 시작합니다. 이 두 사람이 돌아갈 때가 되어 배웅하던 도중에 이야기가 너무나 무르익는 바람에 혜원 스님은 안거금족安居禁足, 즉 들어앉아 수행만 할 뿐 어디에도 나가지 않겠다는 맹세를 잊고 자신도 모르는 사이에 그만 호계를 건너버리고 말았습니다. 그러자 호랑이가 크게 꾸짖듯 포효하는 소리를 냈습니다. 스님은 비로소 자신이 맹세를 어겼다는 것을 알아차렸으며, 이에 세 사람은 서로를 돌아보며 크게 웃었다고 합니다.

이 이야기는 진晋나라 때의 은둔적 풍류 이야기로서 전해져온 것이지만 역사적 관점에서 보면 육수정이 여산에 온 것은 원가元嘉[28] 말년(대략

450년 전후)으로, 그때는 혜원이 죽은 지 이미 30여 년 뒤이고, 도연명이 죽은 지 20여 년이 지난 시점이기 때문에 실제로는 있을 수 없는 일이지요.

중국에는 호랑이에 관한 고사나 숙어가 많이 있는 것 같습니다. 조금 더 들려주시지요.

모로하시 그럼 이야기를 한 가지 더 해볼까요. '사람의 소문도 75일'이라는 말이 있지요. 그 반면에 불이 나지 않더라도 연기가 나면 어느새 소문이 사실이 되는 일도 있습니다. 세 사람이 말을 하면 없던 시장의 호랑이도 있는 것이 된다는 '삼인성시호三人成市虎'[29]가 바로 그런 말이지요.

옛날 위魏의 방공龐共은 태자와 함께 조趙의 도읍인 한단邯鄲에 인질로 잡혀간 일이 있었습니다. 그 사이에 자신에 대한 험담과 비방을 하는 사람들이 있었기에 방공은 위의 왕에게 자신의 고충을 토로하며 이렇게 말했습니다.

"지금 한 사람이 시장 한 가운데에 호랑이가 나타났다고 말한다면, 왕께서는 믿으시겠습니까?"

"믿을 바보가 있겠는가?"

"그럼 두 사람이 그렇게 말한다면 믿으시겠습니까?"

"믿을 수 있겠는가?"

"그렇다면 세 사람이 그렇게 말한다면 어떠시겠습니까?"

왕은 잠시 생각에 잠겼다가 "그건 믿을 수 있겠네" 하고 대답했습니다. 그래서 방공은 주저함 없이 곧바로 "바로 그것입니다. 호랑이가 있을 리 만무하지만 세 사람이 모두 있다고 하면 시장에 호랑이가 있는 것이 사실이 됩니다. 여러 사람의 입이 무서운 이유가 바로 거기에 있습니다. 지금

석각石恪 | 호계삼소도虎溪三笑圖(부분) | 송대宋代 | 타이베이고궁박물원

저를 비방하고 있는 사람들은 세 사람 이상입니다. 제발 그 점을 잘 헤아려 주시옵소서" 하고 간청했다고 합니다. 바로 이 이야기에서 '삼인언이성호三人言而成虎', 즉 '세 사람이 말하면 시장에 호랑이도 있는 것이 된다'는 '시호삼성市虎三成', 즉 '시장의 호랑이는 세 사람에서 비롯된다'는 말이 생겨난 것입니다.

후한의 무장 반초班超[30]는 오랑캐를 공격하려면 밤에 하는 것이 좋은 계책이라고 생각했습니다. 하지만 유사有司는 그렇게 하는 것에 염려와 불안감을 품고 반대하는 일이 많았습니다. 이에 반초는 "호랑이 굴에 들어가지 않으면 호랑이를 잡을 수 없다"[31]면서 약간의 위험을 감수하지 않으면 뛰어난 공적을 세울 수 없다고 주장하며 사람들을 설득했습니다. 또 삼국시대 오吳의 여몽呂蒙[32]은 어머니가 불안해하는 것을 뿌리치고 군대에 가서 공을 세우고자 했습니다. 그때 "호랑이 굴을 찾지 않으면 어디에서 호랑이 새끼를 얻겠습니까?" 하면서 전쟁에 나갔다고 합니다.

이 밖에 '호랑이 입을 지나 자애로운 어머니에게 돌아간다'[33]는 말이 있습니다. 위험한 장소를 피해 안락한 땅에 돌아감을 비유한 것인데, 이는 도원渡源의 서선徐宣이 광무제에게 복종할 때 한 말입니다.[34] 그리고 '호랑이의 수염을 어루만진다'는 말은 권력자의 비위를 잘 달래서 결국은 그 권위를 제어함을 비유하는 것으로, 이는 오吳의 주환朱桓이 어딘가 멀리 떠나가게 되자 주군인 손권孫權에게 청하길 "원컨대, 한 번만 폐하의 수염을 만지게 해주신다면 더 이상 한이 없을 것이옵니다"라고 한 말에서 나온 것입니다.[35]

이외에 '호랑이를 위해 날개를 단다'는 뜻의 '위호전익爲虎傳翼'[36]은 맹악猛惡한 사람에게 권세와 위력을 더해주는 것을 비유하는 말이며, '호랑이를 그렸으나 개에 속한다'는 '화호유구畵虎類狗'[37]는 호걸인 체하다가 도리어 경박하게 되어버리는 것을 말합니다. 또 '탈호구脫虎口', 즉 '호랑이 입에서 벗어나다'라고 하면 위험을 면하는 것에 대한 비유이며, '호랑이 목을 다툰다'는 '쟁호수爭虎首'는 공을 세워 이름을 날리고 출세하기 위해 다투는 것을 비유하는 말입니다. 그리고 '호랑이가 돼지를 먹는 것과 같다'는 뜻의 '약호지식돈若虎之食豚'[38]은 약육강식의 비열함을 나타내는 비유입니다.

정말 무서운 이야기뿐이군요. 역시 호랑이는 사납고 용맹스러운 동물이라는 것을 알 수 있군요.

모로하시 그럼 마지막으로 호랑이가 무서워하는 것과 호랑이보다도 더 무서운 것의 예를 드는 것으로 이야기를 마칠까 합니다. 송宋의 소동파蘇東坡39가 운안雲安 지방에서 실제로 보고 나서 했다는 이야기입니다.

어느 때인가 어린아이 둘이 강가에서 모래장난을 하고 있었습니다. 그런데 그곳에 호랑이 한 마리가 나타나 이와 발톱을 갈며 아이들에게 다가갔습니다. 하지만 천진난만한 아이들은 단지 생글생글 웃으며 즐거워할 뿐이었습니다. 호랑이는 자신을 무서워하지 않는 아이들을 보고 그만 두려워져서 결국 산으로 달아났다고 합니다. 이와 비슷한 종류의 이야기는 조선에도 많이 전해지고 있습니다. 그리고 노자는 이렇게 가르치기도 했습니다.

> (대저 듣건대) 섭생攝生을 잘 하는 사람은
> 뭍에서도 외뿔난 들소나 호랑이를 만나지 아니하고
> ……
> 호랑이가 그 발톱으로 할퀼 곳이 없으며
> ……
> 대저 어찌 된 까닭입니까?
> 그에게는 죽음의 자리[死地]가 없기 때문입니다.40

의심을 품게 되면 있지도 않은 귀신이 보이는 법이고, 두려워하는 바가 없는 사람에게는 꺼릴 것이 없는지도 모르겠습니다. 이번에는 호랑이보다 더 무서운 것에 대해 이야기해볼까요.

　공자가 제자들을 이끌고 여행하던 중 태산太山 기슭에 다다르자 어느 무덤 앞에서 엎드려 울고 있는 한 부인이 있었습니다. 너무나 슬퍼 보였기에 제자인 자공子貢에게 "무언가 깊은 사연이 있는 것 같으니 물어보고 오는 게 좋겠다"고 지시했습니다. 그래서 자공이 묻자, 그 부인은 옛날에 자기 시아버지가 호랑이에게 물려 죽었고, 남편도 죽임을 당해서 그 슬픔을 가눌 수 없었는데 이번에는 또다시 자신의 귀한 아이마저 호랑이에게 잡아먹히게 되었노라고 자신의 불우한 처지를 이야기했습니다. 이야기를 듣고 놀란 공자는 "그럼 왜 이 땅을 떠나지 않는가? 호랑이가 없는 다른 지방도 있지 않은가?" 하고 물었습니다. 그 부인은 "그러나 이 땅에는 가혹한 정치가 행해지고 있지 않기 때문입니다"라고 대답했습니다. 그 이야기에 감동한 공자는 제자들에게 "너희들도 잘 기억해두는 것이 좋을 것이다. 가혹한 정치는 호랑이보다도 무서운 법이다"[41]라고 가르쳤다고 합니다. 이 이야기는 오늘날 정치에 종사하는 사람들이 귀담아 들어야 할 소중한 가르침이라고 생각합니다. 그럼 오늘은 이것으로 그만 마치도록 하겠습니다.

호랑이에 대해 여러 가지로 좋은 말씀을 들려주셔서 감사드립니다.

제4장_

묘卯·토끼

'오토총총烏兔匆匆'이라는 말이 있습니다. 이 말은 월일月日, 즉 세월이 빠르게 흘러가는 것을 뜻한다고 알고 있습니다. 이번에는 토끼[兔]에 관한 여러 가지 말씀을 들려주시겠습니까?

모로하시 좋습니다. 지금 '오토총총'이라고 하셨는데, 여기서 까마귀와 토끼를 뜻하는 오토烏兔는 세월을 말합니다. 그런데 왜 하필 오토라고 하는지 알고 계시는지요?

해 속에는 다리가 셋인 까마귀[三足烏]가 있고, 달 속에는 하얀 토끼가 떡을 찧고 있다고 해서 그런 게 아닌지요? 달 속에 있는 그림자는 마치 토끼처럼 보이기도 합니다. 그리고 까마귀의 경우, 진무神武 천황이 동쪽을 정벌할 때 금색 까마귀가 안내를 했다고 하지요. 이러저런 전설에서 유래한 것이 아닌가 합니다.

모로하시 말씀하신 대로라고 생각합니다. 중국의 자전인 《운회韻會》[1]에 "해 속에 삼족오가 있으며……"[2]라는 말이 나옵니다. 그리고 육조시대 장형張衡[3]의 글 속에는 "해는 태양의 정精이며, (그것이) 쌓여 까마귀의 형상을 이룬다"[4]는 말이 나옵니다. 달에 대해서는 《위전략魏典略》[5]에 "토끼는 밝은 달[明月]의 정精이다"[6]라고 하며, 진晉의 부현傅玄[7]이 쓴 글에는 "달 속에 무엇이 있는가? 흰 토끼가 약을 빻고 있다"[8]는 말이 나옵니다. 이상의 글들은 토끼가 등장하는 최초의 출전은 아니라 하더라도 오토를 세월에 비유하는 오래된 글들이라고 생각합니다. 육조시대 좌사左思[9]의 〈오도부吳都賦〉에 보면 "까마귀와 토끼가 해와 달에 틀어박혀 이리저리 뛰어다니며 산다"[10]는 구절도 있습니다.

그렇습니까? 그런데 이야기에 따르면, 달 속에서 토끼가 빻고 있는 게 약이지 떡은 아닌 것 같습니다.

모로하시 중국에서는 약을 빻는다고 하고, 일본에서는 떡을 찧는다고 합니다. 왜 그럴까요? 바로 여기에서 중국인과 일본인의 성격이나 취향의 차이를 엿볼 수 있을 것 같습니다. 중국에서는 중추中秋 명월이 되면 월병月餠이라는 과자를 먹습니다. 그런데 그 월병을 싼 포장지에 토끼 그림이 그려져 있지요. 이런 것을 보면 달과 토끼의 관계를 잘 알 수 있지 않을까 합니다.

어쨌든 해와 까마귀, 달과 토끼, 그 관계를 보는 것만으로도 옛 사람들의

방아 찧는 토끼 | 조선 민화

풍류가 그리워지고 유쾌한 기분이 드는군요. 중국에는 훌륭한 시인도 많으니 뛰어난 시도 많이 있을 것 같습니다.

모로하시 밝은 달, 즉 명월에 대한 시는 상당히 많습니다. 그 중에서 달에서 흰 토끼가 약을 빻고 있는 것을 묘사한 시로는, 이백李白의 '술잔을 들고 달에게 묻는다'는 '파주문월把酒問月'이 으뜸이라고 생각합니다.

> 푸른 하늘의 달이여 언제부터 있었느냐.
> 나는 지금 잔 멈추고 네게 한번 묻는다.
> 사람은 저 밝은 달을 잡을 수 없는데
> 달은 되레 사람을 따르려 하네.
> 떠다니는 저 흰 달은 선궁仙宮에 걸려 있는 듯
> 푸른 연기 사라지니 맑은 빛이 일어나네.
> 밤에는 바다에서 솟아나 보이더니
> 새벽녘에는 구름 사이로 남 몰래 사라지네.
> 토끼는 일 년 내내 약을 찧는데
> 항아는 외로운 삶, 뉘와 이웃하리.
> 지금 사람은 옛날 저 달을 보지 못하건만
> 지금 저 달은 옛 사람 비췄으니
> 옛 사람 지금 사람, 흐르는 물 같으니
> 모두 다 이렇듯 저 달을 보았으리.
> 그저 바라는 것은 노래하고 술 마실 때
> 달빛이 오래오래 이 술통을 비추기를.[11]

어떻습니까? 멋지지 않습니까?

시 이백은 훌륭한 시인이로군요. 황홀해서 인간 세상 사람들을 속세 밖

쓰키오카 요시토시月岡芳年 | 항아분월嫦娥奔月 | 19세기 | 게이오慶應대학 도서관

에서 노닐 게 하는 듯한 기분이 듭니다. 그런데 이 시를 보면 중간에 항아嫦娥가 달 속에서 무엇을 했다는 말이 나오는데 무슨 뜻인지요?

모로하시 항아는 아름다운 여인을 말합니다. 그녀가 달로 달아났다고 해서 달의 다른 명칭이 되었습니다. 항아는 한자를 달리 해 항아姮娥라고 쓰기도 하는데, 嫦항은 姮항의 속자로서 같은 글자입니다. 항아가 달로 달아났다는 전설은 《회남자》〈남명훈覽冥訓〉에 나오는데, 그 이야기는 다음과 같습니다.

성인聖人 대우大禹가 세운 하夏나라의 말기에 예羿라는 왕이 있었습니다. 그는 활쏘기의 명수였지만 그렇게 선한 사람은 아니었습니다. 그런 인물인 예가 서왕모西王母[12]로부터 먹으면 죽지 않는다는 불사不死의 약을 받았기에 사람들은 모두 그를 부러워했습니다. 그런데 항아가 그만 그 약을 몰래 훔쳐서 먹어버렸습니다. 그래서 항아는 즉시 천벌을 받게 되어 달 속으로 몸을 날려 뛰어들었지만, 죽지도 못한 채 영원히 달 속에 있으며 언제까지나 과부로 살아가야 하는 운명이 되었다고 합니다.

당唐의 시인 여동盧仝이 '월식月飾'이라는 시에서 "흰 토끼가 길게 탄식하며 영약을 빻고 있구나. 마치 간사함과 악함을 막는 것에 뜻이 있는 듯하네"[13]라고 한 노래한 것은 항아의 죄를 벌한다는 의미이겠지요.

토끼와 달의 관계는 다른 곳에서도 찾아볼 수 있습니다. 《이아익爾雅翼》[14]이라는 책에 보면 "태양에 빛이 없으면 까마귀가 나타나지 않고, 8월 15일 밤에 달이 밝으면 그 해에는 토끼가 많다"는 말이 나옵니다. 이처럼 토끼와 달은 그 인연이 꽤나 깊은 것을 알 수 있습니다. 하지만 토끼와 천계天界의 인연이 기록되어 있는 가장 오래된 문헌은 《운두추運斗樞》[15]라는 위서緯書입니다. 여기에서는 "옥형성玉衡星[16]이 흩어져서 토끼가 되었다"고 하면서 별과 토끼를 연관시키고 있습니다.

달과 토끼의 관계에 대한 이야기는 상당히 많이 있는 것 같습니다. 좀 더 듣고 싶지만 여러 가지로 말씀을 들려주셨으니 이제는 화제를 바꾸었으면 좋겠습니다. 앞서 다른 항목처럼 兎토라는 글자가 어떻게 성립되었는지 설명을 해주시지요.

모로하시 우선 그림을 보십시오. 兔토라는 글자 역시 그 모양에서 유래된 상형문자입니다. 그림의 윗부분은 토끼의 머리이며, 오른쪽 끝에 있는 'ヽ'는 토끼 꼬리입니다. 그다지 좋은 모양으로 만들어졌다고 하긴 어렵지요. 예로부터 이 그림의 전문篆文[17]을 기본으로 한 것이지만, 다양한 형태의 글자가 만들어졌습니다. 그런 글자 중의 하나로 兔토가 만들어졌습니다. 이 글자를 따른 사전도 적지 않지만, 현재 글자는 《강희자전康熙字典》[18]이나 명明의 《정자통正字通》[19]에 따라 兔의 형태로 정해졌습니다. 단 여기서 주의해야 할 것은, 兔든 兔든 어느 쪽이든 괜찮지만 'ヽ'만큼은 토끼의 꼬리이므로 반드시 필요하다는 것입니다. 만일 'ヽ'을 생략하면 免면이 되어 '면허免許'나 '면역免役' 같은 말에 쓰이는 '면하다' '피하다'는 의미를 가진 글자가 되어버립니다. 그리고 兔 부수는 없기 때문에, 虎호를 근간으로 彪표라는 글자가 만들어진 것과는 달리 兔를 근간으로 해서 만들어진 다른 글자는 없습니다.

토兔자가 어떻게 성립되었는지는 잘 들었습니다. 그러면 이제는 그 명칭에 대한 말씀을 들려주시면 좋겠습니다. 앞서 호랑이의 경우에는 매우 다양한 명칭들이 있지 않았습니까?

모로하시 글쎄요. 호랑이와 달리 토끼에 대한 명칭은 그다지 많지 않은 것 같습니다. 산스크리트어[梵語]로 토끼를 '사가舍伽'라고 하는데, 중국에서는 일반적으로 '兔tu'라고 부릅니다. 이 글자의 중국어 발음 'tu'는 토끼 토兔와 토할 토吐의 음과 서로 통합니다. 토끼 새끼가 태어날 때 어미의 토순兔脣에서 토해낸다고 해서 그런 이름이 붙었다고 합니다. 종묘宗廟에 제사를 드릴 때는 특별히 '명시明視'라고 해서 살찐 토끼를 공물로 바쳤는데, 토끼의 시력이 좋기 때문에 그런 이름을 붙였다고 합니다. 그 외에 몸집이 아주 큰놈을 '참毚', 아주 교활한 놈은 '준㕙'이라고 불렀다고 합니다.

토끼를 '원부鵷扶'라고 부르는 경우도 있습니다. 이 말은 앞서 언급했던 하의 예왕과 관련이 있습니다. 활쏘기의 명인이었던 예왕이 파산巴山이라는 곳에 사냥을 하러 갔는데 갑자기 당나귀만한 흰 토끼가 뛰어나왔습니다. 그래서 운 좋게도 활을 쏴서 토끼를 붙잡아 바구니 안에 넣었습니다. 그런데 그날 밤 꿈에 흰 옷에 관을 쓴 왕이 나타나 "나는 원부군鵷扶君이다. 이 지역의 토지신土地神인데 내 오늘 너에게 치욕을 당했구나. 봉몽逢蒙이라는 자의 손을 빌어 반드시 원수를 갚을 테니 기억해두거라" 하고는 곧바로 사라지자 예왕은 꿈에서 깨어났습니다. 그 후 정말로 봉몽逢蒙이 예왕을 죽이고 그 자리를 빼앗았다고 하는데, 그때 이후로 원부가 토끼의 또 다른 이름이 되었다고 합니다.[20] 중국 후난성 웨양岳陽 사람들은 토끼를 땅의 신으로 받들어 모시고 어떤 경우에도 사냥을 하는 일이 없었다고 하는데, 이는 예왕의 고사 때문에 두려움을 품었기 때문인지도 모르겠습니다.

원부라는 토끼도 크지만 그보다 더 큰 토끼도 있었습니다. 서해西海, 칠해漆海, 유해乳海라는 지방에는 말만한 토끼가 살았는데, 그 털 길이가 무려 한 척이나 되었다고 합니다.

일본인들은 토끼라고 하면 기다란 귀를 먼저 떠올리는데 중국의 경우는 어떻습니까?

모로하시 중국 문헌에서 토끼의 귀를 문제 삼는 일은 거의 찾아볼 수 없습니다. 늘 이야기가 되는 것은 토끼의 입술이지요. 토끼 입술이 언청이[兔脣]이기 때문에 새끼가 태어날 때 입에서 토해냈다거나, 임산부에게는 토끼를 먹여서도 안 되고 보여주어서도 안 된다는 등의 말을 합니다. 하지만 인간은 언청이라 할지라도 덕德만 있으면 장애가 되지 않기에 제나라의 환공桓公 같은 위대한 패자霸者는 언청이의 말을 경청하였기 때문에 보통 사람의 입을 오히려 이상하게 여겼다는 이야기가 《장자》에 나오기도 합니다.[21]

토끼는 새끼를 낳을 때 어미가 토순兔脣에서 토해낸다고 하지 않습니까?

모로하시 그렇습니다. 토끼는 음물陰物이라고 해서 아이를 낳는 것과 관련된 다양한 구전이 있습니다. 《비아埤雅》[22]라는 옛 자전이 있습니다. 이 책에 보면, 저작詛嚼(음식을 씹어 먹음)하여 살아가는 모든 것들, 즉 동물에게는 '구규九竅'라고 해서 아홉 구멍이 있다고 합니다. 그런데 태생胎生 동물임에도 불구하고 토끼만은 암컷과 수컷 모두 여덟 구멍이 있다고 합니다. 따라서 새끼를 낳을 때 토순을 통해 토해내듯 새끼를 내놓으며, 임신할 때에도 수컷은 필요 없고, 암컷의 털을 핥으면 바로 임신을 하고, 때로는 달을 바라보기만 해도 임신을 한다고 합니다. 어차피 이런 이야기들은 근거가 없는 이야기에 불과하지요.

우리들은 토끼라고 하면 으레 희다고 생각하기 때문에 전혀 이상하거나 신기하다고 느끼지 못하는데 중국에서도 그렇습니까?

모로하시 좀 다른 것 같습니다. 중국에서는 흰 토끼를 지극히 길한 조짐으로 여기는데, 《포박자》에 "흰 토끼는 수명이 천 년이다. 오백 년이 차면 색이 희어진다"[23]는 말이 나옵니다. 그리고 고야왕顧野王[24]의 글에는 "왕王의 은혜를 노인에게 더하면 곧 흰 토끼가 나타난다"는 것도 있습니다.

후한 광무제 건무建武 13년, 만이蠻夷(오랑캐)가 흰 토끼를 헌상한 뒤로 흰 토끼가 세상에 나타날 때마다 길조로서 역사에 기록되고 있습니다. 따라서 이와 관련된 상소문도 적지 않습니다. 양梁 간문제簡文帝의 〈흰 토끼를 올리는 글[上白兔表]〉이나 북주北周 유신庾信의 〈흰 토끼를 진상하는 글[秦白兔表]〉 같은 것이 바로 그런 것입니다. 그 외에 "빨간 토끼를 얻었는데, 이는 왕에게 훌륭한 덕이 있으면 반드시 찾아오는 상서로운 짐승이다. 검은 토끼를 얻었는데, 이는 왕의 덕이 융성한 길조이다"[25]라고 하는 것에서처럼 색깔이 다른 경우도 있습니다만 많은 경우에는 흰 토끼만을 좋아하는 것 같습니다.

일본에서는 산악지방의 사람들이 토끼 고기를 즐겨 먹습니다만 중국의 경우에는 어떻습니까?

모로하시 중국에서도 먹기는 하는 것 같습니다. 그런데 예로부터 (토끼 고기는) 시고 찬 맛이라거나 달고 찬 맛이라고 해서 "그것을 먹으면 마음이 괴로워지고 곽란霍亂[26]을 일으킨다"거나 "사람의 안색을 누렇게 만든다"는 등의 이야기가 여러 문헌에 기록되어 있습니다. 특히 임산부에게는 먹여서도 안 되고, 보여주어서도 안 된다고 한 것은 앞서 언급한 바 있지요. 하지만 한편으로는 "속을 보補하는 기운을 더해준다"고도 하고, "열독熱毒을 풀고 대장大腸을 이롭게 한다"고도 하며, 계절마다 쓰면 뇌와 간에 특효가 있다고도 하는 것으로 봐서 실제로는 식용 외에 약용으로도 쓰였던 것 같습니다.

토끼의 모피는 오늘날 다양하게 사용되고 있습니다만, 중국에서도 마찬가지겠지요?

모로하시 물론입니다. 하지만 가죽보다는 오히려 토끼의 털이 붓으로 사용되었다는 것이 중국에서는 특기할 만한 일은 아닌가 합니다. 한퇴지韓退之[27]라는 사람이 그에 관해 〈모영전毛穎傳〉이라는 재미있는 글을 쓴 적이 있습니다. 진시황의 신하 가운데 몽염蒙恬이라는 장군이 있었습니다. 그가 초나라를 정벌하러 가기 전에 길흉을 점쳤는데, 다음과 같은 점괘가 나왔다고 합니다. "오늘 괴상한 동물을 잡게 될 것입니다. 뿔도 이빨도 없고, 입술은 언청이지만 수염은 깁니다. 몸에는 여덟 개의 구멍이 있고 언제나 무릎을 구부리고 있습니다. 만약 그것의 털을 가지고 글자를 쓰면 천하가 글을 같이 쓰게 될 것이며, 후세에 영원토록 그 혜택을 받게 될 것입니다"[28]라고 했습니다. 그래서 몽염은 토끼의 털로 오늘날 우리들이 쓰는 것과 같은 붓을 처음으로 만들었다고 합니다.

토끼는 언청이인데다 걷는 모습도 흉하고, 게다가 특별히 취할 만한 점이 없는 동물이라고 할 수 있습니다. 그런데 이런 짐승이 중국에서 시의 소재가 된 적이 있었습니까?

모로하시 별로 많지 않습니다. 하지만 《시경》에 보면 한두 수 정도 나옵니다. 그 중 하나가 '토원兎爰'이라는 제목의 시인데, 주周 환왕桓王 시대에 지은 것이라고 합니다. 당시 주 왕실은 쇠락하여 제후들마저 모두 배반하고 떠나갔습니다. 나라 안에 훌륭한 인물들은 다 물러나고, 소인배들만이 제멋대로 세력을 휘둘렀습니다. 그래서 군자들은 모두 그러한 삶을 즐거워할 수 없었다고 합니다. 다음의 시구가 그 시의 첫 구절입니다.

> 토끼는 원원爰爰한데(태평하기만 한데)
> 꿩은 그물에 걸렸구나.
> 내가 막 태어났을 적에는
> 그래도 (세상이) 별일 없이 괜찮더니만
> 나 태어난(자란) 뒤에는
> 백 가지 근심을 만나네.
> 바라건대, 아 이대로 누워 잠들고 말거나.[29]

상당히 어려운 글자가 많이 들어있군요. 이 시의 의미는 무엇입니까?

모로하시 이 시는, '질 나쁘고 교활한 토끼는 편안한 생활을 하며 유유자적한 삶을 지내고 있다. 그에 반해 훌륭한 문덕文德[30]을 닦고 있던 꿩은 오히려 새를 잡는 그물에 걸려 불행에 빠지고 말았다'는 의미를 담고 있습니다. 즉, 소인배가 풍요한 생활을 하고 있는 것에 반해 군자는 참혹한 처지에 놓여 있는 것을 비유한 것입니다. '원원爰爰하다'는 것은 유유자적한 생활을 말합니다. 그 다음 구절을 보면, 우리들이 막 태어날 무렵에는 뭐랄까, 무사태평한 인생을 보내기를 기원하지만, 태어난 뒤의 실생활은 오늘날과 같이 여러 가지 괴로움에 맞닥뜨린다는 말입니다. 백 가지 근심이란 많은 괴로움을 의미합니다. 이렇게 괴로운 인생이라면 오히려 죽는 편이 좋을지도 모른다는 것이 대강의 뜻입니다.

최백崔白 | 쌍희도雙喜圖 | 송대宋代 | 타이베이고궁박물원

중산中山 지방은 명주銘酒가 만들어지는 곳으로, 그 술을 마시면 천일 동안 잠에서 깨어나지 않는다고 합니다. 그래서 당시唐詩 중에 "어찌 중산中山의 천일주千日酒를 얻어 거나하게 취해 곧바로 태평의 날에 이를까나!"[31]라

고 하는 것이 있는데, 이는 《시경》의 시와 완전히 같은 의미입니다. 그건 그렇고, 이 시에서 꿩은 문조文鳥로 여기지만, 토끼는 교활한 동물로 여긴다는 것을 알 수 있습니다.

역시 중국 상고시대의 시가 맛도 나고 재미있기도 하군요. 지금 말씀하신 대로 토끼를 교활한 동물로 여겼던 것 같습니다.

모로하시 대체로 그랬던 것 같습니다. '교토삼굴狡兎三窟'[32]이라는 말도 있습니다. 토끼는 약삭빠르기 때문에 언제나 자신이 숨어 있을 장소로 굴 세 개 만든다는 뜻입니다. 이는 제齊의 맹상군孟嘗君을 섬기던 풍환馮驩[33]이라는 인물의 말인데, 어떤 경우에도 도망갈 길을 만들어놓아 조금도 손해를 보지 않으려는 마음 자세를 이야기한 것입니다. 아주 달갑지 않은 마음가짐이기는 하지만 세간에는 이런 사람들이 적지 않습니다. 그런데 시간이 흐르면 사냥꾼들도 토끼의 삼굴이 어디에 있는지 알아채기 마련입니다. 때문에 토끼가 저 구멍에서 도망가면 이 구멍으로 돌아올 것을 미리 알고 만반의 준비를 해놓고 기다리게 되지요. 그래서 오히려 토끼를 잡기에 좋았다는 이야기도 있습니다.

지혜로운 사람은 지혜에 무너지고, 책략가는 책략에 쓰러집니다. 간교한 지혜만으로는 세상을 살아갈 수 없는 법입니다. 여하튼 올바른 대도大道를 똑바로 걸어가서 '교토삼굴' 같은 간교한 책략[34]은 쓰지 않도록 합시다.

지금까지 들려주신 바에 따르면, 대개 토끼는 교활한 놈으로만 여겨지는 것 같습니다. 일본에서도 오오쿠니누시노미코토大國主命[35]가 구해주었다는 토끼는 나중에 후회하기는 하지만 자신을 도와 강을 건너게 해준 악어를 속였지요. 그 때문에 사람들이 토끼를 교활하게 보는 것도 어쩔 수 없는 일이겠지요.

모로하시 '교활한 토끼'라는 말이 가장 많이 사용되고 있다는 사실만 보더라도 그렇게 말하는 것이 결코 무리는 아니라고 생각합니다. 그렇지만 희한하게도 효자와 토끼 간의 인연 역시 재미있는 이야기가 아닌가 합니다. 다음은 《사기》에 나오는 이야기입니다.[36]

이름이 방저方儲이고 자가 성명聖明인 사람이 있었는데, 일찍이 아버지를 여의자 그 뒤로 어머니에게 온갖 효행을 다했습니다. 그런데 얼마 뒤 어머니마저 여의고 말았습니다. 그러자 방저는 직접 흙을 등에 지고 날라다 묘의 봉분을 쌓고 그 주위에 좋은 나무를 많이 심어 사시사철 시시때때로 성묘를 했습니다. 그의 효심이 통했는지 언제나 난조鸞鳥[37]가 그 무덤 위에 모이고 흰 토끼가 그 아래에서 놀았다고 합니다.[38]

또 《후한서》에 나오는, 서예가로서도 유명한 채옹蔡邕의 이야기도 있습니다. 채옹 역시 효심이 깊은 인물이었습니다. 어머니가 3년이라는 오랜 기간 병상에 누워 있었지만 그는 효성스러운 봉양을 거르는 법이 없었습니다. 추우나 더우나 단 하루도 허리띠를 풀고 잠자리에 들지 않을 만큼 지성으로 간병을 했습니다. 하지만 그런 보람도 없이 어머니가 돌아가시자 채옹은 무덤 옆에 초막을 짓고, 문안의 예를 다하며 돌아가신 어머니를 섬겼습니다. 그랬더니 그 효심이 통했는지 언제나 토끼 한 마리가 와서 그 묘 옆에서 친근하게 놀았다고 합니다.[39]

그것 역시 희한한 이야기이군요. 그 외에 다른 이야기도 있는지요?

모로하시 토끼에 관한 가장 유명한 이야기, 아니 이야기라기보다 말이 있지요. 한 고조 유방劉邦의 가신이었던 한신韓信이 했다는 "교활한 토끼가 죽으면 (토끼를 잡던) 달리는 개를 삶아먹는다"[40]는 말일 겁니다. 교활한 토끼는 좀처럼 잡히지 않습니다. 토끼를 잡을 수 있는 것은 발이 빠른 개입니다. 하지만 교활한 토끼를 잡아 죽이고 나면 발 빠른 개는 더 이상 필요하지 않습니다. 단지 무용지물로 여겨지면 괜찮지만, 실력이 있다는 이유로 오히려 화를 입고, 자신의 운명을 위험하게 만드는 것을 비유한 것입니다.

잘 아시다시피 한신은 한 고조가 발탁했던 당대의 명장名將이었습니다. 그는 젊은 날 영락하여 성문 밖에서 낚시를 하며 때로는 빨래하는 노파에게 밥을 구걸해 생활할 만큼 처량한 신세였지만 본래는 물질 따위에 동요하지 않는 큰 인물이었습니다. 따라서 일본에도 '한신이 남의 가랑이 밑 빠져나가기'[41] 같은 말이 속담이 되어 남아 있을 정도입니다. 이 말은 한신이 회음淮陰에서 무뢰한 소년에게 모욕을 당한 이야기입니다.

무뢰한 소년이 한신에게 "네가 대검大劍을 차고 있기는 하지만 마음속은 겁쟁이다. 싸움을 하고 싶다면 내 상대해주마. 만약 무섭다면 내 가랑이 사이로 빠져나가거라" 하고 말했습니다. 그러자 한신은 무슨 생각을 했는지 태연하게 그 소년의 가랑이 사이를 기어 빠져나갔습니다. 그 일을 지켜본 시장 사람들은 한신을 천하의 겁쟁이라고 비웃었습니다. 하지만 그렇게 무뢰한 소인배를 상대하지 않았던 것에 바로 큰 그릇다운 그의 인물됨이 숨어 있는 것입니다. 이는 역시 한 고조의 뛰어난 신하였던 장량張良이 황석공黃石公을 위해 다리 밑의 신발을 주워 들었던 것과 같은 넓은 도량이기도 하지요. 그래서 나중에 그 역량을 발휘함으로써 고조가 한신을 일컬어 "백만의 군대를 거느리고 싸우면 반드시 이기고, 공격하면 반드시 빼앗는 것은 내 한신에게 미치지 못한다"는 말까지 하게 된 것이지요.

하지만 고조가 천하를 얻어 통일을 이루자 이번에는 오히려 한신의 뛰어난 역량이 고조의 눈 위에 난 혹처럼 방해거리가 되었습니다. 신하들 중에는 한신을 꺼려하여 그가 모반의 뜻을 품고 있다고 참소하는 자들도 있었습니다. 그래서 고조는 유람을 명목으로 운몽雲蒙이라는 곳에 한신을 불러들여 그를 포로로 잡고 지위를 박탈해버렸습니다. 이때 한신이 "과연 사람들 말대로구나"라고 하며 했던 말이 앞서 나왔던 고사성어, 곧 '토사구팽兎死狗烹'입니다. "교활한 토끼가 죽으면 달리는 개를 삶아먹는다"는 유명한 말이지요. 본래는 이 말에 뒤이어 "높이 나는 새를 다 잡으면 활은 곳간에 처박히고, 적국을 쳐부수고 나면 모신謀臣(지혜와 계략에 뛰어난 신하)은 버림을 받는다더니……"42라고 했다고 합니다. 모신의 말로가 진정 애처롭지요.

히요도리고에鵯越43의 험로를 돌파하고 야지마屋島의 거친 파도를 넘어 헤이케平家 일가를 전멸시킨 미나모토 요시쓰네源義経44가, 참소하는 세치 혀에 놀아나 고시고에腰越로 퇴각하고 아타카노세키安宅關45에서 그만 퇴로가 막혀 결국은 고로모衣川46에서 비극적인 최후를 맞은 이야기도 한신의 사례와 유사한, 영웅의 말로를 보여주는 슬픈 역사이지요.

이렇게 극적인 장면은 일상적인 것은 아니지만, 영원히 '주구백인走狗白刃(사냥개와 칼집에서 뽑은 칼)'의 힘에 의지하는 것은 때로 자신에게 화를 자초하는 경우도 있습니다. "공을 이루고 나서 스스로 물러나는 것이 하늘의 도道"47라고 한 노자의 말은 그래서 때때로 음미할 만한 것이라고 생각합니다.

이야기 자체도 재미있지만 훌륭한 교훈을 담고 있기도 하군요. 또 다른 이야기가 있으면 들려주시지요.

모로하시 토끼발이 빠르다는 것은 누구나 알고 있지요. 토끼가 달리면 기린보다 빠르다고 하며, 처음에는 처녀 같고 나중에는 벌거벗은 토끼 같다는 말도 있습니다.

옛날 제齊나라에 동곽준東郭逡이라는 발이 굉장히 빠른 토끼가 있었습니다. 그런데 그에 뒤지지 않을 만큼 발이 빠른 한자로韓子盧라는 개가 있어 그 토끼의 뒤를 쫓았다고 합니다. 그리하여 이 둘은 산을 돌기를 세 차례, 오르기를 다섯 차례, 그러다 결국 기력이 다해 토끼는 앞에서 쓰러졌고 개는 그 뒤쪽에서 죽었습니다. 그때 마침 농사꾼이 지나다가 아무런 노력 없이 두 사냥감을 손에 넣고 기쁜 얼굴로 돌아갔다고 합니다. 같은 무리끼리 서로 해치려다 뜻하지 않게 다른 무리인, 밭가는 농부에게 자신들의 공功을 넘겨주는 것은 실로 어리석기 짝이 없는 노릇이라는 거지요. 이는 순우곤淳于髡이라는 현자가 제齊의 왕에게 간언했던 말입니다.[48]

농부의 공 이야기를 하니 생각나는 이야기가 하나 있군요. 송宋나라에 어리석은 한 농부가 있었습니다. 어느 날 밭에 있는데, 고목古木 그루터기에 토끼가 부딪혀서 죽었습니다. 횡재라고 생각한 농부는 그때 이후로 언제나 그 나무 그루터기에 토끼가 와서 부딪히기를 기다렸습니다. 하지만 그 뒤로는 한 마리의 토끼도 잡지 못했다고 합니다.[49] 미꾸라지가 언제나 버드나무 아래에 있는 법은 아니지요. 이것을 '수주지우守株之愚', 즉 '그루터기를 지키는 것의 어리석음'이라고 합니다. 어찌 되었든 이런 이야기들은 모두 교훈의 자료입니다.

토끼에 대한 재미있는 이야기가 꽤나 많이 있군요. 이야기를 좀 더 듣고 싶습니다만…….

모로하시 자신의 저술을 겸손하게 표현하는 것을 '토원책兎園册'이라고 합니다. 양梁의 효왕孝王은 토원兎園이라는 정원을 만들었습니다. 효왕이 죽은 뒤에 그 정원을 경작지로 삼고, 그 땅의 세금을 강제로 거두어들일 장부를 만들었습니다. 그런데 그 장부에 기록된 글은 모두 사투리, 즉 통속적인 말로 썼습니다. 이로부터 민간의 마을 서당에서 썼던 알기 쉬운 책을 토원책이라고 하며, 또 자신이 쓴 책도 낮추어 토원책이라고 했습니다. 자신의 저술이 고상한 것이 아니라 통속적인 것이라고 하는 겸손의 표현이지요.

그리고 둥근 달이 이지러지고 태양이 서쪽으로 지는 것을 '토결오침兎缺烏沈'이라고 합니다. 세월이 흘러가버리는 것은 '토주오비兎走烏飛'[50] 혹은 '토기오침兎起烏沈'이라고 하지요. '토각귀모兎角龜毛'라는 말도 있는데, 이는 토끼는 뿔이 없고 거북이는 털이 없기 때문에 세상에 있을 수 없는 것을 비유한 것입니다. '득토망제得兎忘蹄'[51]는 학문이 성취되면 책은 쓸모없게 된다는 것을 비유한 것인데, 여기서 제蹄는 토끼를 잡을 때 쓰는 올가미를 말합니다.

여러 말들이 있군요. 좀 더 이야기를 들려주시면…….

모로하시 있기는 하지만 모두 다 기억하고 있지 못합니다. 이쯤에서 그만두는 것이 좋을 듯합니다.

제5장_

진辰·용

이번에는 용에 대한 말씀을 들려주셨으면 좋겠습니다. 용에 대한 자료는 상당히 많은 것으로 알고 있습니다.

모로하시 실제로 그렇게 많은지는 잘 모르겠습니다. 사실 용은 그 실재 여부를 알 수 없기 때문에 가공의 상상적 이야기에 그친다고 봐야겠지요. 우선 그 점을 이해해주셨으면 합니다.

우선 龍용이라는 글자부터 설명을 해주시지요.

모로하시 간단하게 설명해보지요. 이 글자는 立과 月, 그리고 䶒을 합해서 만든 글자입니다. 그 중에서 月은 몸체[肉]를 뜻하는 것이지 글자 그대로 달[月]을 의미하는 것은 아닙니다. 그리고 䶒는 그 月, 즉 몸체가 날듯이 뛰어오르는 모양으로, 이들 두 요소는 용이 약동하며 비행하는 모습을 나타냅니다. 立은 童(아이 동)의 약자이며, 음을 나타내는 음부音符로 쓰이고 있습니다. 전문篆文은 그림과 같은데, 이 글자를 초서草書로 쓰면 왼쪽 그림처럼 됩니다. 龍이라는 글자는 그 자체가 부수인데, 《대한화사전》에 보면 이 부수에 속하는 글자가 총 28자이며, 그 중에서 가장 획수가 많은 것은 '절龘'로서 수다스럽다는 의미입니다.

글자에 대한 설명은 그 정도면 충분한 것 같습니다. 그럼 그 실체는 어떤 존재라고 설명하고 있습니까?

모로하시 용에 대한 설명은 여러 문헌에 나옵니다만 본래 상상의 동물인지라 저마다 자유롭게 쓰고 있습니다. 《설문》에는 "용은 인충鱗蟲[1]의 우두머리로서 어두웠다 밝아졌다 할 수 있으며, 작았다 커졌다 할 수 있으며, 짧아졌다 길어졌다 할 수 있다. 용은 춘분春分이 되면 하늘에 오르고 추분秋分이 되면 연못에 숨어든다"[2]고 나옵니다. 그리고 《관자管子》[3]에서는 "용은 물에서 나며 몸에 오색五色 빛을 띠며 놀고 있다. 따라서 용은 작게 되고자 하면 누에만큼 작아지고, 크게 되고자 하면 천지를 그 안에 집어넣는다. 또한 위로 오르려고 하면 구름을 능가하고, 아래로 가라앉고자 하면 황천黃泉[4]에 숨는다"[5]고 합니다.

춘추시대 초楚의 송옥宋玉[6]이 왕에게 했다는 말을 보면 "신령스러운 용은 아침에 곤륜산 언덕에서 출발하여 저녁에 맹제孟諸[7]에서 머무네. 은하수 위로 뛰어오르고, 사독四瀆[8] 속에서 굽이치네. 무릇 작은 못에 있는 도

룽농이 어찌 강과 바다의 큼을 헤아릴 수 있겠는가?"[9]라고 했다는 내용이 있습니다.

무섭군요. 역시 중국인들입니다. 표현도 아주 거창하구요.

모로하시 하지만 그만큼 신통력이 있다는 용도 힘을 잃으면 아무것도 아니지요. 굴원屈原[10]의 《초사楚辭》에 보면 "신령스러운 용도 물을 잃고 육지에 머물게 되면 땅강아지나 개미가 마름질할 수 있는 바가 된다"[11]는 구절이 있습니다. 이런 말을 보면, 어제의 권문세가가 오늘은 난처한 형편에 몰려 실의에 빠진다는 옛 말이 실감나는군요.

모든 방면에서 교훈적인 말을 만들어내는 것이 중국의 재미있는 점이지요. 그런데 용의 실체에 대한 말씀을 좀 더 부탁드립니다.

모로하시 전체적으로는 용은 상서로운 징조로 여겨집니다. "기린과 봉황, 거북, 용을 사령四靈이라고 한다"[12]라든가, "비늘 있는 짐승이 삼백육십 종류가 있는데 그 가운데 교룡蛟龍[13]이 으뜸"[14]이라고도 합니다. 하지만 이렇듯 평판이 좋기로 유명한 용이지만, 그 진짜 모습은 어느 누구에게 물어봐도 제대로 알고 있는 사람이 없습니다. 뿔과 비늘이 있고, 수염이 있으며 발가락이 다섯 개 있다는 것 정도가 거의 대부분 일치된 의견이지만, 그 이외의 사항에 대해서는 그다지 많이 알고 있는 사람이 없습니다.
《이아익》에는 용이 아홉 가지를 닮았다고 합니다. 즉 "용의 뿔은 사슴을 닮았고, 머리는 낙타, 눈은 토끼, 목덜미는 뱀, 배는 대합, 비늘은 물고기를 닮았다. 발톱은 매, 발바닥은 호랑이, 귀는 소를 닮았다"[15]고 나와 있습니다. 이외에 중요한 점은 용의 목구멍에 사방四方 한 척 정도 되는 거꾸로 난 비늘, 즉 역린逆鱗이 있다고 합니다. 만약 이 비늘을 건드리면 그만 용은 무시무시한 기세로 화를 내며 비늘을 건드린 대상을 살려두지 않습니다. 막 떠오른 생각인데, 중국에서는 천자를 노엽게 하는 것을 가리켜 "역린을 건드린다"[16]고 합니다.

말씀하신 바에 따르면, 용은 정말로 정체를 알 수 없는 것이군요. 어디서 들은 이야기지만 용이 사실은 구름이라는 이야기도 있는데, 어떻습니까? 구름의 변화가 상고시대 사람들에게는 무언가 신비한 것으로 비쳐졌을 것이고, 그것이 용이라는 영물靈物이 되었다는 설입니다만, 이 점에 대해서는 어떻게 생각하십니까?

모로하시 그런 이야기는 저도 들은 적이 있습니다만, 그 출전은 모릅니다. 하지만 용이 변화무쌍한 존재로 생각되었다는 것만큼은 분명한 사실이고, 비늘이 여든한 개 있다는 것이 그 증거라고 합니다. 81은 9곱하기 9에 해당하는 수입니다. 《주역周易》에서는 9를 양의 수, 6을 음의 수라고 하며, 잉어가 룽먼龍門[17]의 급류를 거슬러 올라가면 용이 된다고 합니다. 어쨌든 용과 잉어를 변화가 많은 존재로 여겼기 때문에 변화를 중시하는 《주역》의 숫자와 연관되어 이런 이야기가 전해진 것 같습니다.

용이 실재했다면 어미도 있고 새끼도 있겠지요?

모로하시 용은 태생胎生 동물이라고 하며, 신체의 모든 부분을 약으로

용두보당龍頭寶幢 | 고려시대 10~11세기 | 삼성미술관 리움

쓸 수 있다고 합니다.《본초강목本草綱目》[18] 같은 문헌을 보면, 용의 뼈나 뿔은 보신에 특별한 효과가 있을 뿐 아니라 야뇨증 등을 멈추게 하는 데 좋으며, 뇌는 설사를 낫게 하고, 그 태胎는 임산부나 여성들의 월경불순

에 좋다고 기록되어 있습니다.

용은 다양한 명칭을 가지고 있는데, 그것은 종류의 차이에 기인하는 것이라고 말하는 사람들이 있는가 하면, 연수年數의 차이에 따른 것이라고 말하는 사람도 있습니다. 《박아博雅》[19]의 설명에 의하면 "비늘이 있는 것을 교룡蛟龍이라고 부르고, 날개가 있는 것은 응룡應龍, 뿔이 있는 것은 규룡虯龍, 뿔이 없는 것은 이룡螭龍이라고 한다"[20]고 합니다. 이는 외모에 따라 종류를 분류한 것으로 보입니다.

《술이기述異記》[21] 같은 문헌에서는 "교룡이 이천 년이 지나면 변화해서 용이 되고, 그 용이 오백 년이 지나면 변화해서 각룡角龍이 되며, 일천 년이 지나면 변화해서 응룡應龍이 된다"[22]고 하는데, 이는 연령의 차이에 따른 명칭으로 생각됩니다. 인간도 나이를 먹으면 머리카락이 흰색으로 변해 흔히 '백발성성白髮星星'이라고 하지요. 이처럼 용의 경우도 다르지 않은 것 같습니다. 나이를 먹은 용은 색깔이 황색으로 변한다고 하는데, 《서응기瑞應記》에 나오는 "황룡은 신神의 정精이며, 사룡四龍의 우두머리이다"[23]라는 말이 그런 사실을 증명하는 게 아닌가 합니다.

그 밖에 용에 대한 다른 이야기로는 어떤 것들이 있습니까?

모로하시 어쨌든 용은 영물로 인식되고 있기 때문에 자연스럽게 군주에 비유되기도 합니다. "용은 임금"이라는 말은 옛 사전인 《광아廣雅》[24]의 설명이며, 《역경》에서 말하는 "용덕龍德"은 '천자天子의 덕'을 말하는 것이라고 합니다. 그리고 '용안龍顔'은 왕의 얼굴, '용가龍駕'는 왕이 타는 가마를 뜻합니다. 하지만 본래는 왕만이 아니라 삼국시대 촉한蜀漢의 충신으로서 오랫동안 재야에서 은둔생활을 했던 제갈공명諸葛孔明 같은 인물도 '와룡

영친왕英親王 곤룡포袞龍袍 | 조선시대 20세기 초 | 국립고궁박물관

臥龍'이라고 일컬어졌습니다. 또 후한의 채옹은 늘 술을 한 말이나 마시고는 길바닥에 취해 있어서 '취룡醉龍'이라고 불렀습니다. 일반적으로 군자나 뛰어난 인재를 '용한봉익龍翰鳳翼', 즉 '용의 몸과 봉황의 날개'라고 부르지요. 여하간 용은 영물이기 때문에 위로는 천자, 아래로는 위대한 인물이나 걸출한 선비와 관계가 있는 것으로 묘사되지요.

그렇다면 용은 군왕君王이로군요.

모로하시 그렇습니다. 중국의 제왕 중에는 신룡神龍의 감응을 받고 태어난 예가 매우 많습니다. 신농神農의 어머니인 여등女登은 신룡을 보고 감응을 받아 염제炎帝, 즉 신농을 낳았다고 합니다. 그리고 한 고조 유방의 어머니인 유온劉媼은 큰 연못가에서 잠시 쉬고 있다가 꿈속에서 신을 만나 구름 위에 교룡蛟龍이 나타나는 것을 보고 유방을 낳았다고 합니다. 이런 사실 때문인지 용이 나타나면 언제나 국가의 길조로 여겨 축하를 하며 제사를 모셨다고 합니다.

요堯 임금은 고금을 통해 어진 군주로 널리 알려져 있지요. 그가 나라를 다스릴 때 하루에 열 가지 길조吉兆가 있었는데, 그 중 하나가 항상 궁전에 신룡神龍이 나타났다는 것입니다. 그리고 순舜 임금 때는 황룡黃龍이 낙수洛水에서 나와 낙서洛書25를 전해주었다고 하며, 우禹 임금 때는 황룡이 배를 등에 지고 물 위로 올라왔다고 합니다. 이처럼 용과 관련된 다양한 이야기들이 전해졌기 때문에, 후대에는 상서로운 징조인 용의 출현을 경하하는 제사를 봉헌하거나 연호年號를 고친 예가 많이 있습니다. 그 중에는 용의 등장을 구실로 삼아 권문세가에게 아부하는 자들도 있었습니다. 위안스카이袁世凱가 청나라를 멸망시키고 스스로 황제의 자리에 오르려는 야망을 가졌을 때 용이 나타났다는 이야기도 그런 예에 해당되는 것으로 봐야겠지요.

중국 후베이성湖北省 이창宜昌 맞은편 기슭에 용왕동龍王洞이라는 동굴이 있습니다. 그 동굴 속에 용의 뼈가 있다고 해서 저도 중국에 있을 때 일부러 그곳을 찾아가본 적이 있습니다. 정말 듣던 대로 주위에 5~6척은 되는 듯하고, 뱀의 뼈처럼 생긴 구불구불한 것이 수십 척이나 이어져 있었습니다. 그런데 자세히 보니 역시 종유석의 변형이더군요. 그렇다면 옛날에 용이 나타났다는 것도 아마 이와 비슷한 것일지도 모르겠습니다. 간웅奸雄, 즉 간사한 영웅이 사람을 속이는 것이든 간사한 인물이 세상에 아부하는 것이든 어쨌든 의도적으로 구실 삼아 하는 말이 많은 것 같습니다.

말씀하는 것 외에 용의 특징이 있다면 어떤 게 있는지요?

모로하시 용의 성질은 매우 모질고 사나우며, 거칠고 악하다고 합니다. 그렇지만 그와 정반대로 귀엽고 어린아이 같은 모습도 가지고 있다고 전해집니다.

《이아익》의 설명에 따르면, "옥玉을 사랑하고 제비 고기를 즐겨먹으며, 싫어하는 것은 쇠[鐵]와 지네, 조릿대[笹] 잎사귀와 오색실"26이라고 합니다. 무슨 근거로 이런 이야기가 전해지고 있는지는 알 수 없으나 여하튼 중국인들은 일반적으로 용의 습성에 관한 이런 이야기들을 믿고 있습니다. 그렇기 때문에 비가 내리기를 원하는 사람은 제비 고기를 쓰고, 수재水災를 멈추게 하려는 사람은 쇠를 쓰며, 물을 건너려고 하는 사람은 제비 고기를 먹지 말아야 한다는 민간 신앙도 있습니다.

지금 말씀하신 이야기 가운데 용이 조릿대 잎사귀를 싫어한다는 내용이 있었는데, 그와 관련된 이야기가 있는지요?

모로하시 초楚의 충신이었던 굴원屈原의 이야기입니다. 굴원은 주군인 회왕懷王에게 간언을 하였으나 의견이 받아들여지지 않고 도리어 다른 신하들의 참언으로 추방당하는 신세가 되고 말지요. 그 때문에 초췌한 안

색에 마른나무 같은 모습으로 강가에 나가 시만 읊조리다가 결국 멱라수汨羅水에 몸을 던져 생을 마감하고 말았습니다. 그래서 초나라 사람들은 굴원의 죽음을 애도하며 강 속에서는 먹을 것이 부족할 것이라 여겨 해마다 대나무 통에 쌀을 넣어 멱라수에 던지고 굴원을 위해 제사를 지냈다고 합니다.

그런데 후한 건무建武 연간 무렵에 자신을 삼려대부三閭大夫(굴원의 관직명)로 칭하는 남자가 홀연히 장사長沙에 나타나 "해마다 쌀을 던져주는 건 고맙소이다. 하지만 그 쌀은 죄다 교룡蛟龍이 먹어버린다오. 그러니 앞으로는 위를 조릿대 잎으로 덮고 거기에 오색실을 묶어주시오. 교룡은 그렇게 하는 것을 싫어하기 때문이오"라고 말한 뒤에 그림자처럼 사라졌다고 합니다. 그때 이후로 중국에서는 굴원에게 제사를 지낼 때 조릿대 잎에 찹쌀을 넣고 그것을 오색실로 묶어 찹쌀떡을 만들었다고 합니다. 조릿대 잎과 오색실로 용신龍神을 쫓아버림으로써 굴원이 액厄을 당하지 않게 하려는 뜻에서 한 일이겠지요.

일본에도 5월 단오절에는 치마키粽(찹쌀떡)[27]를 만들어 먹으며, 오색실 대신 고이노보리鯉幟[28] 가운데 하나로서 오색五色의 후키나가시吹き流し[29]를 만듭니다. 이 모두 굴원과 관련된 행사인데, 실제로 5월 5일은 바로 굴원의 기일이기도 합니다.

다와라도타 히데사토俵藤太秀郷[30]가 세타瀬田의 가라바시唐橋에서 신룡의 부탁을 받고 마침내 이부키야마伊吹山[31]의 커다란 지네를 물리친 이야기도 용이 지네를 싫어한다는 믿음에서 나온 전설이지요. 제 고향인 시타다무라下田村[32] 산 속에 마요이가이케雨生池라는 연못이 있는데, 옛날부터 그곳에 용이 산다는 전설이 있었습니다. 제가 어릴 때만 해도 큰 가뭄이 계속되면 반드시 이 연못에 가서 참배를 하고 비가 내리기를 기원했습니다.

용과 기우祈雨의 관계에 대해서는 앞에서도 언급한 바 있지만 《수경주水經注》[33] 같은 책을 보면 이런 이야기가 나옵니다. "폭군인 석호石虎[34]가 치세를 할 당시 정월부터 6월까지 비가 오지 않았다. 그때 불도징佛圖澄[35]이 사당에서 기도를 드리자 두 마리의 흰 용이 사당 앞에 내려와 순식간에 비가 천리千里에 두루 내렸다. 또 역시 폭군이었던 석륵石勒[36]이 다스릴 때에도 가뭄이 들자 마찬가지로 불도징이 석정강石井崗에서 죽은 용의 뼈를 물에 넣자 용이 되살아나 하늘로 올라가 즉시 비를 내려주었다." 이런 전설들이 일본과 중국에 널리 전해지고 있지요.

우라시마 타로浦島太郎[37]가 거북이를 타고 용궁에 들어갔다가 거기에 사는 선녀의 총애를 받아 세월 가는 것도 잊었다는 이야기가 있지 않습니까? 그런 이야기가 중국에도 있습니까?

모로하시 있습니다. 성도成都의 관리였던 유자조柳子肇가 용녀龍女와 부부의 연을 맺게 되어 마침내는 수중水中 선인仙人이 되었다는 이야기가 있습니다. 그리고 당나라의 명장이었던 이정李靖은 젊은 시절 사냥을 나갔다가 산 속에 있는 커다란 집에 머물렀는데, 그곳은 늙은 노파의 말처럼 인간이 갈 수 없는 용궁이었다고 합니다.

그렇다면 중국에서 용궁은 바다 속이 아니라 모두 산 속에 있는 것 같군요.

모로하시 그렇지는 않습니다. 이상한 곳은 모두 용궁이라고 했던 것 같습니다. 이런 이야기들은 《녹이기錄異記》[38]나 《현괴록玄怪錄》[39] 같은 도깨비 이야기를 다룬 문헌에 나오니까요.

중국인들은 그 실체를 제대로 알 수 없는 용이 태고적부터 존재했다고 믿고 있었는지 궁금하군요. 역사적으로는 어떻습니까?

모로하시 중국의 제왕은 삼황오제三皇五帝에서 시작되는데, 그 첫 번째인 태호복희씨太昊伏羲氏 때 용이라는 길조가 나타나 용을 관직에 기록하고 이를 용사龍師라고 했다는 이야기가 정사正史에도 나옵니다.

삼황의 세 번째 제왕인 황제黃帝는 배와 수레, 산수算數를 만들었으며, 음악을 짓는 등 여러 새로운 발명으로 문화를 개창한 인물인데, 그런 그가 어느 날 동銅을 채굴해 정鼎을 주조했습니다. 이 정이라는 물건은, 음식을 삶아 다섯 가지 맛을 내기 위한 솥 같은 도구지요. 이렇게 정이 만들어지자 문화의 진보를 기뻐했는지 용이 천상에서 호염胡髥, 즉 턱 아래에 난 수염을 땅까지 늘어뜨려 황제를 맞으러 왔습니다. 그래서 황제는 그 용을 타고 하늘로 올라갔습니다. 그 모습에 크게 감탄한 신하와 후궁 칠십여 명이 황제를 좇아가고 싶은 마음에 용의 수염에 매달려 떨어지지 않았습니다. 그러자 용의 수염이 빠져 사람들은 땅에 떨어지고, 황제는 가지고 있던 활을 떨어뜨린 채 하늘로 올라가버렸습니다. 그래서 신하들은 그 활을 안고 울었다고 합니다. 본래 정이 만들어질 때 일어난 일이기 때문에 후세에 황제의 승천 장소를 '정호鼎湖'라고 명명하였다고 합니다.

삼황시대에 이미 용이 있었습니까? 그렇다면 매우 오래된 이야기군요.

모로하시 그 다음인 오제五帝시대의 이야기는 생략하고, 바로 그 다음인 삼대三代 이야기를 해보도록 하지요. 삼대의 맨 처음인 하후夏后시대의 이야기입니다.

대우大禹가 양자강을 건널 때 황룡이 나타나 대우의 배를 등에 져서 전복시키려 했습니다. 그러자 배 안에 타고 있던 사람들은 모두 무서워서 부들부들 떨었습니다. 그런데 대우만은 태연하게 하늘을 우러르며 "나는 하늘로부터 생명을 받아 천자가 되었고, 힘을 다해 백성을 위해 정치를 하고 있다. 지금 용이 우리 배를 등에 지는 것은 과연 죽이려는 것인가 살리려는 것인가"라고 한 뒤에 용을 노려보자, 그 용이 마치 도마뱀붙이 같았다고 합니다. 계속해서 대우는 "삶은 (잠시) 머무는 것이며, 죽음은 돌아가는 것"이라고 말했다고 합니다. 대우의 말은 '내가 살아 있는 것은 이 세상에 잠깐 머물고 있는 것이며, 죽음이야말로 가야 할 곳으로 돌아가는 것'이라고 해서 생사 초월의 의미를 담고 있습니다.

대우는 이처럼 성군으로서 세상을 다스렸지만, 그 뒤로 여러 대가 이어지면서 하후씨 왕가도 언제나 좋은 때만 있었던 것은 아니었습니다. 공갑孔甲은 대우로부터 14~15대 뒤의 제왕인데, 귀신을 좋아하고 음란한 일에 몰두하여 하늘의 신이 암컷과 수컷 용 두 마리를 내려보냈습니다. 그래서 공갑은 유루劉累라는, 용을 길들이는 기술을 터득한 한 남자에게 어용씨御龍氏라는 성을 하사했습니다. 그러고 얼마 지나지 않아 암컷 용이 그만 죽어버리고 말았습니다. 유루는 아무도 모르게 죽은 암컷 용을 소금에 절여 천연덕스럽게 공갑의 밥상에 올려놓았습니다. 난폭하고 고집이 센 공갑이 그것을 맛있게 먹고는 나머지 한 마리도 더 먹고 싶다고 하자 유루는 너무나 두려워 그만 도망치고 말았다고 합니다.[40]

일본에도 용에 관한 속담이 적지 않게 있습니다. 분수에 맞지 않는 희망을 갖는 것을 가리켜 '용의 수염을 개미가 노린다'고 하지요. 중국에도 용을 소재로 한 교훈적인 말이 있을 것으로 생각합니다만…….

모로하시 있습니다. 《사기》에 보면 이런 이야기가 나옵니다. 공자가 젊은 시절, 자신이 태어난 노나라에서 멀리 떨어져 있는 주周나라의 도읍인 낙양으로 유학을 떠났는데, 그곳에서 노자를 만나 예禮에 대해 물었습니다. 노자의 대답을 듣고 그 위대함에 더없이 감복한 공자는 "새의 경우는 내가 날 수 있음을 알고, 물고기의 경우는 내가 헤엄칠 수 있음을 알며, 짐승의 경우는 내가 달릴 수 있음을 안다……(그런데) 용에 이르러서는 내가 바람과 구름을 타고 하늘로 올라감을 알 수 없다. 오늘 내가 노자를 보니 마치 그 용과 같도다"[41] 하며 감탄했다고 합니다.

이처럼 신출귀몰하는 용이지만, 만약 구름이 없으면 그 변화하는 위력을 뽐낼 수 없습니다. 《한비자》에 보면, 신자愼子라는 법술法術의 대가가 "나는 용[飛龍]은 구름을 타고, 날아오르는 뱀은 안개에서 노니네. (그렇지만) 구름이 걷히고 안개가 개이면 지렁이나 개미와 마찬가지지"[42]라는 내용이 나옵니다. 사람도 자신이 어떤 힘을 가지고 있다면 그 힘을 잘 이용해야 한다는 사실을 일깨워주는 이야기지요.

그리고 《설원》에는 이런 이야기도 있습니다. 옛날에 흰 용이 연못에 내려와서 물고기로 변신해 놀고 있었답니다. 그런데 어부가 와서 진짜 물고기라 여겨 그 눈을 쏘아 맞혔습니다. 그래서 크게 화가 난 흰 용은 곧바로 상천上天에 올라가 천제에게 (어부를 벌해달라고) 호소하였습니다. 가만히 일의 전말을 듣고 있던 천제는 "물고기를 잡는 것은 어부의 직무이다. 따라서 물고기로 변신한 네놈이 화를 당하는 것은 당연한 일이다"라고 하며 몹시 꾸짖었습니다. 그러자 그토록 의기양양하던 흰 용도 하는 수 없이 단념했다고 합니다.

오吳의 왕이 자신의 신분을 잊고 무뢰한 백성들과 술을 마시며 여흥을 즐기고 있을 때 충신인 오자서伍子胥가 이 예를 인용하며 "지금 수레 만대를 거느릴 지위를 버리고 베옷을 입은 선비를 좇아가 술을 드신다면, 소인 그 예차豫且(어부의 이름)의 우환이 있을까 두렵사옵니다"라고 간언을 했다고 합니다.[43] 이와 같은 교훈은 누구라도 마음에 담아두어야겠지요.

용이라는 존재에 대해 춘추전국시대 무렵까지는 전설만 무성하고, 진짜 역사는 그 이후부터가 아닌가 합니다. 중국인들이 한대漢代 이후에도 용이 실재한다고 믿었습니까?

모로하시 한대 이후에도 용이 실재한다고 생각했던 것 같습니다. 예를 들면, 다음과 같은 이야기들이 전해지고 있습니다. 혜제惠帝 2년에 용 두 마리가 난릉蘭陵에 있는 인가의 우물에 나타났다고 합니다. 그리고 문제文帝 때에는 궁전에 용이 나타나 광채를 발하였는데, 당시 학자인 공손술公孫述이 이를 상서로운 징조로 여기고 임금에게 글[表文]을 올려 연호를 용흥龍興으로 고쳤다고 합니다.

후한시대에도 그런 일이 있었습니다. 어떤 부인이 물고기를 잡으러 나갔는데 나무가 물속에 가라앉아 있었다고 합니다. 그런데 그 나무에 몸이 닿자 곧바로 회임하여 사내아이 열 명을 낳았으며, 가라앉아 있던 나무는 용이 되어 물 위로 솟아올랐다고 합니다. 그렇게 태어난 아이들 중 하나가 훗날 애뢰이哀牢夷[44]가 되었다고 합니다. 이런 이야기는 그 뒤에도 끊이지 않고 전해지고 있습니다. 위魏 문제文帝 때에는 황룡 열세 마리가 나타났고, 진晉나라 때는 용이 무기창고의 우물 가운데 나타났다는 이야기도 있습니다.

그렇지만 문화가 좀 더 발전한 시대, 즉 후대에도 그런 이야기가 있는지요?

모로하시 물론 많이 있습니다. 일일이 열거한다면 아마 한도 끝도 없을 겁니다. 주周·한漢·위魏·진晉을 지나 남북조南北朝시대가 되어도 마찬가지입니다.

《송서宋書》⁴⁵에는 유목지劉穆之가 송 고조 유유劉裕와 함께 바다에서 배를 타고 있었는데, 배 아래에 백룡 두 마리가 있는 것을 보았다는 기록이 있습니다. 그리고 《남제서南齊書》⁴⁶에는 건무建武 연간에 용이 백재柏齋⁴⁷ 안에 들어가 벽에 발톱자국을 남겼다고 나와 있습니다. 또 《진서陳書》⁴⁸에는 수隋의 군대가 강을 건널 때 황룡 다섯 마리가 나타나자 문제文帝가 이에 대한 기록을 명하여 교광郊廣에게 알렸다는 기록이 있습니다. 《후위서後魏書》⁴⁹에는 흑룡이 나타났으며, 《후주서後周書》에는 흑룡과 적룡이 변수汴水⁵⁰ 언저리에서 싸웠다는 내용이 나옵니다. 이외에도 용에 대한 많은 기록이 있는데, 그것은 수당隋唐시대 이후에도 마찬가지입니다.

화제를 조금 돌려보겠습니다. 옛 수묵화 같은 것을 보면 호랑이와 용을 함께 그리는 일이 흔했던 것 같습니다. 그와 관련된 고사가 혹시 있는지요?

모로하시 특별한 고사가 있는 건 아닙니다. 다만 용과 호랑이 모두 뛰어난 동물이고, 또 서로 대비가 되는 소재여서 쓴 것 같습니다. 《주역》의 건괘乾卦에 이미 "구름은 용을 좇고 바람은 호랑이를 좇는다"⁵¹는 말이 나옵니다. 그리고 "호랑이는 음陰 가운데 있는 양陽의 짐승이며 바람과 같은 종류이다. 용은 양陽 가운데 있는 음陰의 벌레[蟲]로서 구름과 같은 종류이다"⁵²라는 기록이 있습니다. 이런 사상의 연원은 아마도 한대 무렵인 것 같습니다.

《회남자》에 "호랑이가 울부짖으니 계곡의 바람이 일어나고 용이 올라가

작자 미상 | 용호도龍虎圖 | 청대淸代

니 상서로운 구름이 모이네"[53]라는 말이 있는 걸로 볼 때 호랑이와 용이 그림의 소재가 되기 시작한 것은 아마 그 무렵부터가 아닌가 합니다. 그 이후로도 용과 호랑이를 나란히 붙여서 부르는 일이 흔했고, 이 둘이 바람과 구름을 일으키기 때문에 그것에 빗대어 '성덕聖德을 가진 임금이 있어야 현명한 신하를 부릴 수 있다'고 비유하기도 합니다.

왕포王褒가 지은 〈성주득현신송聖主得賢臣頌〉, 즉 '성스러운 군주가 현명한 신하를 얻는 노래'라는 유명한 글이 있습니다. 그 글에 보면 "세상에는 반드시 성덕과 지혜를 갖춘 임금이 있은 후에야 비로소 현명한 신하가 있게 되는 법입니다. 그래서 호랑이가 울부짖어야 바람이 세차게 되고 용이 일어나야 구름이 모여듭니다"[54]라는 말이 나옵니다.

그림에는 나오지 않지만 용과 호랑이를 나란히 붙여서 만든 단어는 꽤나 많습니다. '용화호변龍化虎變'이라는 말은 변화가 매우 심한 것을 말하고, '용호지쟁龍虎之爭'이나 '용호상박龍虎相搏' 같은 말은 두 사람의 영웅이 다투는 것을 의미합니다. 또 '용두사미龍頭蛇尾'는 처음에 왕성했던 것과는 달리 끝에 가서는 기운을 잃어버리는 것을 말하는데, '머리는 대갈장군, 궁둥이는 깔때기'라는 일본 속담과 서로 통하는 말입니다.

중국에 석불石佛로 유명한 룽먼龍門[55]이라는 곳이 있는 것으로 알고 있습니다만……

모로하시 그렇습니다. 강을 따라 산 전체에 북위北魏시대의 석불들이 새겨져 있지요. 그 중 몇몇은 일본 나라奈良의 대불大佛에 필적할 만큼 아주 큽니다. 그 외에도 크고 작은 크기로 부조浮彫된 불상이 수백수천 개나 있지요. 윈강雲岡의 석불과 함께 세계적으로 자랑할 만한 중국의 뛰어난 미술품이라고 할 수 있습니다.

그런데 왜 하필이면 그곳의 이름을 룽먼이라고 했는지 궁금하군요. 용과 관련된 게 있습니까?

모로하시 그 주변이 본래 이하伊河라는 강 옆의 깎아지른 듯한 절벽이기 때문에 이궐伊闕이라고 했습니다. 그런데 강 밑바닥에도 단층이 있어서 바다나 하류에서 올라오는 물고기도 그곳까지는 올라오지만 그 이상은 넘어가지 못합니다. 하지만 개중에는 발군의 힘을 가진 물고기가 있어 그 험난한 곳을 헤엄쳐 넘어갑니다. 그렇게 되면 그 물고기는 신통력을 얻어 용이 된다는 신앙이 있어 그로부터 룽먼, 즉 용문이라는 이름을 붙이게 되었다고 합니다. 옛날에는 이름 난 학교나 학원에 들어가면 그것을 발판으로 출세하는 일이 흔했습니다. 그래서 '등용문登龍門'이라고 했지요. 이 말은 말 그대로 용문에 오른다는 의미가 아니겠습니까?

룽먼에는 석불 외에도 육조시대의 문자가 상당히 많이 새겨져 있습니다. 그와 관련해서 생각나는 것은, 중국의 서체 가운데 용조서龍爪書가 있다는 사실입니다. 이 서체는 한 획 한 획이 마치 용의 발톱처럼 날카롭고 힘이 있습니다. '서성書聖'이라 일컬어지는 진晉의 왕희지王羲之[56]는 천태天台에서 노닐다 돌아오는 길에 회계會稽의 동정洞亭에 머문 적이 있었습니다. 마침 바람도 시원하고 달도 밝은 밤인지라 왕희지는 술에 취해 마음 내키는 대로 시를 읊고는 기둥에 제목으로 '飛비' 자를 썼습니다. 그런데 그 글씨의 점과 획이 용의 발톱처럼 힘차 보였기에 그것을 '용조서'라고 부르게 되었다고 합니다.

또 이런 이야기도 있습니다. 하夏나라 말 포인褒人이라는 신이 두 마리의 용으로 둔갑해 왕궁에 내려왔습니다. 당시 하의 임금이었던 걸왕桀王은 이 용을 죽일 것인지 쫓아버릴 것인지, 아니면 붙잡아둘 것인지 점을 쳐보았습니다. 하지만 모두 불길하다는 점괘가 나왔습니다. 그래서 걸왕은 그렇다면 용의 정기를 상징하는 용의 침을 받아 보관해두면 어떤지 점을 쳐보았는데, 그렇게 하면 좋다는 점괘가 나왔습니다. 그래서 용의 침을 상자 속에 넣어 보관했습니다. 그 뒤 하나라와 은나라가 차례로 망하고, 그 뒤를 이은 주나라에 이르기까지 어느 누구도 그 상자를 열어보지 않았습니다. 그런데 주의 폭군이었던 여왕厲王에 이르러 마침내 그 상자를 열어보았습니다. 그러자 그 침이 궁정에 흘러내린 뒤에 현룡玄龍으로 변해 왕의 관부에 들어갔고, 마침 그곳에 있던 어린 여자아이와 만나 곧바로 회임을 시켰다고 합니다. 그렇게 아비 없이 태어난 아이가 훗날 포사褒姒라는 이름을 가진 여자가 되었다고 합니다. 널리 알려져 있다시피 포사는 유왕幽王의 총애를 받았지만 서주西周를 망하게 한 인물로 역사에 기록되어 있지요.

용은 침까지도 아주 무서울 뿐 아니라 그 위력이 대단하군요.

모로하시 그렇지만 같은 침이라도 '용정龍涎'은 아주 좋은 향기를 가리키는 명칭이며, '용설龍舌'은 맛있는 쑥떡을 이르는 말입니다. 그리고 한자가 다른 '용정龍井'은 중국의 유명한 차茶를 말합니다. 이처럼 용은 좋은 맛과도 관계가 있어서 '팽룡포봉烹龍炮鳳', 즉 '용을 삶고 봉황을 굽는다'고 하면 진귀한 음식을 의미하지요.

그렇군요. 용에 대한 여러 말씀을 많이 들었습니다. 용에 대해서는 이 정도로 하는 것이 좋을 듯합니다. 좋은 말씀, 대단히 감사합니다.

제6장_

사日·뱀

이번에는 뱀에 대한 말씀을 들려주시지요. 용과 달리 뱀은 특별히 이야기할 만한 가치가 없는 듯한 기분이 드는 것도 사실입니다.

모로하시 그도 그렇지만 난처한 것은 언제나 제일 먼저 해야 하는 글자에 대한 설명입니다.

무슨 뜻이신지?

모로하시 앞서 제가 십이지의 글자들은 모두 그 글자가 나타내는 실제 동물과는 아무 관련이 없다고 하지 않습니까? 예를 들면, 자子라는 글자는 십이지의 경우 이외에는 쥐라는 실제의 동물을 나타내지 않습니다. 축丑 역시 십이지 외에는 소라는 동물을 표현하지 않지요. 그 외에 인寅이

 나 묘卯도 모두 그렇다고 이야기를 했지요. 하지만 사巳의 경우는 다른 글자와 달리 글자 자체가 뱀을 나타내는 것으로 보입니다.

《포박자》에 "사일巳日, 산중에서 과인寡人이라고 칭하는 것은 사중社中의 뱀이다"[1]라고 나와 있는 것으로 볼 때 꽤나 오래 전부터 巳라는 글자를 뱀과 연관시켜 썼다는 것을 알 수 있습니다.

이 글자 역시 상형문자입니까?

모로하시 그렇습니다. 위의 그림을 보십시오. 뱀 모양을 본떠 만들었다는 것은 의심의 여지가 없습니다. 사巳라는 글자 자체가 이미 뱀이기 때문에 다른 십이지의 글자들과는 다르지요. 자가 쥐가 아니고, 축이 소가 아니기 때문에 이 경우와는 확연히 다르지요.

그러고 보니 그 점이 좀 이상하군요.

모로하시 그리고 또 한 가지 이상한 것은, 다른 경우에는 모두 일본어로 네ネ(鼠), 우시ウシ(牛), 토라トラ(虎), 우ウ(兎)라고 실제 동물의 명칭으로 발음하지만, 이 사巳만큼은 헤비ヘビ(蛇)라고 하지 않고 미ミ라고 읽는다는 것입니다.

그것은 미ミ가 헤미ヘミ, 즉 헤비ヘビ(蛇)의 줄임말이기 때문에 네즈미ネズミ(鼠)를 줄여서 네ネ라고 부르고, 우사기ウサギ(兎)를 줄여서 우ウ라고 부르는 것과 같은 것으로 별 지장은 없을 것으로 생각됩니다. 그런데 그보다는

巳사와 글자 모양이 비슷한 己기나 已이와의 차이에
대해 알려주시지요.

모로하시 지금 말씀하신 것처럼 巳의 경우 음이 사
이고 ㄴ이 맨 위까지 이어져 있습니다. 已의 음은 이
이고 ㄴ이 중간까지만 붙어 있으며, 己의 음은 기로서 ㄴ이 아래까지만 붙
어 있습니다. 옛날 사람들은 "사巳(㠯)와 사巳(㠯)²는 위에, '그치다'³와 이已
는 바로 가운데에, 자기 자신과 기己는 아래에 붙는다"고 노래하고 있습
니다. 하지만 일설에 따르면, 사巳와 이已는 소전小篆⁴에서 보면 같은 글자
라고 이야기하기도 합니다.

중요한 뱀사蛇 자에 대한 설명은 해주시지 않으셨는데, 이 글자도 상형문
자인지요?

모로하시 그렇습니다. 위의 그림을 보십시오. 왼쪽은 虫 변으로 역시 벌
레의 상형이고, 오른쪽에 붙어 있는 것이 뱀의 상형이지요.

사실 저는 그다지 뱀을 좋아하지 않기 때문에 뱀과 관련된 단어들을 잘
모릅니다. 하지만 뱀과 관련된 말이 많이 있을 것 같습니다. 어떻습니까?

모로하시 뱀을 좋아하지 않기는 저도 마찬가지입니다. 뱀과 관련된 말
중에서 제일 처음 떠오르는 말은 '사갈蛇蝎(뱀과 전갈)과 같은 인물'이라든
가 '사훼蛇虺(뱀과 살모사)의 피해' 같은 말입니다. 일본의 경우도 마찬가지
아닙니까?

그렇기는 하지만 '자노메노가사蛇の目の傘(뱀눈과 같은 굵은 고리 모양의 무늬가 있는 우산)'라든지, '쟈비센蛇皮線(일본 오키나와沖縄 지방의 민속 현악기)'처럼 조금은 운치 있는 말도 있습니다. 하지만 누가 뭐라고 해도 뱀은 꿈틀꿈틀거리는데다 그 정체를 알 수 없는 이상한 존재이지요. 선생님께 질문을 해도 될지 모르지만 뱀은 종류도 많지 않습니까?

모로하시 기록을 보면 그 종류가 엄청나게 많습니다. 《산해경山海經》[5]이나 《신이경神異經》[6] 《박물지博物志》[7] 《술이기述異記》 같은 고문헌에 보면, 등사螣蛇, 염사蚺蛇, 판비사坂鼻蛇, 계관사鷄冠蛇, 폭신사爆身蛇, 청총사青葱蛇, 백화사白花蛇 등의 이름을 가진 무수히 많은 종류의 뱀이 나옵니다. 삼각사三角蛇는 뿔이 달려 있고, 화산華山의 뱀은 날개가 있으며, 숙신국肅愼國의 뱀은 짐승의 머리에 뱀의 몸뚱이를 하고 있으며, 영표嶺表의 뱀은 사람 얼굴에 뱀 몸뚱이를 하고 있다고 합니다.

《사기》〈삼황본기三皇本紀〉에서는 복희伏羲와 여와女媧 모두 뱀의 몸에 사람 얼굴을 하고 있다고 합니다. 따라서 어쩌면 이 중국 신화 속의 인물들이 뱀과 같은 종류에 속하는지도 모르겠습니다. 굴원의 《초사》에 "뱀이 코끼리를 삼킨다. 그 크기가 어떠한가. 설명하여 말하길, 뱀의 길이가 천 심尋[8]이나 된다"[9]고 하는 걸로 봐서 아주 큰 것도 있었던 것 같습니다.

용에 관한 시에 보면 "용이 나타나면 구름이 일어난다"고 했습니다만, 설마 뱀이 그런 신묘한 일을 불러일으키는 재주가 있지는 않겠지요?

모로하시 구름을 일으키기는커녕 뱀이 나오면 가뭄이 든다는 말이 있습니다. 《산해경》에는 "서쪽 망유도望幽都[10]의 산에 큰 뱀이 있다. 머리는 붉

복희여와도伏羲女媧圖 | 당대唐代 | 신장위구르자치구박물관

고 몸은 희다. 그 소리가 소와 같다. (그것이) 나타나면 곧 그 고을에 큰 가뭄이 든다"[11]는 내용이 있습니다. 이상한 뱀이 나타나서 가뭄이 든 예는 적지 않게 나옵니다.

 "선산鮮山에 소리를 내는 뱀[鳴蛇]이 많다. 그 소리가 경쇠[12]의 소리와 같고, 나타나면 바로 그 고을에 큰 가뭄이 든다"[13]든가 "태화太華의 산에 뱀이 있다. 발 여섯에 날개가 넷이며 (이것이) 나타나면 곧 세상이 크게 가문다"[14], "운석渾夕의 산에 뱀이 있다. 머리는 하나인데 몸이 둘이며, 명명하여 비유肥遺라고 한다. (그것이) 나타나면 곧 그 나라에 큰 가뭄이 든다"[15]는 이야기도 있습니다.

제가 중국에 있을 때 멍청한 사람을 '왕빠忘八'라고 하기에 그 유래를 물어보았더니 자라를 뜻한다고 하더군요. 그래서 왜 자라를 뜻하는 '비에鱉'라고 하지 않고 왕빠라고 하는지 다시 물었더니, 자라라는 동물은 인仁·의義·예禮·지智·충忠·신信·효孝·제悌, 즉 팔덕八德을 잊어버렸기 때문이라고 말했습니다. 그렇다면 자라가 팔덕을 잊어버린 사실이 있는지 물어보았습니다. 그랬더니 자라가 동류同類끼리 결혼하지 않고 뱀과 결혼하기 때문이라고 대답을 하더군요. 정말 그런 일이 있었는지 궁금합니다.

모로하시 그런 일이 있었다고 생각했을지도 모르겠습니다. 뱀이 본래부터 뱀이었는지, 아니면 다른 동물의 자손이었는지, 그것에 대해서는 잘 모릅니다. 어떤 문헌을 보면, "공작孔雀은 뱀과 교배한다"고 하며, 또 어떤 문헌에는 "거북이는 모두 암컷으로 수컷이 없어서 뱀과 서로 교통하여 새끼를 낳는다"고 합니다. 게다가 '대나무는 뱀으로 변화하고, 뱀은 꿩[雉]으로 변한다'는 말도 있으니 더더욱 그 정체를 알 수 없지요.

거북이가 모두 암컷이고 뱀이 수컷이라고 하면, 꽤나 기묘한 새끼가 태어나겠군요.

모로하시 그런데 중국에서는 꿈에 뱀을 보면 여자아이를 낳는다고 해서 좋아합니다. 《시경》에서 "(꿈에) 살모사와 뱀을 본 것은 딸을 낳을 상이로다"[16]라고 읊고 있는 것이 그 좋은 예입니다. 《역경》에서 "용사지칩龍蛇之蟄", 즉 "용과 뱀이 겨울잠을 자는 것은 그렇게 함으로써 자신을 보존하기 위함이다"[17]라고 해서 운이 좋지 않을 때에는 일시적으로 물러나는 것이 지혜롭게 자신을 안전하게 보호하는 길이 된다고 기술하고 있습니다. 그리고 《주례周禮》에서는 "거북이는 지혜롭고 뱀은 결단력이 있다"고 해서 뱀의 덕목을 칭송하기도 합니다.

뱀이 독초나 약초를 알고 있다는 것은 일본의 산간지방에서 흔히 하는 이야기입니다만······.

모로하시 그와 비슷한 이야기가 중국에도 적지 않습니다. 옛날 농부 한 사람이 밭을 갈고 있었습니다. 그런데 문득 보니 상처를 입은 뱀이 어떤 풀의 잎사귀를 상처 난 곳에 계속 비벼대고 있었습니다. 다음날 가서 보니 뱀이 어제와 같은 동작을 되풀이 하고 있었습니다. 그리고 며칠 뒤 다시 가서 보니 상처가 깨끗이 나아 있었습니다. 그래서 농부는 그 풀이 약초가 틀림없다고 생각해 집에 가지고 와서 사람들의 상처에 발라봤더니 예상대로 효험이 있었습니다. 그래서 그때 이후로 그 풀을 약초로 썼다고 합니다. 그 풀이 바로 '사함초蛇銜草'[18]라는 것입니다.

　임안臨安의 한 승려가 산길을 걸어가고 있는데 방금 개구리라도 삼켰는지 배가 터질듯 불룩한 뱀이 있었습니다. 그런데 그 뱀이 어떤 풀을 씹는가 싶었는데 순식간에 올챙이배처럼 납작하게 되었습니다. 스님은 '역시 그렇구나!' 하고 생각해 그 풀을 따서 돌아왔습니다. 그런 뒤에 스님이 어느 숙소에 머문 적이 있었는데, 그 옆방에서 신음소리가 들려왔습니다. 잘 들어보니 헛배가 불러 괴로워하고 있는 것 같기에 재빨리 그 풀을 달여 마시게 했습니다. 그랬더니 예상했던 대로 효과가 있어 병세가 호전되었다고 합니다. 하지만 그 다음날 아침이 되자 옆방 여행객에게 아무런 기척이 없고 대신 물소리만 들려왔습니다. 이상하다고 생각해 옆방에 가보니 가엾게도 여행객의 피와 살이 전부 녹아내려 물로 변했고, 해골만 앙상하게 남아 있었다고 합니다. 결국 뱀이 가르쳐준 약초가 지나치게 약효를 냈던 것이지요.

그만큼 뱀은 약초를 잘 알고 있었다는 이야기군요. 뱀 자체를 약용으로 쓰는 경우도 많이 있지요. 일본에서는 특히 살모사[蝮蛇] 같은 뱀은 약으로 여겨 요메이슈養命酒 같은 약용주藥用酒도 만들어냈지요.

모로하시 뱀에 관한 전설이라면 우선 초의 손숙오孫叔敖[19]와 한 고조 유방에 관한 고사가 생각납니다. 손숙오가 아직 어렸을 때 밖에서 놀다가 집에 돌아왔는데 어쩐지 우울해 보였습니다. 어머니가 그 이유를 묻자, 그날 머리가 둘 달린 뱀을 보았고, 그 뱀을 본 사람은 반드시 죽는다는 이야기를 들었기 때문이라고 대답했습니다. 그래서 자신도 죽을 것이라고 했습니다. 어머니가 그 뱀을 어떻게 했는지를 묻자, 그는 만약 다른 사람이 보고 죽으면 안 되니까 자신이 죽여서 땅에 파묻었다고 대답했습니다. 그 말을 들은 어머니는 기뻐하며 "걱정하지 마라. 너는 죽지 않는다. 내 듣기에 음덕陰德이 있는 사람은 반드시 하늘이 그에 보답하여 복을 내릴 것이다"[20]라고 했답니다. 이렇듯 평소의 마음가짐이 훌륭했던 손숙오는 훗날 초나라의 대재상이 되었습니다.

한 고조 유방은 젊은 시절, 술에 취해 연못에 빠져 허우적거린 일이 있었습니다. 그때 한눈에 보기에도 무서운 커다란 뱀이 길 위에서 똬리를 틀고 있었습니다. 고조는 젊은 혈기에 취해 그 뱀을 단칼에 베었습니다. 그 일이 있은 뒤에 어느 사람이 그곳을 지나는데 한 노파가 울고 있었습니다. 왜 우는지 묻자 "내 아들은 백제白帝의 아들인데, 뱀으로 변신해 있었소이다. 그런데 오늘 적제赤帝의 아들에게 죽임을 당했소이다" 하고는 말이 떨어지기가 무섭게 모습을 감추었다고 합니다.[21]

당시는 오행설이 유행하던 때로, 왕이 될 사람은 누구나 오행 중 어느 하나의 덕을 갖추고 있어야만 한다고 생각했습니다. 진秦은 화火의 덕, 한漢은 수水의 덕으로, 수는 백白, 화는 적赤이므로 백제의 아들이 적제의 아들에게 죽임을 당했다는 것은 진나라가 한나라에 패망할 징조였던 것입니다. 그래서 당시 사람들은 더욱 고조를 두려워하며 존경했다고 합니다. 하지만 이 이야기는 아마도 고조의 계략으로 이른바 난세의 용맹스러운 영웅들을 속인 이야기가 아닌가 합니다.

일본에서는 집념이 강하고 집요한 것을 험담할 때 뱀과 같다고 하지요. 어렸을 때 들은 이야기입니다만, 어떤 남자에게 두 명의 첩이 있었다고 합니다. 두 첩은 낮에는 사이좋게 지냈지만, 밤에 자고 있는 모습을 보면 둘의 머리카락이 전부 뱀으로 변해 서로 뒤얽혀 물어뜯으며 싸웠다고 합니다. 그 사실을 안 남자는 몹시 두려워하며 그 뒤로는 첩을 모두 내쳤다고 합니다.

모로하시 그런 점은 중국도 마찬가지인지 모르지만, 뱀이 옥녀玉女로 변해 사람을 유혹했다는 이야기는 그보다 조금 더 아름답게 기록되어 있습니다. 강동江東의 뱀이 모두 옥녀로 변해 진晉의 명장인 오맹吳猛의 문하생을 유혹한 이야기나, 금탑金塔 아래에 있던 뱀의 정기精氣가 매일 밤마다 국왕을 꾀어내어 잠들게 했다는 이야기 등은 모두 일본 도조지道成寺에 얽힌 전설, 즉 안친安珍과 기요히메淸姬의 고사[22]를 떠올리게 만드는군요.

바로 몇 년 전까지 중국의 시후西湖[23] 옆에 뇌봉탑雷峰塔이라는 매우 훌륭하고 거대한 고탑이 서 있었습니다. 지금은 무참하게 무너졌지만 이 탑이 세워진 유래 역시 옥녀로 변한 흰 뱀의 정기를 위무하기 위한 것이었다고 합니다.

남제南齊의 이름난 선비였던 허선許宣이라는 인물은 잘생기고 민첩한 호남형 인물이었습니다. 어느 날 그가 시후 옆에 서 있는 보숙탑寶叔塔에 참배하고 돌아오는 길에, 호수 위 배 안에서 흰 뱀이 여인의 모습으로 변신한 백낭자白娘子를 만났습니다. 한눈에 허선의 수려한 용모에 매료된 백낭자는 신출귀몰하며 여러 수단을 동원해 불륜의 욕망을 채우려고 했습니다. 하지만 결국에는 금산사金山寺의 명승인 법해선사法海禪師가 법력으로 천 길이나 되는 백낭자를 7~8촌밖에 안 되는 작은 뱀으로 줄어들게 만든 다음 바리 속에 집어넣어 땅 속에 묻어버렸습니다. 그 뱀을 묻고 눌러두었던 돌을 쌓아서 세운 것이 바로 뇌봉탑이라고 합니다.

50년 전, 제가 시후에 놀러갔을 때 그 탑 앞에서 뱀을 자유자재로 부리며 묘기를 보여주는 사람이 있었는데, 참배객이 푼돈을 집어주면 손 안에 있는 뱀을 풀어주었습니다. 그러고는 "뱀을 놓아주면 공덕이 쌓입니다"라는 말을 되풀이하면서 돈을 요구하더군요.

지금까지의 이야기에 따르면 뱀은 역시 음물陰物이나 마물魔物이라는 느낌이 강하게 듭니다만, 조금이라도 양기가 있는 뱀 이야기는 없는지요?

뱀으로 변신해 안친安珍을 쫓는 기요히메清姬

모로하시 아주 적지만 전혀 없지는 않습니다. 특히 뱀이 은혜를 갚은 이야기는 매우 많이 전해지고 있습니다. 수隋의 임금이 상처 입은 뱀을 가엾게 여겨 물에서 구해주자 그 뱀이 꿈속에서 나타나 아름다운 보옥을 바쳤다든가, 사냥꾼이 흰 뱀을 도와 누런 뱀을 죽이자 그 후 흰 뱀이 사냥꾼을 위해 여러 가지로 편의를 봐주어 거부가 되게 해주었다는 이야기가 있습니다. 이와 비슷한 이야기들이 적지 않습니다.

최위崔煒의 이야기도 뱀의 보은에 관한 구전에서 비롯된 것일 겁니다. 어느 날 최위가 산책을 하고 있는데, 걸식을 하는 노파가 무언가에 발이 걸려 비틀거리다 그 곁에서 술을 마시고 있던 젊은이들의 귀중한 술병을 깨뜨렸습니다. 화가 난 젊은이들은 당장이라도 철봉을 휘둘러 노파에게 해를 가하려고 했습니다. 이 광경을 본 최위는 노파를 불쌍히 여겨 "자, 이제 그만 하시지요" 하며 자신의 옷을 벗어 젊은이들에게 술병과 술을 보상하고 정중하게 사과를 했다고 합니다. 위험에서 벗어난 노파는 며칠 후 찾아와 "이것은 제 마음의 선물입니다" 하며 소량의 쑥을 내밀었습니다. "이 쑥은 어떤 사마귀도 없애줍니다. 또 이 쑥을 쓰면 언젠가 미인을 만나게 될 것입니다" 하고는 웃으며 어디론가 사라져버렸습니다.

그 뒤 최위는 그 쑥으로 세도 있는 임씨任氏 집안 주인의 병을 고쳐주면서 그 집의 아름다운 딸을 알게 되어 몰래 연모하였습니다. 그런데 당시 임씨 가문은 독각신獨脚神이라는 우상을 숭배하면서 신의 마음을 사로잡기 위해서는 해마다 인신 제물을 바쳐야 한다는 미신에 사로잡혀 있었습니다. 이번에도 누군가를 죽여서 인신공양의 제물로 삼아야만 했는데, 그때 문득 생각 난 사람이 최위였습니다. 주인은 자신의 병을 고쳐준 은혜도 잊고 최위를 몰래 죽이려 했던 것입니다. 하지만 아버지의 간계를 미리 알아차린 딸은 최위를 몰래 도망치게 했습니다.

최위는 가까스로 목숨만은 건졌지만 허둥지둥 도망치다 그만 무서운 동굴에 빠지고 말았는데, 주위를 잘 살펴보니 그곳에 엄청나게 큰 백사가 살고 있었습니다. 최위가 '아, 이제 죽은 목숨이구나' 하고 생각했을 때는 이미 너무 늦어 백사가 내뿜는 독 불꽃에 목숨을 잃을 것만 같았습니다. 그런데 가만히 살펴보니 뱀은 입 끝에 난 커다란 사마귀 때문에 몹시 괴로워하고 있었습니다. 최위는 쑥으로 뱀의 사마귀를 없애주며 "용신龍神님, 제발 목숨만은 살려주십시오" 하고 애원하자 뱀도 마치 사람의 말을 알아듣는 듯 지름이 일촌一寸이나 되는 커다란 보옥寶玉을 최위에게 건네주었습니다. 욕심이 없는 최위가 "보옥은 필요 없으니 제발 다시 고향에 돌아가게 해주십시오" 하고 다시 애원했습니다. 그러자 뱀은 그렇게 해주겠다고 하지 않으면서도 등을 들이댔습니다.

　최위가 재빨리 그 등에 올라타자 뱀은 구름과 안개 속을 달려 순식간에 수많은 별들을 뭉쳐서 만든 것 같은 고각高閣 속으로 데리고 갔습니다. 그곳은 호화찬란하여 감히 말로는 표현할 수 없을 만큼 훌륭한 방이었습니다. 잠시 그곳에 있으니 갑자기 문이 열리면서 이전에 만났던 거지 노파가 나와 "사위님, 잘 오셨소" 하고 말했습니다. 그때 이후로 최위는 자신이 사모하던 여인과 부부의 연을 맺고 임씨 가문의 사위가 되었다고 합니다.

대단히 재미있는 이야기군요. 처음에 말씀하신 인신공양 이야기는 스사노오노미코토素戔嗚尊[24]의 고사를 생각나게 하는군요. 이런 이야기가 더 있는지요?

모로하시　찾아보면 얼마든지 더 있을 겁니다. 하지만 너무 옛날이야기만 하는 것도 그러니 대신 두세 가지 숙어를 예로 들어 이야기해보지요. 《주역》에 나오는 "용과 뱀의 칩거", 즉 "용사지칩龍蛇之蟄"[25]이라는 말은 앞에서도 이야기했던 것처럼 영웅호걸도 알맞은 때를 기다리려면 뱀이 동면을 하듯 잠시 칩거를 하지 않으면 안 된다는 의미입니다. 다시 말하면, 때가 무르익기를 기다려야 한다는 것이지요. 《주역》에 보면 이 말 앞에 "자벌레가 굽히는 것은 펼 것을 구하기 위함이다"[26]라고 되어 있습니다. 《손자병법孫子兵法》을 보면 '상산지사常山之蛇'라는 진법陳法이 나옵니다. 이는 '그 머리를 공격하면 꼬리가 나와서 휘감고, 꼬리를 공격하면 머리가 나와서 문다. 그리고 그 몸 가운데를 공격하면 머리와 꼬리가 함께 나와서 공격한다'고 해서 자유스러운 전투대형을 말합니다.27

'술잔 속 뱀의 액운'을 뜻하는 '배사지액杯蛇之厄'28은 마음에서 얻은 병을 뜻합니다. 여기에는 다음과 같은 고사가 있습니다. 옛날에 악광樂廣이라는 사람에게 친한 친구가 있었는데 한동안 기별도 없이 발길이 끊겼습니다. 그러던 어느 날 갑자기 친구가 다시 찾아오자 "그 동안 왜 발길이 뜸했는가?" 하고 물었습니다. 그러자 "실은 요전에 자네 집에서 술을 마셨지. 술잔 안에 작은 뱀이 들어 있는 것 같았지만 버리는 것도 실례라고 생각해 마셨다네. 그런데 그때부터 기분이 좋지 않게 되더니 결국에는 병이 났지 뭔가?"라고 했습니다. 그래서 악광은 "한 번 더 와주겠나?"라고 말하고는 이전의 장소에 데리고 가서 술잔을 건네자 또다시 뱀이 보였습니다. 사실 그 뱀은 벽 위에 걸려 있던 활이 술잔에 비친 것이었습니다. 그 이유를 들은 친구는 그 자리에서 씻은 듯이 병이 나았다고 합니다.

《장자》〈제물론齊物論〉에 보면 '뱀의 비늘과 매미의 날개'를 뜻하는 "사부조익蛇蚹蜩翼"이라는 말이 나옵니다.29 여기서 부蚹는 비늘, 익翼은 날개를 말하는데, 뱀이 움직이는 것은 뱀 자신의 힘이라고 하며, 뱀의 비늘도 뱀의 힘이라고 합니다. 조蜩, 즉 매미가 나는 것은 매미의 힘이고 매미의 날개 역시 매미의 힘이라고 합니다. 결국 이 말은, 서로 의지하고 도와야 비로소 사회가 성립한다는 이치를 깨닫지 못하는 사람을 비유할 때 쓰는 말이지요.

'마른 연못의 뱀'을 뜻하는 "학택지사涸澤之蛇"30는 《한비자》에 나오는 말인데, 앞에서 소개한 사부조익과 달리 능숙하게 상대를 이용해서 모두의 이익을 얻어내는 것을 비유하는 것입니다.

물이 마른 연못에 큰 뱀과 작은 뱀이 있었는데, 어느 날 작은 뱀이 큰 뱀에게 "내가 네 뒤를 따라간다면 사람들은 그것을 흔히 있는 일로 생각할 것이다. 하지만 만약 네가 내 꼬리를 입에 물고, 내가 네 머리 위에 타고 간다면 세상 사람들은 우리를 신으로 생각해서 존경할 것이 분명하다"고 말했습니다. 큰 뱀이 작은 뱀이 말한 대로 했더니 과연 세상 사람들이 그들을 신으로 섬기고, 작은 뱀과 큰 뱀을 모두 몹시 존경했다고 합니다.

전국시대에 전성자田成子의 가신인 치이자피鴟夷子皮가 위의 이야기를 꺼내며 전성자로 하여금 자신의 가신 역할을 하도록 해서 어느 여관에 묵었답니다. 그랬더니 사람들은 '권문세가인 전성자를 신하로 여기는 사람이니 그는 필시 대단히 위대한 사람일 것이다'라고 생각해 두 사람 모두 훌륭한 대우를 받았다고 합니다.

지금은 '깊은 산골의 큰 연못이 용과 뱀을 낳는다'[31]는 말이 산이 깊고 외진 시골에서 위대한 인물과 걸출한 선비가 태어난다는 의미로 사용되고 있지만, 《좌전》에 나와 있는 본래의 의미는 반드시 좋은 의미로만 볼 수 없습니다. 어떤 부인이 다른 부인을 질투해서 그 여인이 훌륭한 아기를 낳으면 큰일이라고 생각하는 경우에 쓰였던 말입니다. 하지만 오늘날에는 본래의 뜻과 다른 의미로 통용되고 있지요.

'사족蛇足'이라는 말은 '필요 없는 것'을 의미합니다. 옛날 초나라에서 축제를 할 때 여러 명의 젊은이들이 술잔치를 벌이려는데, 술이 한 사람이 마시기에는 버거운 양이었지만 모두가 마시기에는 부족했습니다. 그래서 땅 위에 뱀의 모양을 가장 빨리 그린 사람이 그 술을 마시기로 했습니다. 젊은이 중에 한 사람이 가장 먼저 뱀을 그리고 나서는 "자, 이제 술은 내 차지다" 하면서 술통을 가까이 끌어당겼습니다. 그런데 자세히 보니 자신이 그린 뱀에 다리가 달려 있었습니다. 그래서 "이건 좀 곤란한데" 하고 말하는 새에 다른 젊은이가 보통의 뱀을 그리고는 재빨리 술통을 빼앗아갔다고 합니다. 필요 없는 것을 덧붙이면 애써 얻은 것도 쓸모없게 된다는 것을 비유한 것입니다. 저도 너무 길게 지껄이면 사족을 붙인다는 비난을 받을 테니 이쯤에서 그만두는 게 좋을 듯합니다.

그럼 여기서 마치도록 하지요. 좋은 말씀, 감사합니다.

제7장_

오누·말

이번에는 오午, 즉 말에 대한 말씀을 부탁드립니다. 말에 관한 자료는 상당히 많을 것 같은데 어떻습니까?

모로하시 그렇습니다. 자료가 너무 많아서 오히려 어렵지 않을까 하는 생각이 듭니다. 언제나 그랬던 것처럼 글자의 성립부터 말씀드리지요. 그림을 보면 아시겠지만, 이 글자 역시 상형문자입니다. 《대한화사전》에는 마馬 부수에 속하는 글자가 520자 가량 있습니다. 그 중에서 제가 알고 있는 글자나, 혹은 지금까지 문헌에서 보았던 글자 수를 세어보니 대략 40~50자 정도였습니다. 때문에 글자가 많다 하더라도 실제로 그만큼 필요한지는 모르겠습니다.

그렇다면 불필요한 글자도 많다는 이야기로군요.

모로하시 어쩔 수 없는 일이지요. '표驫'는 '많은 말'을 의미하는데, 馬를 세 개나 겹쳐놓으니 많은 말이 되는 셈이지요. 그리고 '로驢'는 '당나귀'를 의미합니다. 마 부수가 붙었다 하더라도 당나귀는 당나귀지요. 이런 식으로 글자들이 만들어지니까 한자의 수가 그만큼 많아지는 것입니다.

그렇다면 실제로 사용되지 않는 글자는 없애면 되지 않을까요?

모로하시 그런 글자를 없애면 없앤다고 어디선가 불평이 나오기 마련입니다. 그저 한자 사전의 숙명으로 알고 체념하는 수밖에 없지요. 여담이 길어졌습니다. 이제 본론으로 들어가지요.

말에 대한 좋은 말씀, 잘 부탁드립니다.

모로하시 예로부터 "하늘을 다니기는 용과 같은 것이 없고, 땅을 다니기는 말과 같은 것이 없다. 말은 무장한 병사의 근본이고 나라의 큰 쓰임이다"[1]라고 한 것처럼, 모든 짐승 중에서 말만큼 인간의 삶에 직접적인 도움을 주고, 많은 의의를 갖는 존재도 없을 듯합니다. 그래서 말은 털 색깔이나 나이, 키에 따라 그 종류를 나누기도 합니다. 이렇게 인간은 오래전부터 여러 방식으로 말을 관찰하고 연구해왔지요.

털 색깔에 따른 말의 종류를 보면, 흰 말은 '백마白馬', 검은 말은 '여마驪馬', 푸른 말은 '기騏', 붉은 말은 '신駪', 검은 갈기의 흰 말은 '락駱', 황색과 백색 털이 섞여 있는 말은 '비駓'라고 합니다. 나이에 따라 분류한 것을 보면, 두 살짜리 말은 '구駒', 세 살은 '비騑', 네 살은 '조駣', 여덟 살은 '팔駅'이라고 합니다. 또 여덟 척 이상 되는 말을 '용龍', 일곱 척 이상을 '래騋', 여섯 척 이상을 '마馬'라고 하는 것은 키에 따라 그 종류를 나눈 것입니다.

그렇게 털 색깔이나 나이, 혹은 키 같은 외형적인 요소로 종류를 나누는 것 말고, 좀 더 본질적인 종류의 구별은 없습니까?

모로하시 있습니다. 예를 들면, 용마龍馬나 천마天馬 신마神馬, 노마駑馬 같은 것들이 거기에 해당합니다. 용마는 인덕仁德을 갖춘 말로서 황하黃河의 정기이며, 키가 팔척오촌八尺五寸에 목이 길며 날개가 있다고 합니다. "황하는 그림을 내놓고, 낙수洛水는 글을 내놓는다"[2]고 하는데, 옛날 우왕禹王이라는 성군이 세상을 다스릴 때 황하에서 용마 한 마리가 신기한 그림을 등에 지고 나왔다고 합니다. 이를 토대로 후세의 역학易學이 발달하였고, 오늘날의 점서占筮 등이 고안되었다고 전해집니다.

신마와 천마는 모두 임금이나 성인의 덕성에 감응해서 세상에 나타난다고 하는데, 실제로 한 무제 원정元鼎 4년, 이 말이 액애渥涯의 물속에서 나왔다고 합니다. 그래서 무제는 "천마가 오네. 서극西極에서 오네. 만리萬里를 지나 덕이 있는 곳으로 돌아오네"[3]라며 의기양양하게 천마를 노래하고 있습니다. 그 이후에도 사마온공司馬溫公이 천마를 노래했으며, 양재楊載는 신마를 노래하는 등 그런 예가 적지 않습니다.

천마와 신마는 이처럼 세간에서 대접을 해주고 귀하게 여겼지만, 그에 반해 처지가 딱한 것이 노마로써 '노駑는 말 가운데 비천한 것'이라고 합니다. 노예奴隷의 노奴를 마馬 위에 올려놓은 것도 그 비천함을 의미하는 것이라고 합니다. 하지만 노마라 할지라도 노력하면 보통 말의 대열에 당당하게 끼는 것이 어려운 일이 아니어서 거북이가 토끼를 이긴 것처럼 흔히 '노마도 천리를 간다'고 하면 범부의 노력이 반드시 그 보답을 받는다는 것을 의미합니다.

일본에서 말의 산지는 난부南部나 소마相馬⁴ 등이 유명합니다만…….

모로하시 중국에서는 이베이翼北와 샹창相場이 유명합니다. 이 지역에서 나는 말이 온 세상에서 나는 말보다 많다고 할 정도지요. 그럼에도 불구하고 말을 보는 안목이 있던 백락伯樂이라는 인물이 한번은 이 지역을 지나면서 "이제는 말의 무리가 없어졌네"라고 했답니다. 좋은 말이 한 마리도 없었다는 거지요. 그래서 한퇴지라는 뛰어난 당의 문장가는 "좋은 말은 늘 있지만, 백락은 늘 있지 않네"⁵라고 하여, 인재는 항상 세상에 있으나 그런 인재의 진가를 인정해줄 만한 안목을 가진 인물이 세상에 많지 않음을 한탄했다고 합니다.

전국시대에 소대蘇代라는 유세가遊說家가 있었습니다. 유세가란 각지를 떠돌아다니며 자신의 정치적 의견이나 주장 따위를 설명하고 선전하는 인물이지요. 그런 그가 제齊에 갔으나 왕은 좀처럼 만남을 허락하지 않았습니다. 그래서 훌륭한 신하인 순우곤淳于髡에게 다음과 같은 이야기를 했습니다.

"옛날에 준마駿馬를 팔려는 사람이 있었습니다. 사흘 낮밤을 시장에 서 있었지만 어느 누구도 그 말을 사려는 사람이 없었습니다. 그래서 그는 백락에게 가서 '어떻게든 사례를 할 테니 아무쪼록 내일은 시장에 와서 제 말을 한번 봐주십시오' 하고 부탁했습니다. 백락이 그의 청을 따르자 사람들은 '백락 같은 사람이 본 말이라면 분명 좋은 말이 틀림없을 거야'

마신부판馬神符板 | 조선 후기 | 영남대박물관

라고 하여 말의 가격이 단번에 열 배가 되었습니다. 그러니 한번이라도 좋으니 제 존재를 왕에서 알려주시지 않겠소이까?" 이렇게 능란하게 순우곤을 설득한 소대는 마침내 제나라에서 대접을 받게 되었다고 합니다. 바로 이 이야기에서 '백락일고伯樂一顧'[6]라는 고사가 나왔지요.

그런 이야기 하나에도 교훈이 담겨 있군요.

모로하시 백락과 관련된 이야기를 하나 더 해볼까요. 《열자列子》에 나오는 진秦 목공穆公과 백락의 문답을 소개해보지요. 목공은 오패五覇[7]의 한 사람이자 실제로 당대의 걸출한 인물이기도 했습니다. 목공이 어느 날 백락에게 이렇게 물었습니다.

"그대도 이제 나이가 들었네. 언제까지 자신만을 의지하는 것은 불가능한 일이 아니겠는가? 그대가 죽으면 누가 그대의 뒤를 이을 것인가? 어떤가, 자식들 중에 (좋은) 말을 찾아낼 수 있는 아이가 있는가?"

백락은 이렇게 대답했습니다.

"좋은 말이라고 할 만한 것이 있다면, 근골筋骨을 살펴 구별할 수 있습니다. 하지만 '천하의 말'이라고 할 정도면 그렇게 해서는 찾아낼 수가 없습니다. 근골의 모양만으로는 알 수 없습니다. 말하자면, 없어지는 것이 같고 가라앉는 것이 같고 죽는 것이 같으며 잃어버리는 것이 같아서 도무지 (그 특징을) 종잡을 수 없습니다. 따라서 좋은 말 정도라면 감히 말할 수 있겠으나 '천하의 말'은 도저히 손으로 만져볼 수도 없사옵니다. 헌데, 제 친구 중에 궁핍하여 등짐을 지고 땔감을 주워 살아가는 구방고九方皐라는 사내가 있습니다. 뛰어난 안목을 지닌 친구여서 말 감정에 있어서는 저 같은 사람이 미칠 수 있는 경지가 아니옵니다. 한번 접견해보시겠습니까?"

그렇게 해서 구방고를 접견한 목공은 좋은 말을 찾아오라는 지시를 내렸습니다. 그렇게 3개월이 지난 뒤에 돌아온 구방고는 목공에게 "있었사옵니다. 있었사옵니다" 하며 좋은 말을 찾았노라고 아뢰었습니다. 목공이 어떤 말이냐고 묻자 구방고는 "황색 암말이옵니다"라고 대답했습니다. 해서 목공은 사람을 시켜 알아보라고 했더니 생각지도 못했던 검은 숫말이었습니다.

기가 막힌 목공은 미심쩍은 얼굴로 즉시 백락을 불러 "그대가 추천한 구방고는 암컷과 수컷도 알지 못하네. 그리고 색조차도 분간하지 못하는 바보천치일세. 그런 사내에게 천하의 말을 찾게 한 것은 도대체 무슨 까닭인가?" 하며 잔뜩 화가 나 서슬 퍼런 얼굴로 심하게 꾸짖었습니다.

하지만 백락은 "임금께서 지금 천만 뜻밖의 화를 내고 계십니다. 사실 바로 그러한 것이 구방고의 훌륭한 점입니다. 그가 보는 것은 천기天機이지 모양이 아닙니다. 그것의 정기를 얻으며 그 결점을 잊고, 그 안에 머무르며 그 밖을 잊고, 주목하지 않으면 안 되는 것은 주목하고, 하지 않아도 좋은 것은 주목하지 않습니다. 그가 말의 생김새를 보고 그 말을 감정하는 방법은 말 그 자체보다도 귀한 바가 있습니다"라고 대답했습니다. 아니나 다를까 그가 끌고 온 말은 과연 천하의 명마였다고 합니다.[8]

이 이야기는 하나의 우화에 가깝지만 우리들에게도 가르치는 바가 많다고 생각합니다. 교육이든 정치든, 도덕이든 그것의 참된 정신을 깨닫지 못하면 어떤 역할도 할 수 없는 법이지요. 형식이나 방법, 혹은 규칙이라는 공론空論에 휩쓸리게 되면 중요한 천기를 보지 못하고 놓친다는 말이겠지요.

중국에는 문장가가 많아서인지, 무엇이든 한 가지 일이 있으면 곧바로 그것에 관한 명언을 만들어내는 것이 참 재미있군요.

모로하시 그 점은 저도 정말로 그렇게 느끼고 있습니다. 이번에는 이어서 곽외郭隗 이야기를 해볼까요? 이 이야기는 누구나 다 아시는 예라고

한간韓幹 | 목마도牧馬圖 | 당대唐代 | 타이베이고궁박물원

생각합니다만, 전후는 이렇습니다. 연燕의 소왕昭王이 마침 천하의 현인을 모셔오려고 하던 때에 어느 날 곽외라는 남자가 나타나서 왕에게 다음과 같은 이야기[9]를 했습니다.

"옛날에 천리마를 구하는 한 군주가 있었습니다. 일천 금을 내겠다고 해도 그러한 말은 좀처럼 눈에 띄지 않았습니다. 그러던 사이에 그의 신하로 '제가 바로 찾아오겠습니다' 하고 나선 이가 있었습니다. 그래서 '그러면 너에게 명을 내리겠다'며 금을 주었습니다. 그리고 나서 석 달이 지난 뒤에 신하는 죽은 말의 뼈를 오백 금에 사가지고 돌아왔습니다. 그러자 주군은 불같이 화를 내며 얼굴을 붉혔지만 신하는 아무렇지도 않은 얼굴로 '세상 사람들은 분명히 죽은 말도 산다면 분명 살아 있는 말은 더 할 것이라고 생각할 것입니다. 그러면 필시 천리마도 나오게 될 것입니다' 하고 말했습니다. 그러자 과연 채 1년도 지나지 않아 천리마가 세 필이나 나왔다고 합니다. 그러하오니 임금께서 반드시 천하의 현인을 모시겠다고 생각하신다면 먼저 소신 곽외부터 시작하시지요. 그러면 이 곽외보다 더 현명한 사람은 당연히 채용될 것이라 생각해서 천리를 멀다 않고 모두 모여들 것입니다."

이 이야기에 감복한 소왕은 곽외를 우대하였는데, 생각했던 대로 위의 악의樂毅, 제의 추연鄒衍, 조의 극신劇辛 같은 천하의 현인들이 연으로 모여들었다고 합니다. 이쯤 되면 '사마지골死馬之骨', 즉 '죽은 말의 뼈'도 무시할 수 없겠지요.

바카馬鹿10라는 말이 있지요. 말[馬]인가 사슴[鹿]인가 하는 논의가 있은 뒤에 만들어진 말이라고 들은 적이 있습니다만, 정말 그렇습니까?

모로하시 일본인들이 만들어낸 설명일 겁니다. 본래 바馬와 카鹿, 즉 말과 사슴에 관한 이야기가 중국에 있습니다. 진시황은 세상의 모든 서적들을 불태우고, 유자儒者들을 구덩이에 파묻었다는 호걸입니다만, 그 다음 세대가 되면서 이미 권세가 예전 같지 않았습니다. 환관이었던 조고趙高라는 권신權臣이 곧바로 진의 권력을 장악했지요.

어느 날 조고는 사슴 한 마리를 진시황 다음 황제인 호해胡亥에게 바친 뒤에 "말입니다" 하고 말했습니다. 이에 황제가 웃으며 "농담하지 말라. 사슴이지 않은가?"라고 대꾸했습니다만, 조고는 태연하게 "말입니다" 하며 계속 우겨댔습니다. 그러자 황제는 당황하는 기색을 보이며 좌우의 신하들에게 물었습니다. 그러자 조고의 권력을 두려워하던 신하들은 한결같이 말이라고 대답하였습니다. 그 중에 한두 사람이 사슴이라고 대답하기도 했지만 조고는 사슴이라고 대답한 사람을 모두 기억해두었다가 나중에 벌했기 때문에 조고의 위세는 점점 더 높아져 마침내는 황제의 지위까지 찬탈하려 했다고 합니다.

너무 황당한 이야기입니다만, 어리석은 군주와 간신 사이에 있을 법한 일이지요. 그러나 이 고사를 토대로 '바카'라는 단어가 생겨났다고 하는 것은 일본인들이 만든 객쩍은 이야기일 뿐입니다. 사슴을 뜻하는 록鹿은 일본어로 '카'라고 읽습니다만, 중국 발음은 '록'이기 때문에 '바카'가 될 수는 없습니다.

역시 예로부터 전해오는 것처럼 불교 용어인 '마하Maha' 혹은 '마하라카Mahalaka'의 음역音譯이겠지요?

모로하시 그럴 것으로 생각합니다. 본래 바카馬蝦, 즉 마하에서 전환된 것이라는 설도 있습니다. 말에 대한 감식안이 남달랐던 예의 백락이 어느 날 아들에게 명마를 구해오라고 했습니다. 당시 명마는 이마가 넓고 눈이 튀어나왔으며, 다리는 높은 곳을 날듯이 뛰어오를 수 있는 말이었다고 합니다. 그렇게 가르쳤기에 아들은 그런 조건을 가진 말을 찾아다니다 결국 구해서 돌아온 것이 바로 두꺼비[蝦蟆, 일본어 발음은 가매였답니다. 이에 백락은 너무나 어처구니가 없어서 쓴웃음을 지었다고 합니다. 여기에서 두꺼비를 뜻하는 蝦하의 음이 '가'이기 때문에 중국에서도 통할 것 같지만, 역시 어설픈 설명이라 하지 않을 수 없습니다.

어쨌든 이야기 자체로는 재미있습니다만, 두 가지 모두 궤변 같습니다.

모로하시 그 궤변에 대한 겁니다만, 중국 춘추시대에 궤변학파라고 일컬어지는 학파가 있어서 즐겨 궤변을 늘어놓곤 했습니다. 그 가운데 하나로 다음과 같은 이야기가 있습니다.

"흰 말은 말인가 아닌가?" 하는 질문에 묵자墨子라는 학자는 "백마는 말"이라고 주장했는데, 공손룡公孫龍이라는 학자는 "백마는 말이 아니다"라고 우겼습니다. 묵자의 말에 따르면 "백마를 탄다는 것은 말을 타는 것이며, 백마를 채찍질한다는 것은 말을 채찍질하는 것이다. 따라서 백마는 말이다"라고 했습니다. 그런데 공손룡은 "말을 산다고 하면 적마赤馬도, 흑마黑馬도 살 수 있지만 백마를 산다고 하면 적마나 흑마는 살 수 없다. 따라서 백마는 말과 다르다"고 했습니다. 오늘날의 논리로 보면 간단히 해결될 문제이지만, 선진시대에는 이것이 명가名家의 논의로서 유명했던 이야기입니다.

어느 날, 양 학파의 견해를 가진 두 사람이 백마에 올라타고 함께 여행을 떠났습니다. 어느 관문에 다다르자 그곳에 '이 관문은 말의 통행을 허락하지 않음'이라는 팻말이 걸려 있었습니다. 그러자 "백마는 말이 아니다"라고 주장하던 사람이 자꾸만 좌우를 돌아보며 두려워했습니다. 왜 주저하느냐고 묻자 그는 저 팻말을 보라고 하였습니다. 그러자 상대 인물이 "당신은 평소에 늘 백마는 말이 아니라고 주장하지 않았소이까? 그 주장대로라면 두려워할 필요가 없지 않소이까?" 하며 힐문하자 "사실은……" 하며 겸연쩍게 머리를 긁었다고 합니다. 탁상공론은 현실적으로 아무런 도움이 되지 못한다는 것이 바로 이런 경우겠지요.

바카 이야기와 궤변 이야기는 이 정도로 마치고, 언제나처럼 말과 관련된 고사숙어를 좀 말씀해주시지요. 그편이 오히려 우리들의 일상생활에도 도움이 될 테니까요.

모로하시 말은 예로부터 인간과 매우 가까운 사이였기 때문에 말에 관한 속담이나 교훈은 수없이 많이 전해지고 있습니다. 인간 행동의 자유 분방함이나 글을 쓰는 붓의 기세가 거침이 없고 웅대한 것을 흔히 '천마행공天馬行空', 즉 '천마가 하늘을 난다'고 하지요. 그리고 사람의 충언이나 비평을 들으려고도 하지 않는 경우에는 '마이동풍馬耳東風'이라는 말을 쓰지요. '채찍이 길어도 말의 배에는 미치지 못한다'는 '장편불급마복長鞭不及馬腹'은 '관계가 먼 것에는 생각이 미치지 못한다'는 의미로 사용되고, '호마胡馬가 삭풍에 소리 높여 운다'는 말은 '고향을 잊기는 어렵다'는 의미로 쓰이지요.

옛날에는 말의 수로 그 사람의 부富를 가늠했는데, 천자를 만승萬乘, 제후를 천승千乘, 대부를 백승百乘 등으로 표현한 것은 모두 수레를 말하는 것이지만 실제로는 그 수레를 매고 있는 말의 수를 기본으로 한 것입니다. 사士가 처음으로 대부가 될 때는 말 네 필을 준비했는데, 이를 가르쳐 '마승馬乘을 기른다'고 합니다. 그런데 옛날에 맹헌자孟獻子[11]라는 현인은 "마승을 기르는 자는 닭과 돼지를 살피지 않는다"[12]고 가르쳤습니다. 대부의 신분에 오른 자는 돼지나 닭 같은 사소한 것들을 계산해서 백성들과 이익을 다투어서는 안 된다는 뜻인바, 이는 권력이 있어 사람들의 위에 서 있는 사람들이 항상 잊어서는 안 될 교훈이라고 생각합니다.

그리고 '좋은 말은 채찍 그림자만 봐도 달린다'는 말도 있습니다. 이는 '무사武士는 재갈의 소리에도 자다가 눈을 뜬다'는 말과 마찬가지로 어느 직책에 있는 사람이 그 직무에 태만하지 않고 확실하게 수행해야 한다는 것을 기술한 것으로 생각됩니다. '인간만사가 새옹지마塞翁之馬'라는 말을 많이 쓰지요. 이는 사람의 일생 중에 겪는 길흉화복이 늘 꼬아놓은 새끼줄처럼, 원인이 결과가 되고 결과가 원인이 되는 것을 나타내는 말입니다.

옛날에 적국의 요새와 가까운 곳에 한 노인이 살고 있었습니다. 어느 날 밤, 그 집의 말이 오랑캐가 사는 변방 지역으로 도망을 쳤습니다. 그래서 사람들이 위로의 말을 건네자 노인은 아무렇지도 않은 얼굴로 "이번 일이 어떤 복을 불러오지 말라는 법은 없지요" 하고 말했습니다. 그런데 정말로 그 말이 오랑캐 지역에서 많은 준마를 이끌고 돌아왔습니다. 그래서 이번에는 사람들이 축하의 인사를 건네자 노인은 다시 "이것이 어떤 화禍의 씨가 되지 말라는 법 또한 없지요" 하고 말하며 심드렁한 표정을 지었습니다.

그 뒤 노인의 아들이 그 준마에서 떨어져 다리가 부러졌습니다. 그래서 사람들이 위문을 하러가자 노인은 "이 일이 무언가 복이 되지 말라는 법도 없지요" 하며 웃었습니다. 얼마 뒤에 전쟁이 시작되어 마을의 젊은이는 모두 징병되어 전쟁터에 나가 부상을 당하거나 죽었지만 노인의 아들만큼은 불구였기 때문에 병역을 면해 생명을 보전했다고 합니다. 징병 기피에 가까운 행동을 복이라고 여기는 것이 썩 바람직해 보이지는 않지만, 하루아침의 화복禍福이 반드시 일생의 운명을 결정하는 것이 아니라는 사실은, 식견 있는 선비라면 언제나 잊어서 안 될 가르침이라고 생각합니다.

일본에서는 예로부터 명마와 명장에 대한 아름다운 이야기가 많이 전해지고 있습니다만, 중국의 경우는 어떻습니까?

모로하시　물론 많이 있습니다. 그 가운데서도 제가 좋아하는 것은 항우와 추騅의 이야기입니다. 초나라의 항우는 백전백승의 명장이었지만, 해하垓下 전투에서 그만 맥없이 한 고조 유방에게 패해 결국은 다시 일어설 수 없게 되었습니다. 적군에게 포위되어 있는 상황에서 조용하게 귀를 기울이자 한나라 군대가 사면 가득 초나라의 노래를 부르고 있었습니다. 그래서 항우는 "한나라가 이미 초나라를 얻었단 말인가? 어째서 이토록 초나라 사람들이 많은가?"라고 말하며 쓸쓸히 자신의 운명을 깨닫고 비분강개했습니다. 그때의 항우가 탄식하면 불렀던 노래가 다음과 같았다고 합니다.

> 힘은 산도 뽑을 만했고 기세는 세상을 뒤덮을 만했으나
> 형세가 이롭지 못하니 추조차 달리지 않는구나.
> 추가 달리지 않는 것은 어찌해볼 수 있으나
> 우虞야, 우야, 너는 어찌하면 좋을꼬.[13]

우는 항우가 총애하던 여인 우미인虞美人이며, 추는 항상 타고 다니던 애마인 오추마烏騅馬를 말합니다. 노래를 마친 항우는 우미인과 헤어진 뒤, 애마를 타고 더욱 힘을 내 싸웠지만 적군에게 쫓기는 신세가 되고 말았습니다. 그렇게 쫓긴 끝에 마침내 오강烏江이라는 나루터에 이르자 뱃사공이 "어서 강을 건너가시지요. 고향인 강동江東에 돌아가면 다시 재기의 날도 오지 않겠습니까?" 하며 빨리 배에 오르기를 재촉했습니다. 하지만 항우는 그 말을 받아들이지 않고 "만약 강동의 가족과 이웃들이 나를 왕으로 세워도 내가 무슨 면목이 있어 그들을 대할 수 있겠는가?"라고 하며 뱃사공의 권유를 물리쳤습니다. 그러고는 애마 오추마의 고삐를

뱃사공에게 건네주고 저승길을 재촉했다고 합니다.

비록 패장이지만 항우의 대장부다운 기개가 느껴지는군요. 중학교 시절에 《사기》〈항우본기項羽本紀〉를 읽었을 때의 기억이 떠오르는군요. 그런데 혹시 말 사랑에 푹 빠져서 인도人道에 어긋난 사람은 없습니까? 예를 들어, 개를 맹목적으로 사랑했던 일본의 이누쿠보犬公方[14] 같은 사람 말입니다.

모로하시 그런 사람이 있습니다. 그렇지만 중국의 경우에는 개 사랑에 빠져 있던 사람이 그 뒤에 곧바로 반성을 했기 때문에 그 점이 오히려 교훈적인 이야기로 전해지고 있습니다. 예를 들면, 초나라의 장왕莊王, 혹은 제나라의 경공景公의 이야기가 바로 그렇습니다. 그 이야기를 조금 해볼까요?
　초나라의 장왕은 유별나게 특정한 사물을 좋아하는 애호가였습니다. 자신이 사랑하는 말에 아름다운 능라비단 옷을 입히고, 화려한 집에 살게 하면서 아침저녁으로 대추나 육포 같은 맛있는 음식을 먹였습니다. 그런데 공교롭게도 그 음식 때문에 탈이 난 탓인지 말이 그만 쓰러져 죽고 말았습니다. 그래서 대부의 예를 갖추어 말의 장례를 치르겠다고 포고령을 내리자 우맹優孟이라는, 일본으로 말하면 오쿠보히코자에몬大久保彦左衛門[15] 같은 사람이 갑자기 뛰어 들어와서 왕 앞에 무릎을 꿇고 큰소리로 울기 시작했습니다. 왕이 왜 우느냐고 묻자 "임금님의 애마가 운명하셨다고 하기에 들어보니 이렇게 공덕 있는 말의 장사를 겨우 대부의 예로 치른다고 하는데, 어떻게든 임금의 예로써 장사를 지내야 하지 않겠습니까? 그렇게 해야만 천하의 사람들이 임금께서 사람은 천하게 여기고 말을 귀하게 여긴다는 사실을 알게 될 것입니다"라고 대답했습니다. 그러자 장왕은 비로소 "과인의 허물이 거기에까지 이른단 말이오!" 하며 크게 깨달았다고 합니다.

다음 이야기도 이와 비슷합니다. 제나라 경공은 애마를 죽게 만든 것이 바로 말을 담당하던 관리였다는 말을 듣고 그만 그 관리의 손과 발을 갈기갈기 찢으려고 했습니다. 그때 안자晏子[16]라는 현인이 나와서 그 관리를 꾸짖으며 "너의 죄는 세 가지다. 말 기르는 것을 알지 못한 것이 그 첫 번째요, 경공의 애마를 죽인 것이 그 두 번째요, 경공으로 하여금 말 한 마리 때문에 사람을 죽여 백성의 원망을 사게 만들어 나쁜 임금이라는 비난을 받게 한 것이 그 세 번째이다"라고 말했습니다. 그 말을 들은 경공은 자신의 잘못을 참회하고 "용서하라, 용서하라, 나의 덕[仁]을 해치지 말라"고 하였답니다.[17]

지금까지 여러 가지 이야기를 한 것처럼 말은 인간과 뗄 수 없는 관계여서 예로부터 말과 관계된 여러 신들에게 제사를 드리는 관습이 있었습니다. 봄에는 마조馬祖에게 제사를 드리고, 여름에는 선목先牧, 가을에는 마사馬社, 겨울에는 마보馬步에게 제사를 드린다고 합니다. 마조는 천사天駟라는 말과 관련된 별의 명칭이기도 하며, 선목이란 처음으로 인간에게 말의 방목放牧을 가르친 신의 이름입니다. 또 마사는 마구간 안의 토지신이며, 마보는 말에게 재해를 가져오는 신의 이름입니다. 말이 인간에게 많은 도움을 준 것을 생각하면 이러한 제사는 당연한 것이라고 할 수 있겠지요. 이외에도 여러 가지 이야기가 있는데 더 할까요?

더 듣고 싶습니다만, 오늘은 너무 늦었으니 여기서 마치는 것이 좋겠습니다. 감사합니다.

제8장_

미未·양

모로하시 이번에는 양입니다. 앞에서 말씀드린 적이 있는 것으로 생각합니다만 제가 양띠입니다.

그럼 지금까지 몇 번이나 양의 해를 맞으셨는지요? 올해 연세가 여든다섯이라 하셨으니, 벌써 일곱 번은 맞으셨겠군요. 본론으로 들어가서 늘 그랬던 것처럼 양羊이라는 글자에 대한 설명부터 시작해주시겠습니까?

모로하시 《설문》에 보면 "양羊은 상서롭다[祥]"라고 나와 있습니다. 즉, 양羊은 상祥이라는 글자의 고체古體, 즉 옛 형태입니다.

 양은 일찍부터 희생제물 등으로 사용되었으며, 신성한 존재로 여겨졌습니다. 《설문》에는 "공자가 말하길, 우양牛羊이라는 글자는 그 모양에 따라 만든 것이다"[1]라고 씌어 있습니다. 사실 공자의 말인지 어떤지는 알

수 없으나 그림에서 볼 수 있듯이 그 모양에서 비롯된 상형문자임에는 틀림이 없습니다. 선善의 옛 모양은 譱인데 역시 양과의 관계가 분명히 드러나 보입니다. 또 의義라는 글자도 보시는 바와 같이 양과 인연이 있습니다. 이처럼 양은 평판이 좋고, 성질이 선한 것으로 대부분 일치하는 면이 있습니다. 무리를 뜻하는 군群이 양羊변에 있는 것도 이 때문입니다. 이런 점은 개[犬]를 독립적인 성질이 있는 것으로 여겨 독獨이라는 글자의 기초가 된 것과는 매우 다른 점입니다.

대개 지금까지의 예를 보면 십이지의 동물들, 예를 들면 소면 소, 말이면 말 모두 그 연령이나 생김새, 혹은 그 밖의 특성에 따라 모두 다른 글자를 사용하고 있지 않습니까? 그렇다면 양의 경우에도 마찬가지인지요? 일본에서는 그러한 측면이 형용사에 잘 드러나 있는 것 같습니다만……

모로하시 그렇습니다. 양도 그 종류나 특징에 따라 다양한 문자가 만들어졌습니다. '고羖'나 '저羝' 같은 글자는 수컷을, '자羖'나 '상牂'은 암컷을 말합니다. 그리고 흰 양은 '분羒', 검은 양은 '유羭'라고 하며, 생후 5개월이 된 양은 '저羜', 생후 6개월이 된 양은 '무羍'라고 합니다. 또 키가 6척인 것은 '역羳'이라고 합니다.

이런 글자들은 우리에게 거의 필요가 없는 것 같습니다. 그건 그렇고 양에 관한 글자는 어느 정도나 되는지요?

모로하시 어려운 질문이군요. 어느 정도 있다고 생각하십니까?

글쎄요. 우리들이 알고 있는 글자라고 하면 양羊, 미美, 선善, 그리고 조금 전 말씀 중에 나왔던 군群 정도라서 전체적으로 얼마나 되는지 상상조차 하기 어렵습니다만, 20~30자 정도 있을까요?

모로하시 그렇습니다. 그런데 그 외에도 보통 사용하고 있는 글자가 더 있지요. 예를 들면, 선羨이라든가 갱羹 같은 글자 말입니다.

그렇다면 40~50자 정도 됩니까?

모로하시 아니, 그보다는 많습니다. 《대한화사전》에는 전부 188자가 있습니다. 그 중에서 획수가 가장 많은 글자는 '영䍶'자인데 모두 30획이고, 뿔이 얇은 큰 양을 뜻한다고 합니다.

상형문자로 형성된 글자는 지금까지의 예로만 보더라도 비유에 사용되는 경우가 많습니다만, 누가 보더라도 그 생김새에서 바로 다른 비유가 머릿속에서 떠오르기 때문일까요?

모로하시 그렇다고 봅니다. 양도 예외가 아니어서 그 뿔과 머리 모두 사물의 모양을 나타내는 데 사용되고 있습니다. 양의 뿔은 회오리바람이 감겨 올라가는 모양과 유사하기 때문에 그러한 묘사에 사용되며, 양의 창자[腸]는 그 모양이 구불구불한 고갯길과 닮았기 때문에 그러한 모양을 나타내는 데 사용되었습니다. 또 모양에서 직접 비롯된 것은 아니지만 '양의 바탕에 호랑이 가죽', 즉 '양질호피羊質虎皮'라고 하면 겉모습은 훌륭하고 용맹스럽지만 속마음은 겁이 많고 약한 것을 비유하는 말입니다. 또한 '양의 머리를 내걸어놓고 개고기를 판다'는 뜻의 '양두구육羊頭狗肉'은, 간판은 훌륭한데 그 내용이 걸맞지 않은 것을 비유합니다. 이 두 가지는 양의 본성에서 비롯된 표현입니다.

이외에 '저양羝羊이 울타리에 부딪친다'는 뜻의 '저양촉번羝羊觸藩'이라는 속담도 있습니다. 저羝는 앞에서 말한 것처럼 수컷 양을 말하는데, 이 숫양은 한번 울타리에 부딪쳐서 뿔로 받기 시작하면 뒤로 물러날 줄 모르고 앞으로만 나가려고 애를 쓰기 때문에 결국에는 움직일 수 없게 되는 것을 말합니다. 일보 후퇴하면 다른 길이 열릴 수도 있는데, 그런 생각을 하지 못해 앞뒤 가리지 않고 돌진하며 초조해하는 우둔한 사람을 비웃을 때 이런 표현을 씁니다. 이 역시 양의 본성에서 비롯된 생각에서 나온 비유라고 하겠습니다.

양은 온화한 동물이라는 것이 우리들의 통념입니다. 그래서 호랑이 해에 태어난 사람은 사납고 용맹스럽지만, 양의 해에 태어난 사람은 온화하다고 말합니다. 그런데 이런 통념에서 보면 저양羝羊만은 예외군요.

모로하시 말씀하신 대로 양의 성질이 온화한 건 사실입니다. 하지만 왜 그런지는 모르겠지만 중국에서는 그렇게 말하지 않습니다. 그리고 오행설의 영향인지 모르지만, 양은 잉태된 지 4개월 만에 태어나고 그 눈은 눈동자가 없는 데다 창자는 얇고 구불구불합니다. 또 간지에 대응시켜보면

불[火]에 속하는데, 실제로 그 성질이 습기를 싫어하고 건조한 것을 좋아하며, 병후病後에 사람이 양고기를 먹으면 반드시 열이 난다는 등의 이야기가 《본초本草》 같은 문헌에 요란스럽게 씌어 있습니다. 오늘날 실제 양을 사육하는 사람들이 보면 과연 어떨지 모르겠습니다.

그렇다면 비유가 아니라 본래의 성질 그 자체가 그런 것이군요. 오늘날 양은 소와 돼지에 이어 중요한 식료품의 재료가 되고 있지요. 그럼에도 병후에 사람이 먹으면 열이 난다고 한다면, 양의 성질 자체가 그런 것이기 때문에 쉽사리 단죄하기가 어렵겠군요. 음식에 양羊 자가 들어간 것도 적지 않은 듯합니다.

모로하시 그렇습니다. 음식 이름에 '양'자가 붙어 있는 것 중에서 가장 먼저 생각나는 것이 양갱羊羹인데, 다른 건 좀처럼 생각나지 않는군요. 아! 명주銘酒 가운데 중국 산서성의 양갱주羊羹酒라는 것이 있습니다. 음식보다는 오히려 식물의 명칭에 더 많은 것 같습니다.
  '양이羊飴'는 음식 같지만 사실은 히요도리죠고鴨上戶라는 풀의 명칭이고, '양각羊角'은 양의 뿔이라는 말이지만 마찬가지로 풀의 명칭입니다. '양각과羊角瓜'는 오이, '양조羊棗'는 대추, '양치羊齒'는 풀고사리, '양서채羊栖菜'는 톳, '양척촉羊躑躅'은 철쭉을 말합니다. 이외에도 얼마든지 있습니다만 일일이 다 살피는 것은 생략하도록 하지요. 그런 것보다는 양과 관련된 역사적 사실을 살펴보는 것이 더 재미있을 것 같습니다.

양에 대한 역사적 사실도 적지 않고, 또 허구라고 하면 실례인지 모르지만 꾸며낸 이야기로 고사성어를 만들어내는 것이 중국인의 재주가 아닌가 합니다. 따라서 그런 이야기들에서 비롯된 양에 대한 실화나 우화 등 여러 가지 전설들이 많이 있을 것 같습니다. 어떻습니까?

모로하시 물론 많이 있습니다. 우선 삼황오제시대부터 전해오는 이야기부터 해보도록 하지요. 황제黃帝는 일찍이 꿈을 하나 꾸었습니다. 어느 사람이 무게가 천균千鈞[2]이나 되는 노弩(돌을 날리는 옛 무기)를 들고 양을 뒤쫓으며 내달렸다고 합니다. 잠에서 깨어난 황제는 무거운 노를 드는 것은 힘[力]이요, 양을 뒤쫓으며 내달린 곳은 목장[牧]이 아닌가 하고 생각했습니다. 그래서 그 주변에 혹시 '역목力牧'이라고 부르는 사람이 없는지 찾도록 했습니다. 그렇게 해몽을 통해 찾아낸 인물이 역목이라는 명장이었다고 합니다. 이는 한 동자가 남쪽 나무를 가리키는 꿈을 꾼 고다이고後醍醐 천황[3]이 구스노키 마사시게楠正成[4]를 불러들여 관직을 주었다는 일화와 통하는 이야기라고 생각합니다.

한 고조 유방이 아직은 신분이 낮아 일개 정장亭長[5]에 지나지 않았던 시절에 한 마리 양을 쫓아가서 그 뿔을 뽑고 꼬리를 떼어버리는 꿈을 꾼 일이 있었습니다. '羊'이라는 글자에서 뿔에 해당되는 부분을 떼고, 또 꼬리에 해당되는 부분을 없애자 '王'이라는 글자가 되었습니다. 이것은 훗날 왕이 될 상서로운 조짐이라는 말을 들었는데, 정말로 후에 관중關中 지역의 왕이 되었고, 마침내 한의 천자가 되었습니다. 이러한 길몽과는 반대로 진晉의 석호石虎는 무리를 지어 있는 양羊이 물고기[漁]를 등에 지고 동북東北에서 오는 꿈을 꾸었습니다. 그래서 불원징佛円澄을 불러 길흉을 물었더니 "양이 물고기를 짊어지고 있는 것은 선鮮입니다. 틀림없이 선비족鮮卑族이 동북쪽에서 공격해올 전조입니다" 하고 대답했습니다. 그후 과연 선비족에서 일어난 모용씨慕容氏가 순식간에 중원을 차지했다고 합니다.

작자 미상 | 임원쌍양도林原双羊圖 | 원대元代 | 쓰촨성四川省박물관

길흉의 영험이 신통하다고 하더라도 양 꿈은 잘 생각해봐야 할 일입니다.

이야기는 재미있습니다만 조금 터무니없는 전설이라는 생각이 듭니다. 하기야 전설이라는 것이 본래 그런 것인지도 모르겠습니다.

모로하시 그렇지만 훌륭한 교훈을 주는 전설도 적지 않습니다. 약간 허식은 섞여 있지만요. 공자가 노나라의 정치에 관여했던 초기의 일입니다.

미未·양 189

노나라에 심유씨沈猶氏라는 교활한 양치기가 있었습니다. 그는 매일 아침 양에게 물을 마시게 하고 그렇게 해서 얻은 묽은 양젖을 많은 시장 사람들에게 내다팔아 큰 이익을 얻고 있었습니다. 하지만 공자가 나라의 정치를 맡게 된 뒤로는 심유씨도 양에게 물을 마시게 하는 것을 멈추었다고 합니다. 공자의 청렴결백함을 두려워했기 때문입니다.

또 다른 이야기로는, 초나라에 직궁直躬이라는 별명을 가진 정직한 사람에 관한 이야기가 있습니다. 자신의 아버지가 이웃의 양을 훔쳤다고 하자 그 사실을 관에 고발하였습니다. 그래서 관이 그의 아버지를 죽이려 하자 직궁은 자신이 아버지를 대신해 죽겠다고 애원하였습니다. 이 사실을 듣고 감동한 초나라 왕은 "아비가 양을 훔치자 그것을 알리는 것 또한 신의가 아니겠는가? 아비를 죽이려 하자 그를 대신하는 것 또한 효성이 아니겠는가?"[6]라고 하며 그 죄를 용서해주었다고 합니다.

공자는 이 이야기를 듣고 "우리 당黨에서 정직은 이와 다르다. 아버지는 아들을 위해 숨겨주고 아들은 아버지를 위해 숨겨준다. 곧음[直]은 바로 그 안에 있는 것이다"[7]라고 가르쳤습니다. 이 가르침에 대해서 말인데, 법치 하에 있는 오늘날에는 이대로 전부 실행하는 것은 물론 허용되지 않겠지만, 그 마음만은 언제까지나 간직하고 싶군요.

사실 부자 관계만이 아니라 예를 들어, 외국과의 교섭을 맡은 사람들이 당파 관계 때문에 강하게 국정을 비난하거나, 나라의 역사를 기술하는 사람이 선조의 미행美行보다 과실의 측면만을 폭로하는 것에 힘쓰는 것은 대체 무슨 이유 때문인지 모르겠습니다. 예로부터 전해지는 '나라의 악함[國惡]을 숨긴다'거나 '아버지를 위해 감춘다'는 마음의 바탕만큼은 여전히 필요하지 않은가 하는 생각이 듭니다.

이번 말씀은 매우 재미있게 들었습니다. 옛 성인과 현자들에 관한 이처럼 다양한 이야기들이 있군요.

모로하시 그렇습니다. 우리들이 소년시절 자주 읽던 《맹자》에도 도살장의 소 이야기가 있습니다. 앞에서도 한번 이야기했는지 모르겠습니다만, 양과 소는 대뢰大牢[8]에 쓰는 식재료였습니다. 신들에게 바치는 희생제물로 늘상 빠지지 않는 것이었지요.

　옛날 제齊나라의 선왕宣王이 어느 날 대전 위에 앉아 있는데 그 아래로 소를 끌고 지나가는 사람이 있었습니다. 그래서 왕이 "그 소는 어디를 가는 것인가?" 하고 묻자 "이제 도살장으로 끌고 가서 혈제血祭를 할 것이옵니다" 하는 대답이 돌아왔습니다. 별안간 측은한 마음이 든 왕은 "멈추어라. 불쌍하구나. 죄도 없는 소를 죽이는 것은 옳지 않은 일이다" 하고 말했습니다. 그래서 소를 끌고 가던 사람이 "그렇다면 혈제를 할 때 불제祓除[9]를 그만두어도 괜찮겠사옵니까?"라고 묻자, 왕은 "아니다. 불제를 그만둘 필요는 없다. 앞으로는 소 대신 양으로 하라"고 답하였습니다.

　이 이야기를 뒤에서 듣고 있던 맹자는 "죄 없는 소가 죽임을 당하는 것이 가엾다면, 죄 없는 양이 죽임을 당하는 것도 가엾지 않습니까?" 하며 양을 동정하며 따져 물었습니다. 그러자 임금은 "나도 내 마음을 설명할 수는 없소. 이는 진실로 무슨 마음인고?" 하며 당황하여 눈을 희번덕거렸습니다. 하지만 사람을 가르쳐 이끄는 데 능했던 맹자는 곧바로 "이것이 곧 인仁을 이루는 기술입니다. 소는 보았지만 양은 아직 보지 않았기 때문입니다"[10]라고 말하였습니다.

　요컨대, 사람은 그가 직접 보고 들은 것에서 느끼는 자비의 정情을 미루어 넓히는가, 아니면 넓히지 않는가에 따라 인애함[仁]과 인애하지 못함

[不仁]으로 갈라지게 된다는 것입니다. 그러므로 "은혜를 미루어나가면 족히 사해四海를 보호할 수 있지만, 은혜를 미루어나가지 못하면 처자도 보호할 수 없는 것"11이라고 이야기합니다.

남북조시대 진陳나라에 왕고王固라는 독실한 불교신자가 있었습니다. 자신의 어머니가 돌아가신 뒤로는 아예 육식을 금할 정도였습니다. 그러던 중 어느 연회에 초대를 받아갔는데 주인이 양을 죽여 요리를 만들려 하자 왕고가 그것을 막았습니다. 그러자 그 양이 왕고 앞에 무릎을 꿇고 눈물을 흘리며 공손하게 감사의 예를 올렸다고 합니다. 양은 왕고는 물론이고 맹자에게도 감사해야 할 것입니다.

《맹자》의 이야기는 저도 중학교 시절에 배워서 기억하고 있습니다. 그러고 보니《논어》에도 비슷한 내용이 있었던 것 같습니다.

모로하시 그런 이야기가 있습니다. 맹자는 양도 죽이지 말라고 했지만 공자는 양을 죽여도 애석하지 않다고 가르치고 있습니다. 옛날 중국에서는 역성혁명이 자주 일어나 새로운 왕조와 이전 왕조의 구분이 확실하지 않았습니다. 따라서 왕조가 바뀔 때마다 역법曆法을 고쳤는데, 새 역법을 사용하면 새로운 왕조를 승인하는 것으로 간주했습니다.

역법은 초하루[朔]를 정하는 것에서 시작하기 때문에 매월 초하루를 알리는 의식이 있었고 그때 양을 희생제물로 사용했습니다. 이것을 '고삭告朔의 희양餼羊'이라고 합니다. 그런데 그 뒤로 그 정신은 사라지고 단지 의식만 남았습니다. 그래서 자공이 그런 의식마저도 그만두는 것이 좋을 것이라고 말하였습니다. 그러자 공자는 이를 제지하며 "너는 그 양을 사랑하지만 나는 그 예(의례)를 사랑한다"12고 하였습니다. 예가 남아 있으면 훗날 그 예의 정신이 부흥할 수 있을 것이라고 생각했기 때문입니다. 일시적으로 중단되었다 할지라도 그 정신을 기초로 부활의 실마리가 되는 것을 '고삭의 희양'이라고 하는데, 바로 이 고사에서 비롯된 것입니다.

《논어》와 《맹자》 모두 양에 관한 교훈이 있군요. 그렇다면 유가에 대항했던 노장학파의 경우에는 어떠했는지 궁금하군요.

모로하시 노자는 양을 예로 들어 도道를 설명한 적이 없는 것 같습니다만, 《장자》에는 두세 차례 나옵니다. '결국은 같은 잘못이다'라는 의미로 "양을 잃어버린 것은 마찬가지다"라고 하는 경우가 있지요. 이 말에는 다음과 같은 배경이 있습니다.

장臧과 곡穀이라는 사람이 함께 양을 쳤는데 두 사람 모두 양을 잃어버렸다고 합니다. 왜 양을 잃게 되었냐고 묻자 '장'은 글을 읽고 있는 사이에 양이 달아났다고 하고, '곡'은 노름을 하고 있는 사이에 양이 달아났다고 하였습니다. 하고 있던 일은 달랐으나 양을 잃어버렸다는 점에서는 마찬가지라는 것입니다.[13] 또 양치기가 해질녘에 양을 우리에 넣을 때는 언제나 가장 뒤쳐져 있는 양을 채찍질하는데, 인간이 양생養生의 도, 즉 생명을 잘 보양하는 길 역시 마찬가지여서 가장 소홀히 하고 있는 점에 유의하여 그 점에 박차를 가할 필요가 있다는 것입니다. 그래서 장자는 "양생을 잘 하는 것은 양을 치는 것과 같다. 뒤쳐져 있는 양에게 채찍질을 하는 것이다"[14]라고 말하고 있습니다.

공자와 맹자, 장자가 모두 양을 인용해서 가르침을 펼치고 있군요. 그렇다면 다른 학자들에게도 그런 예가 있는지요?

모로하시 있습니다. 춘추시대에 양주楊朱라는 학자가 있었습니다. 이웃 사람이 양을 잃어버렸다고 해서 가보니, 여러 사람이 동원되어 양 한 마리를 찾고 있었습니다. 그래서 양주가 "겨우 양 한 마리 때문에 이처럼 많은 사람을 동원하는 것은 어리석은 일이 아닌가?"라고 힐책하자, 이웃사람은 "갈림길의 끝이 다시 갈림길로 이어져 있으니, 적은 수의 사람들로는 양을 찾는 데 충분하지 않습니다"라고 대답하였습니다. 그 이야기를 들은 양주는 웬일인지, 슬픈 듯 근심어린 기색으로 그때 이후로는 웃지도 말하지도 않으며 수일 동안 울적해하였습니다. 왜 그랬는고 하니, 갈림길의 끝에 갈림길이 있는 것은 단지 양이 다니는 길만이 아니라 인생도 모두 그렇다는 것을 깨달았기 때문입니다.

예를 들어, 어느 삼형제가 모두 인의仁義의 도를 공부하고 있었다고 합시다. 맏형은 몸을 사랑하고 이름은 뒤로 하는 것이 인의라고 하고, 둘째는 몸을 희생하여 명성을 이루는 것이 인의라고 하고, 막내는 자신의 몸과 명예를 온전히 하는 것이 인의라고 합니다. 세 사람이 인의를 각기 다르게 해석하고 있지요. "대도大道는 많은 갈림길 때문에 양을 잃고, 학자는 많은 방법 때문에 삶을 잃는다"[15]는 것이 양주가 슬픈 듯 근심한 연유였습니다.[16] 왕육王育의 경우처럼 독서삼매에 빠져 '깜박 잊고 양을 잃어버린 것'은 괜찮지만, 시작은 같으나 그 끝이 달라 '망양기로亡羊岐路', 즉 양을 잃는 갈림길에 빠지는 것은 학자가 크게 경계해야 할 일이 아닌가 합니다.

장자와 양주는 둘 다 도가道家로 봐야 하지 않겠습니까? 양주는 《열자列子》의 편명篇名에도 나오니 말입니다.

모로하시 물론 그렇습니다. 도가는 나중에 신선가神仙家와 습합褶合하게 되는데, 《열선전列仙傳》에 흰 돌이 양으로 변한 이야기가 있어 세간에 자주 전해지고 있습니다.

옛날에 단계丹溪라는 곳에 황초평黃初平이라는 양치기가 있었습니다. 그는 아주 조심성이 많고, 착한 사람이었기 때문에 신선술을 하는 도사가 그에게 가능성이 있다고 보고, 금화산金華山의 석실石室에 데리고 가서 40여 년간 수양을 하게 했습니다. 하지만 그의 고향에서는 황초평의 형이 동생이 간 곳을 찾기 위해 여기저기 수소문을 하고 다녔습니다. 그러다 마침내 금화산에서 동생을 찾아 두 형제는 반갑게 재회하였습니다. 본래 양치기였기에 양이 어떻게 되었는지 염려가 되어 형이 양 이야기를 꺼내자, 초평은 "그렇다면 저와 함께 가보시지요. 틀림없이 양이 있으니까요" 하고 말했습니다. 그래서 동생의 뒤를 따라갔지만 하얀 돌만 있을 뿐 어디에도 양은 보이지 않았습니다. 의아스럽게 생각한 형이 양이 어디 있는지 물어보자 초평이 크게 한번 소리를 질렀습니다. 그러자 그 돌이 수만 마리의 큰 양떼로 변했다고 합니다. 이때는 이미 초평이 신선술에 통달해 있었던 게지요.

이는 《신선전神仙傳》[17]에 전해지는 이야기이지만, 불가佛家의 사람들은 이 일화를 '심경일여心境一如'[18]나 '물아일체物我一體'[19]의 깨달음에 대한 예로 인용하지요. 황초평은 뒤에 이름을 바꾸어 적송자赤松子가 되었다고 합니다.

유쾌한 이야기로군요. 과연 불가에서 이야기할 만한 일화로군요.

모로하시 《신선전》 같은 문헌에 전해지는 전설은 이야기로는 제법 재미

김홍도 | 황초평黃初平 | 18세기 | 국립중앙박물관

있지만 너무 황당무계해서 그럴 듯하다는 생각은 들지 않습니다. 그에 비해 양이 등장하는 이야기 중에 매우 비창悲愴한 느낌을 주는 것이 있는데, 바로 한나라의 명장 소무蘇武의 이야기입니다.

소무는 나라를 위해 흉노족을 정벌하러 갔지만 불행하게도 흉노족에게 잡혀 움막에 갇히게 되었고, 아무것도 먹을 수 없는 지경에까지 이르게 되었습니다. 하는 수 없이 소무는 눈[雪]과 입고 있던 의복의 털실[旃毛]을 섞어서 씹어 먹으며 굶주림을 견뎌냈고, 그 덕분에 며칠 동안 생명을 연장할 수 있었습니다. 그 모습에 놀란 흉노족은 '이자는 신이 아닌가?' 하고 의심을 했고, 그래서 북해北海 부근의 사람이 살지 않는 곳에 보내 양을 치게 하였습니다. 그러면서 "만약 숫양[羝羊]이 새끼를 낳아 젖을 낸다면 너희 나라로 돌려보내주겠다"고 했습니다. 숫양이 새끼를 밸 리가 없기에, 말하자면 결코 돌려보내지 않겠다는 최후의 선고나 마찬가지였습니다. 절체절명의 위기에 빠진 소무는 하는 수 없이 들쥐를 잡아 먹거나 식물의 열매를 끼니 삼아 간신히 이슬 같은 목숨을 이어갔습니다. 하지만 자신에게 닥친 혹독한 상황 속에서도 소무는 한나라 조정에서 하사 받은 '절節'을 끝까지 놓지 않았습니다. '절'이란 장군 같은 이가 나라 밖으로 정벌을 나갈 때 조정에서 받는 지팡이 모양의 물건으로, 전권을 위임 받았다는 중요한 표식입니다.

당시 지난날의 동료이자 친구였던 이릉李陵도 흉노족의 포로가 되어 있었지만, 그는 일찍이 항복하였기에 의식衣食의 걱정 없이 평화로운 생활을 하고 있었습니다. 이릉은 소무를 향해 "인생은 아침이슬과 같거늘 어째서 고통스러운 일을 이와 같이 자초하는가?"[20]라고 하며 자신처럼 항복하라고 권고하였지만 소무는 완강하게 의지를 굽히지 않았습니다.

그렇게 오랜 세월이 지난 뒤에 다행히 한나라 조정에서 사신이 찾아왔습니다. 하지만 흉노족은 처음에는 소무가 이미 죽었다고 사신을 속였습니다. 그런데 그보다 좀 더 일찍 소무가 비단에 편지를 써서 기러기발에 매달아 보낸 것이 상림上林에 도착하여 소무가 큰 연못, 즉 북해 부근에 살아 있다는 것을 알고 있었기에 흉노족의 속임수는 통하지 않았습니다.

그래서 마침내 소무는 그토록 그리던 한나라로 돌아갈 수 있게 되었습니다. 친구 사이였던 소무와 이릉은 하량河梁21에서 서로 작별을 고했다고 합니다.

  소무가 포로가 되었던 것이 효무제孝武帝 천한天漢 원년이고, 고국으로 돌아온 것이 효소제孝昭帝 시원始元 6년이니 무려 19년의 세월이 흘렀습니다. 처음 떠날 때는 홍안紅顔이었지만 돌아올 때는 머리와 수염이 모두 하얗게 되어 있었다고 합니다.

정말 통절한 느낌이 듭니다.

모로하시 이왕 이야기하는 김에 소무를 노래한 이백의 시를 소개해보도록 하지요.

    소무는 흉노족의 땅에 잡혀 있으면서
    십년 동안 한漢나라의 절節을 지녔네.
    흰 기러기가 상림원까지 날아와
    편지를 전한 것도 소용없이 되었고.
    양을 치느라 변지邊地에서 고생하노라니
    지는 해를 볼 때마다 돌아가고픈 마음이 간절했겠지.
    목 마르면 월굴月窟22의 물을 마시고
    배가 고프면 하늘에서 내린 눈을 먹네.
    동쪽으로 돌아가려니 사막의 변방 아득한데
    북쪽의 하수 다리에서는 이릉과의 이별을 슬퍼하네.
    울면서 이릉의 옷자락을 잡고,

서로 마주 보면서 피눈물을 흘렸다네.²³

정말 슬픈 느낌이 드는군요. 그 밖에도 이런 이야기가 있는지요?

모로하시 물론 있습니다. 위진남북조시대는 풍류를 존숭하는 분위기가 한창 무르익던 시대였습니다. 그러므로 자연히 양을 소재로 시나 문장을 지으며 풍류를 즐기는 일이 많았던 것 같습니다.

　본래 양은 대나무 잎을 좋아하고 소금을 좋아한다고 하지요. 진晉의 무제武帝는 후첩이 많았던 왕이었는데, 수천 명의 궁녀들이 서로 무제의 총애를 받으려고 다투었습니다. 그 때문에 결국 무제도 궁녀 간택에 갈피를 잡지 못하다가 양에게 마차를 끌게 해서 그 양이 멈춘 곳에서 침수寢睡를 들기로 했습니다. 그런데 양이 좋아하는 것을 알고 있던 궁녀들은 모두 대나무 잎을 따서 문에 꽂아두어 양이 멈춰 서게 하려고 서로 경쟁을 벌였다고 합니다.

　남조南朝의 반숙비潘淑妃는 미모 때문에 궁중으로 들어오게 되었지만 처음 얼마간은 전혀 왕의 총애를 받을 수가 없었습니다. 그래서 황제가 언제나 양이 끄는 마차를 타고 노니는 것을 보고 자신의 신하들에게 명해 짠 물을 땅에 뿌려두라고 일렀습니다. 이튿날, 아무것도 모르는 양이 그 앞에 다가오자 공교롭게도 발을 멈추고 땅을 핥으며 더 이상 가지 않았습니다. 이 모습을 본 황제는 "양마저도 그대 때문에 배회하니 하물며 사람이야 오죽하겠느냐!" 하며 그 후로는 반숙비를 몹시 총애하였다고 합니다. 왕의 총애를 다투는 것에 대한 옳고 그름은 별도로 하더라도, 양의 습성을 이용해 그 힘을 얻은 궁녀는 꽤나 대단하다고 해야 할 것 같습니다.

그 밖에 또 다른 이야기가 있으면 말씀해주시지요.

모로하시 수隋 양제煬帝 때에도 비슷한 일이 있어 지금껏 전해지고 있지만, 그와는 별도로 조금은 교훈적인 이야기를 해보도록 하지요.
　송릉자朱陵子라는 사람은 청빈한 생활에 만족하며 편안하게 살고 있었습니다. 그런데 어느 날, 위魏의 문후文候가 자신의 부강함에 기대 "자네는 평생 가난뱅이로 살겠구만" 하며 송릉자를 업신여겼습니다. 그러자 송릉자는 "조금만 기다리시지요. 요사이 아흔아홉 마리의 양을 기르고 있는 부자를 보았는데, 그 부자는 어떻게든 한 마리의 양을 더 보태 백 마리로 만들겠다는 열망을 가지고 단 한 마리의 양을 기르고 있는 가난한 이웃 사람에게 백배百拜를 하며 애원을 하더군요"라고 서두를 뗀 다음 "아주 많이 가진 부자가 가난한 사람에게 양 한 마리를 달라고 애원한다면 과연 어느 쪽이 정말 가난한 사람이고, 어느 쪽이 부자인지 구별할 수 없을 테지요" 하고 말했습니다. 그러고는 마지막으로 "부자라 할지라도 부富하지 아니 하고, 가난한 자라 할지라도 가난하지 않은 것이외다"라고 대답했다고 합니다.

그렇군요. 백락천白樂天도 "마음이 풍족하면 몸에 가난함이 있지 않다"라고 읊고 있으니, 세상에서 살아가는 마음가짐으로 삼기에 일리가 있을뿐더러 재미있는 이야기군요.

모로하시 이번에는 공부벌레와 양의 관계에 대해 이야기해볼까요? 앞서 잠깐 이야기한 것 같은데, 진晉나라 사람 왕육王育의 이야기입니다.
　왕육은 젊은 시절 몹시 궁핍해서 언제나 남에게 고용되어 일을 했습니다. 하지만 굉장한 공부벌레여서 자신의 일인 양치기를 하면서도 독서를 게을리 하지 않았습니다. 여느 날처럼 양을 치면서 독서삼매경에 빠져 있었는데, 그 틈을 타 양떼는 한 마리도 남지 않고 모두 달아나고 말았습니다. '아뿔싸! 큰일 났구나' 하고 생각한 때에는 이미 어쩔 수 없는 상황이 되고 말았습니다. 하는 수 없이 자신의 몸을 팔아 양 주인에게 배상을 하려 했습니다. 다행히도 의로웠던 주인은 다시 왕육을 받아들이고 그에게 옷과 음식을 제공하며 오직 공부에만 매달리도록 했습니다. 그래서 마침내 왕육은 경서와 사서를 두루 통달한 대학자가 되었다고 합니다.

요즘 여가를 즐기기 위해 아르바이트나 하고 학교에는 가지 않는 패거리들과는 매우 다른 모습이군요. 양에 관한 여러 가지로 재미있는 이야기, 정말 감사합니다.

제9장_

신申·원숭이

이번에는 원숭이입니다. 일본에서는 '원숭이의 지혜'라고 해서 예로부터 원숭이는 영리한 동물의 대명사인데, 《와쿤노시오리和訓栞》¹에도 "짐승 가운데 지혜가 뛰어난 동물"이라고 할 정도니까 중국에서도 틀림없이 다양한 이야기가 있을 것으로 생각합니다.

모로하시 그런데 조사해봤더니 의외로 이야깃거리가 없어서 조금은 난처했습니다. 언제나 처음에는 글자에 대한 설명부터 했는데, 원숭이를 뜻하는 '猿원'은 앞서 설명한 다른 글자와 달리 상형문자가 아닙니다. '猿원'과는 별도로 '猨원'이라는 글자도 있는데, 이 글자에는 음音과 관련된 다양한 설명이 있습니다. 사물을 곧잘 잡아당기기 때문에 '원猨'이라고 했다든가, 혹은 원숭이의 성질이 '정완靜緩', 즉 조용하고 느긋해서 짐승 '수[犭]' 변에 '爰원'을 쓰며, '爰원'은 '緩완(느긋함)'을 의미한다는 설도 있습니다. 하지만 실제로 원숭이의 성질은 둔하다기보다는 민첩하기 때문에 이 같은 설명은 그다지 맞지 않는 것 같습니다.

'猿원'과 '猨원'은 같은 원숭이를 의미합니까? 일본에서는 원숭이를 뜻하는 '사루さる'와 '마시라ましら'를 완전히 같은 것으로 보지 않습니까?

모로하시 거의 같다고 할 수 있습니다. 하지만 중국에서는 원숭이를 뜻하는 여러 글자가 있고, 게다가 그 각각의 글자에 다소 상이한 설명을 붙이고 있습니다. 예를 들면, 원猨, 후猴, 저狙, 노猱, 확玃 같은 여러 글자들이 있습니다. 이 글자들에 대한 설명을 보면, "원猨은 후猴와 비슷하고 매우 검다" "원猨은 나이가 오백 살이 되면 변해서 확玃이 된다" "노猱는 어미 후猴를 말한다" "후猴는 수명이 팔백 살이다" "후猴는 오백 살이 되면 변해서 노猱가 된다"고 합니다. 연령의 차이나 암수의 구별, 형체의 크고 작음에 따라 각각 그 이름을 붙인 것으로 생각됩니다. 하지만 그러한 명칭들을 완전히 별개의 것으로 인식하지 않고 사용하는 것을 보면, 어느 명칭이든 원숭이임에는 틀림없습니다. 따라서 저는 이 모두를 한 가지로 보고 '猿원'이라는 글자를 사용하도록 하겠습니다.

어떤 글자도 크게 구별되지는 않으니, 猿원자로 통일하는 편이 좋을 것으로 생각합니다.

모로하시 그렇기는 해도 구별을 아주 없애버리면 나중에는 원숭이인지 인간인지 알 수 없게 될지도 모르지요. 《여씨춘추呂氏春秋》에 보면, "개[狗]는 큰원숭이 확玃과 비슷하고, 확은 어미 후猴와 비슷하며, 어미 후猴는 사람과 비슷하다. 그렇다고 개[狗]가 사람과 비슷한가 하면 그렇지는 않다. 자칫 말이라는 것은 여러 번 전해지다 보면, 흰 것이 검게 되기 때문에 잘 살피지 않으면 안 된다"[2]고 훈계를 하고 있습니다. 이러한 훈계를 새기지 않으면, 원숭이인지 사람인지 알 수 없게 되어버릴 것이라는 뜻이지요. 아니, 이건 물론 농담입니다.

어쨌든 원숭이가 사람 흉내를 내는 것은 좋지 않다는 말씀이군요. 그런데 과학적인 근거가 있는지 어떤지 모르겠지만, 진화론에서는 인류의 조상이 원숭이이며, 원숭이가 진화해서 인간이 되었다고 설명하는 사람도 있지 않습니까? 중국에서도 그런 생각이 있었는지 궁금합니다.

모로하시 그렇게 학문적인 이야기는 아니지만,《박물지博物志》[3]에 보면 "원숭이의 수명이 천 살이 되면 변해서 노인이 된다"[4]는 말이 나옵니다. 그렇다면 그 원숭이는 원래 인간의 자손이었는지도 모르겠습니다. 같은《박물지》에 보면, "촉蜀에 서식하고 있는 원숭이는 미모의 부인을 보면 유괴해서 산속으로 데리고 가 아내로 삼는다. 그리고 그 부인이 아이를 낳으면 인간이 된다. 촉 지역의 양楊씨 성을 가진 사람들은 모두 이 원숭이들의 자손이다"[5]라고 씌어 있습니다.

원숭이는 팔이 기다랗지 않습니까? 그건 나무에 기어올라 매달리고 나무와 나무 사이를 건너다니기 위한 자연의 결과일 테지요. 팔이 길면 큰 활을 당기는 데 편리하고 그 때문에 긴 팔을 흔히 '원숭이팔'이라고 하지요.《니혼가이시日本外史》[6]에서는 다메토모爲朝[7]에 대해 기술하면서 "원숭이팔이 활을 잘 쏜다"고 씌어 있었던 것이 생각나는군요.

모로하시 그렇습니다. 그 말은 《한서》의 예에 근거한 것일 겁니다. 앞에서 호랑이[寅]에 대해 이야기할 때 언급한 것으로 생각됩니다만, 한나라의 이광이 돌을 호랑이로 잘못 보고 활을 쏘자 화살이 돌에 박혔다고 할 정도로 명궁이었는데, 그에 대한 기술 중에 "원숭이팔이 활을 잘 쏜다[猿臂善射]"[8]라고 한 대목이 있습니다.

지금까지 이야기해주신 십이지 안에서 보면, 말과 소는 인간 사회에서 생활하는 데 꼭 필요한 존재이고, 토끼나 양은 일을 하는 데에는 역할을 하지 못하지만 그 고기나 털, 가죽 등은 사람들의 삶에 필수품으로 쓰이고 있지요. 이번에 다루는 원숭이는 그런 점에서 어떠한지요?

모로하시 제 고향은 산 속이어서 옛날부터 원숭이 고기를 먹었습니다. 저도 여러 차례 먹어보았는데, 기름기가 있어 상당히 맛이 있습니다. 하지만 중국에서는 대뢰[9]와 소뢰[10]에 개는 들어가지만 원숭이는 들어가지 않습니다.

옛날 초나라에 원숭이 고기를 개고깃국이라고 속여서 팔았던 사람이 있었습니다. 그렇게 속은 사람들이 모두 "맛있다, 맛있다" 하며 즐거워하고 있었는데, 그 뒤에 자신들이 먹은 것이 원숭이 고기라는 사실을 알게 되자 순식간에 토했다고 합니다. 세간에 흔히 있는 예지요. 《회남자》는 이를 두고 평하기를, "이것은 아직 (제대로) 맛을 아는 것이라 할 수 없다"[11]면서 세상 사람들에게 가르침을 주고 있습니다.[12] 일본에도 이렇듯 원숭이가 주인공이면서, 사람들을 훈계하는 이야기가 있는지요?

우선은 '원숭이와 게의 싸움[猿蟹合戰]' 같은 이야기는 어떨까요? 게가 주운 감씨가 큰 나무가 되어 열매를 맺었는데, 덜 익은 것과 잘 익은 것이 있었습니다. 원숭이는 친절을 빌미삼아 나무에 기어올라 잘 익은 열매는 자신이 독차지하고, 심지어는 딱딱한 날감을 게의 등딱지에 던져 죽여버리고 말았습니다. 하지만 그때 새끼를 배고 있던 게는 많은 새끼를 낳았습니다. 나중에 그 새끼 게들은 돌절구와 절구방망이, 벌, 밤과 서로 계획을 도모하여 원숭이를 쳐죽이고 훌륭하게 어미의 복수를 했다는 줄거리로, 권선징악의 의미가 충분히 표현되어 있다고 생각합니다.

모로하시 저도 어릴 때에 자주 들었던 이야기입니다. 일본의 5대 옛날이야기의 하나라고 들은 것 같은데, 언제부터 전해지는 이야기입니까?

아마 헤이안 말기 무렵에 성립된 이야기일 것입니다. 중국에 이와 대비될 만한 옛날이야기가 있다면 어떤 것이 있을까요?

모로하시 《서유기西遊記》이겠지요. 주인공인 원숭이 손오공孫悟空이 동료인 저팔계豬八戒, 사오정沙悟淨과 함께 삼장법사三藏法師를 따라 경문經文을 찾으러 천축天竺(인도)으로 갑니다. 도중에 험난한 일을 수없이 겪고, 요괴들의 방해로 고통을 당하면서도 마침내 목적을 달성하고, 손오공 자신 또한 대오각성 하게 됩니다. 똑같이 권선징악의 이야기지만, 그 규모는 조금 다르지요. 재주가 뛰어난 손오공이 제아무리 천만 리를 날아다녀도 부처님 손바닥 안에 있다는 이야기가 나오는 등 그 내용이 꽤나 재미있지요.
　'원숭이와 게의 싸움'이 일본의 5대 옛날이야기의 하나인 것처럼,《서유기》는 《수호전水滸傳》과 《삼국지연의三國志演義》,《금병매金瓶梅》와 더불어 중국의 '4대 기서' 중 하나로 일컬어지지요.

원숭이도 인간과 마찬가지로 새끼를 몹시 사랑하며, 새끼를 품에 안은 어미 원숭이가 사냥꾼을 향해 손을 모아 애원했다는 이야기가 전해지는데, 중국에도 그와 같은 전설이 있습니까?

모로하시 어느 나라나 마찬가지지요. 등지鄧芝라는 사람이 사냥을 나갔는데, 나무 위에 새끼를 안은 원숭이가 있었습니다. 등지는 재빨리 돌화살을 당겨 어미 원숭이를 쏘아 잡았는데, 새끼 원숭이는 도망가지 않고 어미를 맞힌 돌화살을 뽑고 무언가 약초 같은 것을 그 상처에 발랐습니다. 그 모습을 본 등지는 가슴이 뭉클해져서 손에 잡고 있던 돌화살을 얼른 물속에 던져버리고, 그때 이후로는 결코 사냥을 하지 않았다고 합니다.13

일본에는 '미자루 기카자루 이와자루見ザル聞かザル日わザル'14라고 해서 '사루', 즉 원숭이라는 단어를 모티프로 해서 돌 같은 곳에 '세 마리의 원숭이[三猿, 三ザル]'를 새겨 처세의 길을 가르치려 한 것이 있습니다만…….

모로하시 중국에서 그것과 일치하는 예는 쉽게 생각이 나지 않는군요. 공자가 주나라에 가서 노자에게 예에 대해 물은 일이 있었습니다. 그때 주나라의 태조와 선조들의 묘[后稷]에 참배하였는데, 그곳에 금으로 만든, 이른바 금인상金人像이 세 개 서 있었습니다. 그런데 그 세 금인상은 모두 입을 막고 있었고, 그 뒤에 "옛 말을 삼가는 사람이다"라고 새겨져 있었다고 합니다. 그리고 그 아래에 새긴 글에는 "그것을 경계하라. 그것을 경계하라. 말을 많이 하지 말라. 말을 많이 하면 실패가 많다"라고 되어 있었다고 합니다. 이 모두는 노자와 같은 도교일파의 행위겠지만, 일본의 '세 마리 원숭이'가 뜻하는 바와 비슷한 의미를 가진 이야기가 아닌가 합니다.

산자루三猿 | 17세기 | 일본 도쇼구東照宮

실제의 원숭이는 '이와자루言わざる(말하지 않는다)'가 아니라 "꺄아~꺄아~" 하며 매우 시끄러운 것 같은데요.

모로하시 그 우는 소리도 중국의 시인에게는 소중한 시의 소재가 되었던 것 같습니다. 저는 아직 원숭이가 우는 소리를 들은 적이 없습니다만, 그 소리가 매우 서글플 것 같다는 생각이 듭니다.

중국에는 삼협지험三峽之險이라고 해서 황하의 양쪽 강기슭에 높은 산이 치솟아서 경치가 좋은 곳이 있습니다. 그곳에는 많은 원숭이들이 울고 있어서 예로부터 여행객의 마음을 아프게 했습니다. "파동巴東의 삼협, 원숭이 울음이 슬프네. 원숭이 울음소리 세 번 울리니 눈물 수건을 적시

네."15 "가서 형문荊門에 이르러 삼협에 오르거든, 외로운 달을 가지고 원숭이의 시름을 대하지 말지니."16 "외로운 원숭이 다시 가을바람 속에서 울부짖으니, 시름 있는 사람 아니어도 애가 끓는구나."17 이 같은 글들은 모두 풍류객들의 수려한 시들로 알려져 있습니다.

그 외에 원숭이 특유의 장점이라도 있으면 좀 소개해주시지요.

모로하시 원숭이는 인간을 보는 눈이 밝다고들 합니다. 옛날 초나라 형왕荊王 때 흰 원숭이가 나타나서 왕이 세 번이나 활을 쏘았지만 원숭이는 태연한 얼굴로 나무를 두드리며 장난을 쳤다고 합니다. 그래서 이번에는 활쏘기의 명인인 양유기養由基에게 명해 활을 쏘도록 하였는데, 활을 쏘기도 전에 그 흰 원숭이가 울기 시작하였다고 합니다.18

같은 원숭이라도 흰 원숭이는 나이가 든 원숭이라고 들었습니다. 그러니 자연히 그런 이야기가 전해지는 게 아닐까요?

모로하시 어쩌면 그럴지도 모르겠습니다. 이런 이야기도 있습니다. 춘추시대에 조趙나라 왕이 월越나라의 범려范蠡에게 전쟁술에 대해 물었습니다. 범려가 대답하기를 "아닙니다. 저보다는 오히려 조녀趙女를 부르시는 것이 좋겠습니다. 그녀는 저보다 훨씬 그 기술을 잘 알고 있기 때문입니다"라고 대답했습니다. 그래서 왕은 그 조녀를 불러들였습니다. 부름을 받은 조녀는 왕의 부름을 받아 가는 도중에 애공袁公이라는 노인을 만났습니다. 노인이 "당신의 기량을 꼭 한번 보고 싶소이다"라고 하자, 노인과 조녀는 각기 자신의 비법을 다해 경합을 벌이기 시작했습니다. 그렇게 경합을 벌이는 중에 조녀가 마지막으로 지팡이를 들어 공격하는 순간, 노인은 나무 위에 뛰어올라가 그대로 흰 원숭이로 변했다고 합니다.

본래 동작이 민첩한데다가 나이를 먹어 흰 원숭이가 되었으니 기술이 한층 더 발전한 것이겠지요. 그래서 생각난 것이 있습니다. 제1대 이치가와 단주로市川團十郎[19]가 스스로를 '흰 원숭이[白猿]'로 불렀다는 것입니다. 그것도 어쩌면, 흰 원숭이의 빠른 동작 변화를 가부키에 응용하고자 하는 희망이었는지 모르겠습니다.

모로하시 그러고 보니 일본에서 원숭이와 연극은 많은 관계가 있는 것 같습니다. '사루시바이猿芝居(원숭이 연극)'[20]는 별개로 치더라도 '사루가쿠猿樂'[21]나 '사루와카猿若'[22]도 모두 '사루猿'라는 말이 들어가 있군요. 사루마루노다이후猿丸大夫[23]는 아무래도 연극의 소재가 되지는 않을 테지만요. 사루토비사스케猿飛佐助[24] 등은 닌자忍者들의 대표로서 근래 제가 가장 즐겁게 보고 있는 텔레비전 프로그램의 제목이기도 합니다. 이건 물론 농담입니다만.

사루토비사스케 때문에 생각났습니다만, 오와리나카무라尾張中村의 소작농 출신이지만 자수성가해서 마침내 일본 제일의 다이코太閤[25]가 된 도요토미 히데요시豊臣秀吉[26]는 얼굴이 원숭이를 닮았다고 해서 입이 험했던 오다 노부나가織田信長[27]로부터 "원숭이! 원숭이!" 하는 소리를 들었다고 합니다. '원숭이 얼굴을 닮은 젊은이'를 뜻하는 '사루멘칸쟈猿面冠者'[28]라는 훗날의 호칭이 자칭인지 타칭인지는 알 수 없지만, 어쨌든 원숭이도 다이코 전하를 통해 그 이름이 거론되고 있습니다.

그리고 용맹스런 장수인 가토 기요마사加藤淸正²⁹ 역시 원숭이를 닮은 사루멘칸쟈의 충신이며, 실제로 그 자신이 원숭이를 총애했다고 전해지고 있습니다. 기요마사는 《논어》의 애독가로, 니죠성二條城에서 있었던 도쿠가와 이에야스와의 만남에서 "죽기를 각오하고 도요토미 히데요시의 유복자인 도요토미 히데요리豊臣秀賴를 지켜주려고 애를 썼는데, 사실 그것은 《논어》에 나오는 증자曾子의 말, 즉 "육척六尺의 고아³⁰를 (그 장래를 안심하고) 맡길 수 있고"³¹에 감동했기 때문이라고 합니다.

그런데 어느 날 기요마사가 《논어》를 책상 위에 올려놓은 채 볼일을 보러 외출하자, 그가 없는 사이에 평소 총애하던 원숭이가 언제나 기요마사가 《논어》에 붉은 점을 찍는 것을 보았기 때문인지 흔히 말하는 '원숭이 사람 흉내'를 내듯 마음껏 여기저기에 붉은 칠을 해놓았습니다. 일을 마치고 돌아온 기요마사는 원숭이의 낭자한 행동에 놀라면서도 "너 또한 성인聖人의 길에 마음이 있는 것이냐?" 하면서 쓴웃음을 지었다고 합니다.

모로하시 그러고 보면 똑같이 원숭이와 관련된 장군이지만, 일본의 '사루멘칸쟈'와 '원숭이가 관을 썼다'는 '목후이관沐猴而冠'³²의 항우는 조금 다른 것 같습니다. 진나라가 망하면서 항우는 훗날 한 고조가 된 유방과 세력을 다투었는데, 관중 지역을 먼저 차지한 사람이 패자가 되기로 하였습니다. 그런데 항우의 신하인 한생韓生이 "관중은 산으로 둘러싸인 데다 물을 끼고 있어서 사방이 막혀 있는 요새입니다. 게다가 토지가 비옥하기 때문에 도읍으로 정하기에 안성맞춤이니 빨리 그 땅을 차지해서 패권을 장악하고 업적을 쌓으십시오"라고 진심 어린 권고를 하였습니다.

하지만 항우는 그때 이미 전투에 염증을 느껴 고향으로 돌아가기를 갈망하고 있었습니다. 항우가 그렇게 생각한 것은, 그토록 영화를 누리던

작자 미상 | 비파희원도枇杷戲猿圖 | 북송北宋 | 타이베이고궁박물원

진나라가 불과 삼대도 이어가지 못하고 허망하게 멸망하고만 참담한 모습을 직시하고, 말 그대로 인생의 무상함을 절실히 느꼈기 때문일 겁니다. 그래서 한생에게 답하기를 "부귀를 이루어도 고향으로 돌아가지 못한다면 고운 비단옷을 입고 캄캄한 밤에 다니는 것과 같네"[33]라고 했습니다. 모처럼 비단옷을 차려입었다 할지라도 다른 사람들이 그 모습을 볼

수 없는 밤에 돌아다니는 것은 부질없는 일이 아니겠는가, 하는 말이지요. 이는 왕년에 천군만마를 거느리고 말달리며 그토록 막강했던 진나라를 공격해서 몰아냈던 맹장에게는 전혀 어울리지 않는 말이지요.

따라서 자신이 사람을 잘못 보았나 싶어 어이가 없어진 한생이 "흥, 세간에서 종종 '초나라 사람은 (마치) 원숭이[沐猴]가 관冠을 쓴 꼴이다'라고 하더니 과연 그대로구나. 어리석기 그지없다"[34]고 토하듯이 말을 내뱉었습니다. 이 말을 들은 항우는 광분하여 즉시 한생을 팽사烹死(끓는 물에 넣어 죽이는 형벌)시키고 말았습니다. '아무리 의관을 정제했다 하더라도 원숭이는 원숭이여서 위엄이 없다'는 뜻의 이 말, 즉 '목후이관'은 훗날 내실 없이 외관만을 꾸미는 사람에게 붙이는 형용사가 되었습니다만, 이 말의 본래 의미는 초나라 사람의 성급함을 훈계한 것입니다.

야생의 원숭이가 오랫동안 격에 맞지 않게 사람이 사용하는 관을 쓰고 있으면 갑갑해서 견딜 수 없겠지요. 여기서 '목후'는 초나라 사람들이 쓰던 원숭이의 통칭으로, 특별히 목욕을 한 원숭이라는 의미는 아니라고 합니다.

일본에는 '원숭이에 사모관대猿に烏帽子'라고 해서 그 인격에 걸맞지 않은 언행을 하는 사람을 비유하는 말이 있지 않습니까? 지금 말씀하신 항우의 고사 '목후이관'에서 유래한 것인가요?

모로하시 그건 어떤지 알 수 없지만, 근원이 같은 사상입니다.

그럼 마지막으로 여느 때처럼 원숭이와 관련된 고사와 숙어를 말씀해주시면 좋겠습니다.

모로하시 사실 생각보다 많지 않은 것 같습니다. '어리석은 원숭이가 달을 붙잡다'는 '치원착월痴猿捉月'은 산에 사는 원숭이가 물속에 비친 달을 붙잡으려 한다는 뜻인데, 무지한 사람의 터무니없는 계획을 일컫는 것입니다. 또 '원숭이 굴이 산을 무너뜨린다'는 '원혈괴산猿穴壞山'은 천리의 제방도 개미구멍에서 비롯된다는 뜻으로, 작은 일을 소홀히 하여 큰일을 당하게 되는 것을 비유할 때 쓰는 말입니다.

"초나라 왕이 원숭이를 숲에서 잃어버려, 그 때문에 나무가 파손되었고, 송宋나라 왕이 구슬을 연못 속에 빠뜨려, 그 때문에 물고기가 없어졌다"[35]는 말이 있습니다. 초나라 왕이 총애하던 원숭이가 숲속에서 달아나자 그 원숭이를 찾으려고 이 나무 저 나무 할 것 없이 죄다 베어버려서 나무란 나무는 모두 큰 손상을 입었다고 합니다. 그리고 송나라 왕은 귀중하게 여기던 구슬을 연못 속에 떨어뜨리는 바람에 그것을 찾기 위해 연못물을 말려버려 그 안에 살고 있던 물고기가 한 마리도 남지 않고 모두 다 죽었다고 합니다. 원숭이와 나무는 본래 아무런 관계도 없고, 구슬과 물고기 역시 아무런 관계가 없으나 갑자기 일어난 일 때문에 엉뚱한 대상에 재앙이 미쳤음을 비유한 것입니다.

장자는 노자의 학문을 받아들여 무無의 세계를 실현하려고 노력한 인물로 알려져 있지요. 그의 생각에 따르면 유有란 차별이 있는 것이므로 그 반대인 무는 차별이 없다고 합니다. 그렇기 때문에 그는 선악의 구별도 없고, 정사正邪의 구별도 없다고 설명하면서 그것을 논증하기 위해 두세 가지의 예를 들고 있습니다. 예를 들면, 주거지로서 어떤 장소가 가장 적당한가 하는 문제를 우주에 제시하자, 인간은 습기가 많은 곳은 허리가 아파서 곤란하다고 말했습니다. 그런데 미꾸라지에게 물으니 그렇지 않다고 합니다. 또 나뭇가지에 살라고 하면, 인간은 벌벌 떨며 무서워 견딜 수 없다고 하지만, 원숭이는 예사롭게 여깁니다. 결국 장자는 "원숭이도 (인간처럼) 그러한가!"라고 끝맺고 있습니다.[36] 이 이야기는 무차별의 예에 원숭이를 들어 인용한 것이지만, 옛날과 지금의 시대적 구별에도 원숭이를 들어 인용하고 있습니다.

주공周公은 문왕文王의 아들이자 무왕武王의 동생으로 예악과 문물을 정비한 현인이지만, "만약 그가 입은 의복을 원숭이에게 입힌다면 어떻게 되겠는가? 인간이라면 틀림없이 크게 기뻐할 테지만 원숭이는 그와 반대로 틀림없이 그 옷을 물어뜯고 잡아당겨서 찢어놓을 것이다"[37]라고 하며 당시 사람들을 비웃고 있습니다.

《회남자》에도 원숭이를 인용한 예가 나오는데, "호랑이와 표범의 무늬는 화살을 초래하고, 원숭이의 민첩함은 우리에 갇히는 결과를 초래한다"[38]고 합니다. 이 말은, 호랑이나 표범의 가죽에는 아름다운 무늬가 있지만 그것이 종종 재앙을 일으켜서 활에 맞게 된다는 것입니다. 그리고 원숭이는 동작이 민첩하기 때문에 도리어 우리에 갇히게 된다는 것이지요. 요컨대, 유용하다고 생각되는 것이 도리어 불행의 원인이 된다는 말입니다. 반면에 무용한 사물들의 큰 쓸모에 대해 설명하기를, "원숭이를 우리 안에 두면 돼지와 마찬가지다"[39]라고 하여 그것이 보신保身, 즉 자신을 안전하게 지키는 길이라고도 이야기합니다.

그리고 또 《장자》에는 '조삼모사朝三暮四'[40]라는 유명한 이야기가 나옵니다. 원숭이에게 재주를 부리게 해서 돈을 버는 저공狙公이라는 사람이 있었습니다. 기르고 있던 원숭이에게 "이제부터는 너희들에게 상수리를 줄 터인데, 아침에는 세 개, 저녁에 네 개를 주겠다"고 하자 원숭이들은 이빨을 드러내며 몹시 화를 냈습니다. 그래서 이번에는 "그렇다면 아침에 네 개, 저녁에 세 개를 주겠다"고 하자 원숭이들이 크게 기뻐했다고 합니다.

결과적으로 아무런 차이도 없지만 어리석은 사람은 그때그때 기분에 좌우되어, 때로는 기뻐하고 때로는 화를 내기도 합니다. 따라서 장자는 세간에서 시비를 논의하는 사람들을 훈계하며 "그대들도 기를 쓰고, 입가에 거품을 물며 논의를 하지만 마찬가지 결론에 도달하지 않는가. 마치 원숭이들이 '조삼모사朝三暮四'와 '조사모삼朝四暮三'에 '일희일비一喜一悲' 하는 것과 마찬가지가 아닌가" 하며 꾸짖고 있습니다. 원숭이에 대해서는 이 정도로 해두도록 하지요.

여러 가지로 좋을 말씀을 들려주셔서 정말 감사합니다.

제10장_

유酉·닭

이번에는 닭입니다. 언제나처럼 글자에 대한 설명부터 부탁드립니다.

모로하시 그렇게 하지요. 鷄계와 雞계에 붙어 있는 오른쪽 부분은 새의 모양을 본뜬 상형이라는 것은 잘 아시겠지요. 즉, 鳥조는 鳥에서, 隹추(꿩)는 꼬리가 짧은 새隹에서 만들어진 것입니다. 그리고 변偏, 즉 글자 왼편에 있는 奚해는 이른바 음부로서, '鷄ヶイ'라는 음을 나타내기 위한 것으로 보입니다. 鷄ヶイ라는 음은 어쩌면 의성어인 닭울음소리 '꼬끼오[일본어로는 ヶヶコッコー]'에서 유래한 것인지도 모르겠습니다. 십이지에서 유酉는 술[酒]을 담는 그릇酉의 모양을 본뜬 것으로, 술의 의미로도 사용되는데, 실제 닭과는 아무런 관계도 없고 단지 간지의 경우에만 닭이 됩니다.

그렇습니까? 그런데 동일한 연두年頭라도 유년酉年, 즉 닭의 해라고 하면 어쩐지 그 해의 앞날이 밝을 것 같고, 경기景氣도 좋을 것 같은 기분이 드는데 저만 그런 것일까요? 어쩌면 닭울음소리가 기세가 좋기 때문에 그런 느낌이 드는지도 모르겠습니다.

모로하시 그 점은 저도 마찬가지입니다. 생각해보면 중국에서는 새해 첫날을 '닭의 날[鷄日]'이라고 합니다. 따라서 일반적인 것인지도 모르겠습니다.

새해 첫날, 즉 정월 초하루를 '닭의 날'이라고 하는 데, 여기에 어떤 특별한 이유가 있습니까?

모로하시 특별한 이유가 있는지 어떤지는 잘 모르겠습니다만, 중국에서는 정월 초하루부터 초이레까지 각각 특정한 동물에 배치시키고 있습니다. 즉, 초하루는 지금 말한 대로 '닭의 날', 초이틀은 '개의 날', 초사흘은 '돼지의 날', 초나흘은 '양의 날', 초닷새는 '소의 날', 초엿새는 '말의 날', 초이레는 '사람의 날'로 되어 있습니다.

그래서 그때 무슨 행사라도 있는지요?

모로하시 특별하게 행사라고 할 만한 것은 아니지만 그날에 해당하는 동물, 즉 닭, 개, 돼지 등의 그림을 대문에 붙입니다. 그리고 그 동물이 해당되는 날에는 그 동물을 죽이지 않습니다. 다시 말해, 새해 첫날에는 닭, 초이틀에는 개, 초엿새에는 말을 죽이지 않고, 초이레 '사람의 날'에는 사람에게 형벌을 행하지 않았습니다.

그렇군요. 정월 초하루와 닭은 꽤나 관계가 깊군요.

모로하시 그 때문인지 옛 사람의 시에 보면, 정월에는 닭을 소재로 한 시가 많았던 것 같습니다. 당의 시인이었던 잠삼岑參[1]이 "닭이 자맥紫陌[2]에서 우니 새벽빛은 차갑고, 꾀꼬리는 황주皇州[3]에서 지저귀니 봄 색이 완연하구나"[4]라고 읊은 것을 보면 봄 기분을 충분히 느낄 수 있지요. 제가 처음으로 시 짓는 것을 배울 무렵에는 의미도 알지 못하면서《시어쇄금詩語碎金》같은 문헌의 글들을 인용해서 "황금닭[金鷄]이 새벽을 알리고……" 같은 식으로 문장을 엮어보기도 했습니다.

여기서 말하는 황금닭이란 게 무엇인지요? 단지 닭에 대한 미칭인지요?

모로하시 물론 닭의 미칭에 지나지 않습니다만, 본래 천상계에 있던 것이 인간계로 온 것이었다고도 풀이합니다.

천상계의 닭이 어떻게 다시 인간계로 내려오게 되었는지요?

모로하시 십이지는 모두 본래 하늘의 별에서 나왔다는 것이 중국인들의 최초 발상입니다. 따라서 닭 역시 옥형성玉衡星이 흩어져서 금계성金鷄星이 되고, 그것에서 만들어진 새라고 합니다.

이세伊勢[5]의 다이묘大廟[6]에 가면 닭을 풀어놓고 있는데 그것과도 연관이 있는지요?

모로하시 글쎄, 그건 아닐 겁니다. 하지만 중국도 옛날에는 종묘에 제사를 지낼 때 닭도 양이나 돼지와 마찬가지로 빠뜨려서는 안 되는 것이었는데, 그것을 특별히 '한음翰音'이라고 했습니다. 여기서 '한翰'은 긴 것, 즉 닭울음소리가 길었기 때문에 그렇게 이름을 지은 것입니다. 그리고 황금닭, 즉 금계金鷄라는 말에 오해가 있어서는 안 되기에 하는 말이지만, 금계는 물론 황금으로 만든 닭이라는 의미도 있습니다. 그런 의미의 금계는 대사령大赦令을 발포할 때 장대 위에 올려두고 그 닭의 입에 붉은 깃발을 물리게 합니다. 이는 일반인들에게 대사大赦가 있을 것이라는 사실을 명료하게 알리기 위한 표식으로 삼은 것입니다.

지금까지 말씀해주신 십이지는, 즉 용과 뱀, 혹은 보통의 동물인 소나 말 등에는 어떤 믿음이 늘 결부되어 있는 것을 볼 수 있는데, 닭에도 그러한 믿음이랄까 신앙 같은 것이 있는지요?

모로하시 있습니다. 예를 들어, 마음에 드는 아내를 얻으려고 한다면 수탉의 양쪽 털을 뽑아 태워서 술에 타 마시면 반드시 원하는 아내를 얻을 수 있다든지, 아니면 깊은 우물이나 무덤은 독기毒氣가 나오기 때문에 그 안에 들어가기 힘든데, 그럴 때에는 우선 닭의 털을 우물 속에 던져서 만약 털이 똑바로 내려가면 독이 없다는 증거이고, 털이 사방으로 빙글빙글 돌면 독이 있는 증거라고 말하기도 합니다.

 또 닭은 '다섯 가지 덕[五德]'을 갖추고 있다고 합니다. "머리에 볏을 달고 있는 것은 문덕文德이요, 발에 며느리발톱이 달린 것은 무덕武德이며, 적 앞에서 용감하게 싸우는 것은 용덕勇德이고, 먹을 것을 보면 서로 알려주는 것은 인덕仁德, 밤을 지켜 때를 놓치지 않는 것은 신덕信德"[7]이라

신윤복 | 두 장닭 | 조선시대 18세기 | 국립중앙박물관

고 말하기도 합니다. 본래 이것은 미신이라기보다는 정략에서 나온 말이 겠지요.

누가 한 말입니까?

모로하시 《한시외전韓詩外傳》에 나와 있는 전요田饒[8]의 말인 것 같습니다.

조류 중에서 직접적으로 인간에게 도움을 주는 것을 꼽으라면 역시 닭이겠지요. 무엇보다도 홰를 쳐서 시간을 알리는 것은 다른 새들에서는 절대 볼 수 없는 특징이지요. 게다가 고기의 맛도 좋거니와, 그 내장까지도 요리 재료로 쓰니까요.

모로하시 일본어 '토리とり(새)'가 닭을 가리키게 된 것도 바로 그 때문일 것입니다. 게다가 닭은 고기와 내장만 쓸모 있는 게 아닙니다. 피는 대부가 맹세를 할 때 쓰이고, 뼈는 중요한 점을 칠 때 씁니다. 대체로 큰일을 점칠 때, 천자나 제후는 거북이 등껍질을 사용하지만, 대부 이하는 거북이 등껍질을 쓸 수 없기 때문에 개를 쓰거나 그 다음으로 닭 뼈를 썼다고 합니다.

닭 뼈로 어떻게 점을 쳤는지요?

모로하시 닭 뼈를 태우는 겁니다. 그렇게 해서 닭의 양눈 뼈 위의 구멍이 사람 모양과 비슷하게 되면 길吉하다고 하고, 그렇지 않으면 흉凶하다고 했답니다.

그러고 보니 일본에서도 유키悠紀[9]나 스키主基[10]의 햇곡식을 바칠 땅을 정할 때 닭점을 쳤다고 합니다. 단, 그 방법이 조금 다릅니다.

모로하시 닭의 뼈는 이렇듯 여러 용도로 사용되었습니다. 그리고 날개나 털은 관을 장식하는 데 사용되었는데, 흔히 말하는 '계관鷄冠'이지요. 특별히 수탉의 깃털을 사용한 것은 웅장한 모습으로 위엄이 있어 사람을 움츠러들게 할 수 있다고 보았기 때문입니다. 공자의 제자인 자로子路는 예수의 사도인 바울로 같은 인물로 알려져 있지요. 그가 처음 공자를 만났을 때 거꾸로 공자의 기를 꺾어서 굴복시키려 했는데, 그때 웅계관雄雞冠을 사용했다고 옛 문헌에 나와 있습니다.

그리고 또 한 가지, 계두육鷄頭肉이란 본래 닭의 볏을 말하는 것인데, 그다지 쓸모가 있는 것은 아니지만 미인의 유방을 뜻하는 다른 명칭으로 그 이름이 남아 있습니다. 예의 중국 제일의 미녀인 양귀비가 여산驪山의 온천에서 목욕을 하고 있을 때 일이었을까요? 양귀비가 방금 목욕을 한 뒤여서 한쪽 유방을 드러낸 채 다가오자 그 모습을 좋아한 현종이 유방을 움켜쥐고 "부드럽고 따뜻한 것이 막 털을 벗겨놓은 계두육 같구나"[11] 했다고 합니다. 그 부드러움과 따뜻함이 고스란히 닭 볏을 닮았다는 것이지요. 뭐, 이건 쓸데없는 이야기이긴 합니다만.

양을 다룰 때, 아버지가 양을 훔치자 아들이 그 사실을 고발했다는 직궁의 이야기를 해주셨지요. 유명한 닭 도둑도 없지는 않았겠지요?

모로하시 어차피 유용한 것은 모두 사람들이 탐내기 때문에 자연히 그것을 훔치는 악인도 있기 마련이지요. 직궁의 이야기는 《논어》에 나오는 것인데, 닭 도둑 이야기는 《맹자》에 나옵니다. 송宋나라의 대부인 대영지戴盈之가 조세 징수에 대해 "올해에는 세를 감면하는 것이 어려우니 내년을 기약하자"고 하자 맹자가 그에 대꾸하며 가르쳤다는 예화입니다.

어느 곳에 매일매일 이웃의 닭을 훔치는 사람이 있었습니다. 어떤 사람이 그에게 훈계하기를 "날마다 닭을 훔치는 것은 너무 심하다. 그것은 결코 군자의 도라고 할 수 없다"라고 하자 (그 도둑이) "최소한도로 해서 한 달에 한 번 훔치다가 내년에 그만두기로 하고 기다려주시면 어떻겠습니까?"라고 한다면 당신은 어떻게 생각하시겠습니까? 만약 닭을 훔치는 일이 나쁘다는 것을 안다면 지금 당장 그만두는 것이 도리가 아니겠습니까? 마찬가지로 그대가 세를 감면해주는 것이 좋다는 것을 안다면 내년을 기다릴 필요가 전혀 없을 것입니다.[12]

이런 이야기는 대장성大藏省[13]의 대신들도 들었으면 좋겠다는 생각이 드는군요. 지금 이야기와는 반대인 것 같은데, 이번에는 《공총자孔叢子》[14]라는 책에 나오는 이야기를 해보도록 하지요. '달걀은 훔쳤을지라도 인재를 구한다'는 이유로 허물을 감싸준 이야기입니다.

공자의 손자인 자사子思는 《중용中庸》을 지은 것으로 일컬어지는 인물이지요. 그런 그가 위衛나라에 갔을 때 구변苟變이라는 사내를 장군으로 추천한 일이 있었습니다. 그런데 위의 한 제후가 자사의 추천을 반대하며 "이는 있을 수 없는 일이다. 이전에 관리로 있었을 때 그는 백성들에게 달걀 두 개씩을 부과해서 취한 자이다. 이런 인물이 장군이 되어서는 안 된다"고 하였습니다. 지극히 당연한 지적이라고 해야겠지요. 하지만 자사는 제후의 비판에 대해 "성인이 사람을 쓰는 방법은 마치 동량棟梁[15]이 나무를 사용하는 것과 같다. 그 장점은 취하고 단점은 버리면 된다"면서 다음과 같은 명언을 남깁니다.

기杞나 재梓가 연포連抱라면, 몇 자 정도 썩은 부분이 있다고 할지라도 훌륭한 목수는 (그것을) 버리지 않습니다.[16]

자사가 말한 기와 재는 모두 좋은 나무의 이름이며, 연포는 몇 아름이나 되는 큰 것을 말합니다. 기나 재 같은 좋은 재목에, 게다가 몇 아름이나 되는 큰 나무라면 설령 그 나무에 썩은 부분이 몇 자 있다 해도, 만약 명인이라 할 만한 목수라면 그것을 버리는 일은 없을 것이라는 의미이지요. 이 역시 일리가 있는 말이지요. 다른 사람의 위에 서는 사람은 때로 이와 같은 관대함이 필요하지 않을까 합니다. 요컨대, 닭은 그 자체로 전부 유용할 뿐만 아니라, 누군가가 훔치거나 빼앗아가도 사람들에게 교훈을 남기고 있는 셈이지요.

어리석은 질문이라고 생각합니다만, 언제부터 사람들이 닭을 키우게 되었는지요?

모로하시 도리어 제가 여쭙고 싶은 질문이군요. 중국에서 가장 오래된 문헌이라는 《시경》에 이미 닭에 대한 시가 나옵니다. 그리고 그 대부분이 '닭이 울었으니 빨리 일어나라'는 내용으로, 새색시가 남편을 격려하거나 훈계하는 내용으로 새길 수 있겠습니다. 그런 시 중 하나로 닭 울음, 즉 '계명鷄鳴'이라는 명시가 있습니다. 이 시는 슬기로운 왕비가 쇠파리 소리를 듣고는 닭이 운 것으로 오해해 닭도 울었으니 빨리 조정에 나가라고 남편에게 권하는, 그녀의 사랑스러운 정情을 기술한 것입니다. 옛날에는 동이 트기 전부터 조정朝廷에서 집무를 시작했다고 합니다. 조정의 조朝란 본래 그런 의미입니다.

아침 10시가 넘도록 출근하지 않는 공직자들이 수두룩한 오늘날과는 매우 다르군요. 그런데 그 시는…….

모로하시 조금 길지만 시에 대해 이야기해볼까요? 이 시는 본래 침실에서 부부가 다정하게 주고받은 이야기입니다.

말씀해주시지요.

모로하시 그럼 대체적인 요지만 이야기해보도록 하지요. 먼저 왕비가 "닭이 벌써 울었사옵니다. 조정이 가득 찼나이다"라고 합니다. 이 말은 '닭도 울었으니, 조정에 관리들로 가득 할 것입니다. 어서 일어나십시오'라는 말입니다. 그런데 닭의 울음소리라고 생각했던 것이 사실은 쇠파리 소리로, 왕비가 착각한 것이었습니다. 쇠파리 소리와 닭 우는 소리는 잘못 들을 수 없을 것 같습니다만, 제가 예전에 만주에서 실제로 쇠파리 떼를 경험한 적이 있어서 생각해보니, 옛날에는 실제로 그런 일이 있었을지도 모른다는 생각이 듭니다. 또 왕비가 이렇게 실수를 했지만, 남편을 깨워 조정에 나가게 하려는 열의를 엿볼 수도 있다는 생각이 듭니다.

하지만 드디어 날이 밝고, 정원에서 작은 새의 소리도 들려옵니다. 그래서 다시 왕비가 말했습니다. "당신과 단 꿈을 함께 하고 싶지만, (조정에) 모인 관리들이 정말 돌아가버리면 어쩌지요. 여러 사람들이 저 때문에 당신 미워하게 하지 마세요." 이 말은 '당신과 언제까지나 단 꿈을 꾸고 싶은 마음이 태산 같지만, 당신이 너무 늦게 출근하면 조정에 모여 있는 관리들이 모두 돌아가버릴 것입니다. 그렇게 되면 모여 있던 관리들이 당신을 미워하게 될 것이고, 그 원인을 따지면 옆에 있던 제 불찰이 되니 제발 좀 일어나 빨리 출근하세요'라고 하는, 정말 아름다운 왕비의 마음가짐이지요. 이 시를 근거로 해서 한 나라의 군주가 현명한 부인의 내조를 받는 것을 '계명지조鷄鳴之助(닭 울음의 도움)'라고 하지요.

정말 사랑스러운 시군요. 요즘 갓 결혼한 신부들은 어떻습니까? 남편이 출근한다고 해도 오히려 붙잡을지도 모르겠습니다. 여성이 상당히 강해졌다고 하니…….

모로하시 자, 그 이야기는 이쯤에서 그만두지요. 하는 김에 시를 하나 더 소개하지요. '여왈계명女曰鷄鳴'[17], 즉 '아내가 닭이 운다고 말하네'라는 제목의 시입니다. 앞의 시와 마찬가지로 젊은 사냥꾼 부부가 침실에서 주고받는 이야기입니다.

이 시 역시 아내가 먼저 "닭이 우네요"라고 말하며 남편을 깨우는데, 남편은 아직 잠이 깨지 않아 "어둡지 않소?"라며 아직 동이 트기 전이라고 말합니다. 그러자 아내는 다시 한번 남편을 깨우며 "일어나 밖을 보세요. 샛별이 반짝여요. 산이랑 들이랑 다니며 오리랑 기러기랑 잡을[弋] 수 있겠어요"라고 말합니다. 여기에서 '잡는다'는 의미의 '익弋'은 활에 실을 매서 쏘는 옛 활쏘기 기법입니다. 이 구절 뒤에 아내는 다시 "오늘 잡은 것이 많으면, 저는 맛있는 요리를 만들겠습니다. 반드시 그때는 거문고 타는 소리도 가락이 매우 조화로울 것입니다. 또 만약 당신이 친하게 지내는 친구를 모시고 온다면, 그분께는 제가 소중히 여기는 패옥佩玉을 드리오리다"라고 합니다. 아래는 원문의 일부입니다.

아내가 말하길, 닭이 우네요.
남편이 말하길, 어둡지 않소.
……
마땅히 요리 만들어, 여기 술 마시며
그대와 함께 해로하리라.

거문고[琴瑟]가 옆에 있으니
고요하며 좋지 않을 것이 없으리.
당신이 그분들을 뫼시는 것을 알면,
여러 가지 패물을 그들에게 바치겠나이다.

이것이 2천여 년 전의 시입니다.

정말로 먼 옛날의 아름다움이 있는 시로군요. 제가 어려운 문자는 모르지만, 그 순수한 감정만큼은 충분히 헤아릴 수 있을 것 같습니다.

모로하시 《시경》이 문자는 좀 어렵지만, 그 내용이 주로 민족의 가요나 국풍가國風歌이니까 누구든 어렵지 않게 알 수 있지요. 마치 《만요슈万葉集》가 쉬운 풍속적인 노래들을 어려운 만요카나万葉仮名로 쓴 것과 비슷하지요. 게다가 소박한 정서를 있는 그대로 표현했기 때문에 사람을 감동시키는 힘이 오히려 더 큰 것 같습니다.

좀 다른 이야기입니다만, 모두 닭 울음소리를 소재로 하고 있는 것 같은데…….

모로하시 닭은 울음소리가 가장 중요합니다. 그래서 맹자도 "닭이 울면 일어나 부지런히(목숨 걸고) 선한 일을 하는 사람은 순舜 임금의 무리이다. 닭이 울면 일어나 부지런히 이익을 도모하는 것은 도척盜跖의 무리이다"[18]라고 하여, 군자와 소인의 구별은 닭이 우는 그때부터 정해지는 것이라고 이야기합니다.

그렇지만 물론 닭이 먹을거리로 등장하는 이야기도 많겠지요?

모로하시 닭전골을 먹었다든가 하는 이야기는 문헌에 그다지 많이 나오지 않지만, 물론 식용으로 많이 쓰였던 동물인 것만큼은 확실합니다. 혹시 닭을 먹었다는 최초의 이야기가 무엇인지 아십니까? 공자가 닭을 먹었다는 이야기도 나옵니다만.

그 내용이 《논어》에도 나옵니까?

모로하시 그렇습니다. 《논어》입니다. 공자는 56~57세부터 68~59세까지 세상을 구하고자 천하를 주유했습니다만, 혼란과 분열이 극에 달했던 당시의 제후들은 그 어디에서도 공자의 말을 온전히 받아들이려 하지 않았습니다. 또한 당시는 어지러운 세상 속에서 궁극적인 진리를 추구하며 은둔생활을 하던, 이른바 은자隱者라고 하는 사람들도 있었습니다. 이 사람들은 바른 사람들이었지만, 공자처럼 세상을 평정하기 위해 동분서주하는 것은 어리석은 짓이라 해서 딱하게 여겼습니다. 그래서 그들은 때때로 공자를 차갑게 비난하거나 훈계하지요. 하지만 공자는 세상이 혼란하면 혼란한 만큼 세상을 구하지 않으면 안 된다는 간절한 열정을 지니고 있었습니다. 그래서 공자와 은자 사이에 문답이 전개됩니다.

그 문답이라는 것은 어떤 것인지요? 그리고 그것이 닭과 어떤 관계가 있다는 말씀이신지요?

모로하시 닭과의 관계는 한 은자가 공자의 제자에게 닭 요리를 해주었다는 것뿐입니다. 하지만 그 안에 나오는 공자와 은자의 관점도 재미있고, 게다가 세상을 구하고자 하는 공자의 열정도 드러나 있어서 충분히 의미가 있을 것으로 생각합니다.

공자가 천하를 두루 다니고 있을 때의 일입니다. 공자의 제자인 자로가 무슨 사정인지 조금 뒤처지게 되었습니다. 공자를 뒤쫓아가서 따라잡으려 하는데, 그때 한 노인이 광주리를 지고 걸어가고 있었습니다. 그래서 자로가 그 노인에게 "당신은 선생님(공자)을 보신 적이 있으십니까?" 하고 묻자, 그 노인은 공자를 선생이라고 부르는 것이 무척이나 불만스러웠는지 "선생이라니. 그 남자는 오곡五穀을 나누어 심는 법도 모르는 무위도식하는 인물이 아닌가?" 하며 매우 언짢은 듯 아예 대꾸조차 하지 않으려고 하였습니다. 그래서 자로는 '이 사람이 혹시 은자가 아닌가' 하는 생각에 함부로 대해서는 안 된다고 판단하고, 정중하게 두 손을 모으고 서서 예를 갖추었습니다. 그러자 그 태도에 기분이 좋아진 은자는 "자, 우선, 우리 집에 가는 것이 좋겠소" 하며 자신의 집으로 데리고 가서 하룻밤 머무는 것을 허락하였습니다. 그리고 그날 저녁식사 때에 닭을 잡고 기장밥을 대접하였습니다. 닭과의 관계는 단지 이것뿐이지만, 그 다음 이야기가 재미있습니다.

그 다음날 공자를 뒤쫓아간 자로는 전날 사건의 자초지종을 이야기했습니다. 그 이야기를 들은 공자는 "그분은 은자임에 분명하다. 무시해서는 안 되네. 다시 돌아가 그분을 찾아뵙게나" 하고 말했습니다. 그래서 자로는 다시 돌아가 그 집을 방문했는데, 그때는 이미 은자의 모습을 찾을 수가 없었습니다. 아마도 공자 일행이 다시 올 것으로 예상하고, 그것을 번거롭게 여겼던 거지요. 맥이 풀린 자로는 다음과 같이 혼잣말을 중얼거렸다고 합니다.

> 벼슬을 하지 않는 것은 의가 없는 것이다. 장유長幼의 예를 폐할 수 없거늘, 어찌 군자의 의를 없앨 수 있겠는가? 자기 한 몸을 고결하게 하고자 하려다 더 큰 윤리를 어지럽히는 것이다. 군자가 벼슬을 하는 것은 그 대의大義를 행하는 것이다. 도가 행해지고 있지 못한다는 것은 이미 알고 있다.[19]

이 말의 뜻을 잘 아실 것으로 생각합니다만 굳이 설명을 하면, 은자는 더러움이 많은 지금의 세상에서는 벼슬을 하지 않겠다고 생각하겠지만, 그렇게 되면 군신의 대의라는 중요한 인륜을 부정하는 것이 될 수 있다는 것입니다. 세상에서 행해지는 장유유서를 폐해야 하는 것이 아니라면, 어째서 인륜 최대의 대의인 군신의 도를 폐해도 좋은가 하고 묻는 것이지요. 은자는 혼탁한 세상에서 벼슬을 하지 않고 자기 한 몸의 결백을 보유한다고 하겠지만, 그것이 오히려 인간의 윤리를 깨뜨리는 게 아닌가 하는 것이지요. 그들이 세상의 혼탁함을 알면서도 감히 벼슬을 하려 하는 것은 이러한 대의를 행하고자 하는 열의에 따른 것이라는 겁니다. 다만, 당시 세상에 도가 행해지고 있지 않음은 그들도 잘 알고 있다는 것입니다. 진정 비장한 느낌을 금할 수 없는 장면이지요.

《논어》에는 이외에도 공자와 은자 사이의 문답이 나와 있는데, 공자는 언제나 이러한 태도를 취합니다.

말씀을 듣고 있으니 온 몸에 긴장감이 도는 듯합니다. 훌륭한 가르침이라 아니할 수 없군요. 지금까지 닭 울음소리와 닭 요리에 대한 말씀을 해주셨는데, 이번에는 닭싸움, 즉 투계鬪鷄 놀이에 대해 말씀을 해주시지요. 오늘날 일본에서도 투계를 하고 있는 것으로 알고 있는데, 역시 그 근원은 중국이겠지요?

모로하시 그렇습니다. 춘추시대에도 이미 닭싸움이 있었던 것 같습니다. 《논어》에 자주 나오는 노나라의 삼환三桓, 즉 환공桓公에서 갈라져 나온 세 권문세가인 맹손孟孫과 숙손叔孫, 그리고 계손季孫의 한 사람으로 계평자季平子라는 남자가 있었습니다. 그는 대단한 세력가인 동시에 제멋대로 행동하는 사람이었는데, 마침 그의 이웃에 그와 마찬가지로 상당한 세력가인 후소백郈昭伯이라는 사람이 살았습니다.

그런데 이웃사촌인 두 집안의 닭들이 싸움을 하였습니다. 닭들 사이에서 자연스럽게 일어난 싸움인지, 아니면 사람이 하게 만든 투계鬪鷄인지 잘 알 수 없지만 사마천의 《사기》에는 "투계鬪鷄"라고 씌어 있습니다. 그때 후씨 쪽은 금거金距라고 해서 발톱에 날카로운 금속도구를 달아서 무기로 삼았고, 계평자 쪽은 개계介鷄라고 해서 닭 가슴에 갑옷 같은 것을 입혔다고 합니다. 혹자는 개계가, 날개 속에 고추를 숨겨두었다가 그것으로 상대의 눈을 멀게 하는 것이라도 합니다. 하여간 양쪽 모두 은밀하게 교활한 책략을 사용했습니다. 이 닭싸움이 발단이 되어 양가 사이에 큰 싸움이 일어났는데, 이때 노나라의 군주가 후씨 편을 들었다고 해서 이번에는 계씨가 군주를 상대로 맞서 싸우게 되었습니다.[20] 이 일이 바로 지금 우리가 말하는 투계의 기원인지 어떤지는 잘 모르겠지만 말입니다.

워낙 닭이 싸움에 빠른 동물이니까요. 그렇긴 해도 계평자나 후소백 모두 금거나 개계 같은 술수를 썼다는 면에서 보면 전혀 페어플레이를 하지 않았다고 해야겠군요.

투계도鬪鷄圖 | 명대明代 | 목간본

모로하시 그렇습니다. 옛날 닭싸움은 교활한 방법도 썼던 것 같습니다. 《장자》에 나오는 이야기인데, 옛날에는 투계를 할 때 닭 머리에 너구리 기름을 발랐다고 합니다. 왜냐하면, 닭은 본래 너구리를 무서워하기 때문에 이쪽 편 닭의 머리에서 너구리 냄새가 나면 그것만으로도 상대편은 기가 꺾여서 항복을 하고 만다는 것입니다.

어느 쪽이든 유치하고 비겁하다는 생각이 드는군요. 그다지 칭찬할 만한 이야기는 아닌 것 같습니다.

모로하시 그런데 이러한 닭싸움을 통해 인간 세상의 교훈을 발견한 인물도 있습니다. 《장자》와 《열자》에 모두 나오는 '목계木鷄' 이야기[21]가 바로 그것입니다.

주나라 선왕宣王은 닭싸움을 매우 좋아해서, 기성자紀渻子라는 사람에게 투계 훈련을 맡겼습니다. 기성자의 솜씨를 보고 싶었던 선왕은 열흘이 지나자 "이제 싸움을 시켜도 되겠는가?" 하고 물었습니다. 하지만 기성자는 "아직 아니 되옵니다" 하고 대답했습니다. 그 이유로, 그 닭에는 어딘지 모르게 거만하게 거들먹거리며 으스대는 측면이 있기 때문이라고 했습니다. 그래서 다시 열흘이 지나고 나서 왕이 묻자, "아직 아니 되옵니다"라고 대답했습니다. 상대편 닭을 질시하고 너무 기가 왕성하기 때문이라는 겁니다. 또 다시 열흘이 지나고 나서 왕이 묻자, 그제야 비로소 기성자는 "이번에는 싸움을 시켜도 좋을 것 같사옵니다. 상대편 닭이 소리를 높여도 이 닭은 조금도 동요하지 않기 때문입니다"라고 대답했습니다. 그래서 왕이 그 닭을 보니, 마치 나무로 만든 닭처럼 그 어떤 표정도 그 어떤 감정의 동요도 없는 상태가 되어 있었다고 합니다.

사실 인간 세상의 일들과 맞닥뜨리다 보면 남을 이기려고 하는 마음을 완전히 없앨 수는 없습니다. 경쟁심이 있기 때문에 당연히 적도 생기기 마련입니다. 따라서 경쟁심을 완전히 없애면 싸움을 거는 적도 자연히 없어지게 된다는 것이 이 목계 이야기에서 얻을 수 있는 교훈이 아닌가 합니다.

말씀하신 바에 따르면 투계는 춘추전국시대, 혹은 멀게는 주나라 때부터 시작된 것 같은데 그것이 지금까지 계속 이어져온 것입니까?

모로하시 아마 그럴 겁니다. 《한서》에는 왕봉선王奉先이라는 인물이 투계를 좋아했다고 나와 있으며, 또 당 현종은 특히 이 '유희遊戱'를 좋아해서 투계를 기르는 장소를 '계방鷄坊'이라고 이름 짓고, 장안성에서 천 수백 마리의 수탉을 구해 어린아이 500명에게 이 닭들을 기르게 했다는 기록이 남아 있습니다. 그 뒤의 일은 조사해보지 않아 어떻게 되었는지는 잘 모르겠습니다. 그런데 일본에서는 언제부터 투계가 시작되었는지 아시는지요?

옛날에 '토리아와세鷄合わせ(닭싸움)'라고 해서 3월 3일에 세료덴淸凉殿[22]의 남쪽 계단에서 행해졌다고 합니다. 궁중행사가 아니었나 합니다. 그런 행사가 민간에서 일반적으로 행해지게 된 것이 언제부터였는지는 정확하게 알기 어렵습니다. 결국 닭은 우는 것도 울지 않는 것도 모두 교훈을 주는 재료가 되는 것 같습니다만, 그 반면에 '계명구도鷄鳴狗盜[23]의 무리'라고 해서 그다지 좋지 않은 의미로 쓰이는 경우도 있었던 것으로 기억됩니다. 그런데 이러한 것에는 어떤 고사들이 있을까요?

모로하시 전국시대 제齊나라에 맹상군孟嘗君이라는 사람이 있었습니다. 그는 초楚나라의 춘신군春申君 등과 더불어 '사군四君'[24]이라고 일컬어지는 인물 중 한 사람으로 식객食客이 늘 수천 명일 정도로 제후들 사이에서 그 명성이 높았습니다. 그 때문인지 진秦의 소왕昭王은 맹상군의 영리함을 두려워해 책략을 써서 그를 잡아 죽이려 했습니다. 그러자 맹상군은 소왕이 총애하는 부인의 비위를 맞춰가며 도움을 구했습니다.

부인은 "당신이 가지고 있는 호백구孤白裘25를 주면 원하는 바를 들어주겠소"라고 말했습니다. 하지만 호백구는 이전에 소왕에게 바쳤기 때문에 이미 맹상군의 수중에는 없었습니다. 그런데 다행히도 3천 명의 식객 중에 개처럼 기어가는 모양새로 좀도둑질을 하는 데 능란한 영리한 노비가 있었습니다. 그래서 그 노비가 소왕의 창고 안에 몰래 들어가서 호백구를 훔쳐 부인에게 바쳤습니다. 부인은 기뻐하며 소왕에게 조언을 하여 맹상군이 마침내 난관에서 벗어날 수 있었습니다.

그런 뒤에 맹상군은 이름을 바꾸고 한밤중에 함곡관函谷關까지 도망을 쳤습니다. 그런데 함곡관 관문의 규정은, 닭이 울지 않는 동안은 문을 열지 않는다는 것이었습니다. 우물쭈물하다가는 소왕이 보낸 추격자들에 쫓겨 낭패를 보게 될까 몹시 난처해하고 있었는데 다행히도 닭 우는 소리를 아주 잘 흉내 내는 사람이 있어 그 덕분에 보기 좋게 호구虎口에서 빠져나올 수 있었다고 합니다. '구도계명狗盜鷄鳴', 즉 그 당시의 패거리는 모두 오늘날의 건달과 비슷한 자들이겠지요. '계명구도의 무리'라는 말은 바로 이 고사에서 생겨난 것입니다.26

'닭 우는 소리는 속일 수 있어도 세상에서 맞닥뜨리는 고비의 관문은 피할 수 없다'는 고사로군요. 하여간 닭은 유용한 동물인 듯합니다.

모로하시 그만큼 인간 삶에 도움이 되는 닭이지만, 그와는 반대로 그다지 도움이 되지 않거나 남이 알아챌 수 없을 만큼 나쁜 사람을 비유할 때 '군계일학群鷄一鶴' 혹은 '계군지일학鷄群之一鶴' 같은 말을 쓰기도 합니다. 이 경우에 학만이 빼어난 것으로 간주되고, 닭은 평범한 존재로서 취급되지요. 사실 학과 닭을 비교하면 어쩔 수 없는지도 모르겠습니다. 이 말은 일본에서 널리 쓰이지만, 중국의 옛 문헌에서는 찾아볼 수 없습니다. 다만, 《진서晉書》에 "양양하기가 마치 학이 닭의 무리[群鷄]에 있는 것 같다"[27]는 말이 나오는데, 혹시 이 말이 그 기원인지도 모르겠습니다.

이왕 말씀을 하신 김에 닭에 관한 숙어나 고사를 조금 더 알려주시지요.

모로하시 "닭을 잡는 데 어찌 소 잡는 칼을 쓰겠는가?"[28] 하는 말이 있습니다. '작은 일을 하는 데 큰 도구는 필요 없다. 혹은 사소한 일을 처리하는 데 위대한 인물은 필요 없다'는 의미로 흔히 쓰는 말이지요.

공자의 제자인 자유子游가 무성武城 지방의 지방관[代官]을 하고 있을 때, 스승이 제자가 다스리는 모습[治積]을 보고 싶어서인지 그곳을 찾았습니다. 그런데 시골에 어울리지 않게 현가絃歌 소리가 들려왔습니다. 현가는 오늘날의 노래나 샤미센三味線[29]과는 달리 학문 하는 것을 말합니다. 옛날에는 독서를 할 때 거문고를 타고 소리를 길게 하여 글을 외우고 읽었습니다. 그래서 공자는 크게 기뻐하며 "이처럼 작은 땅을 다스리는 데 훌륭한 학문을 하는 것이 아깝구나" 하며 "닭을 잡는 데 어찌 소 잡는 칼을 쓰겠는가?"라고 했습니다. 물론 농담이 섞인 말이었지만, 고지식한 제자는 그렇게 받아들이지 않고 "작은 읍을 다스린다 해도 어찌 학문이 필요 없겠습니까? 그렇다면 평소 선생님의 가르침과는 다르지 않습니까?" 하며 정색을 하고 나섰습니다. 그러자 공자는 조금은 당황해하며 "아니, 자네 말이 맞네. 좀 전에 내가 한 말은 농담일세"라고 말했다고 합니다. 흐뭇한 공문孔門 교육의 한 장면이지요.

이 이야기는 《논어》에 실려 있지 않습니까? 《논어》 하면 그저 딱딱하고 융통성 없는 옛날 책 정도로만 생각하는데, 이렇게 여유작작한 부분도 있군요.

모로하시 그렇습니다. "기수沂水에서 목을 씻고, 무우舞雩에서 바람 쐬다가 시를 읊으며 돌아오겠습니다"[30] 같은 글은 천고에 다시없는 풍류의 글귀이지요.

그에 관한 말씀은 다른 기회에 듣기로 하고 닭에 관한 숙어가 있으면 좀 더 소개해주시지요.

모로하시 훨씬 앞에서 잠깐 이야기한 것으로 생각합니다만, '암탉이 새벽을 알리면 그 집안이 삭막해진다'는 말은 '암탉이 새벽 시간을 알리면 그 집안이 망한다'는 뜻입니다. 남녀가 평등한 오늘날에는 어울리지 않는 말입니다만, 부인이 남편 일에 주제넘게 나서면 보탬이 되기보다는 오히려 가정을 망하게 하는 원인이 된다는 의미입니다. 그 적절한 예로 은나라의 주왕을 들 수 있지요.

주왕은 부인 달기의 말에만 귀를 기울여 국정을 혼란시켰을 뿐 아니라 결국 나라를 망하게 하지요. 주나라의 무왕武王이 목야牧野에서 은의 대군을 물리침으로써 결국 은나라는 멸망의 길을 걷게 되는데, 무왕이 정벌에 나설 때 온 천하 사람들을 모아놓고 맹세한 것을 적어놓은 〈목서牧誓〉[31] 속에 바로 이 이야기가 나옵니다.[32]

'계륵鷄肋'이라는 말도 있습니다. '닭의 갈비뼈'를 말하는 것으로 별 도움은 되지 않지만 그렇다고 해서 버리기는 아깝다는 의미입니다. 자신의 시문집 같은 글 등에 겸손하게 '계륵'이라고 이름을 붙이는 사람도 있습니다. 삼국시대 위의 조조가 한중漢中지역을 차지할까 버릴까 망설일 때 양수楊脩라는 수하가 그 생각을 읽고 "무릇 계륵은 버리자니 아깝고, 먹자니 얻을 것이 없다"[33]고 했던 것이 바로 이 말의 기원입니다.

이외에도 숙어를 찾아보면 '닭 집에 봉황의 음식'을 말하는 '계서봉황식鷄棲鳳凰食'은, 닭이나 살 것 같은 지저분한 둥지에서 봉황이 식사를 한다는 뜻으로, 충신이 죄인과 같은 대우를 받는 것을 비유하는 말입니다. '닭과 돼지가 같이 어울린다'는 '계돈동사鷄豚同社'는 시골 사람들이 이 사람 저 사람 구별 없이 계契를 이루어 친목을 도모하는 것에 대한 비유입니다. 또한 '닭과 집오리가 음식을 놓고 다툰다'는 '계목쟁식鷄鶩爭食'[34]은 범부들이 서로 다투는 것을 비유하는 말입니다. 그리고 '닭 가슴에 거북이 등'을 뜻하는 '계흉구배鷄胸龜背'는 배가 불쑥 나오고 고양이처럼 등이 굽은 사람을 표현하는 말입니다.

좀 다른 이야기지만 조선, 즉 지금의 한국을 '계림팔도鷄林八道'라고 하지 않습니까? 한국과 닭 사이에 무슨 관계가 있는 것인지요?

모로하시 사실은 얼마 전에 다른 분에게 똑같은 질문을 받은 적이 있습니다. 그때 찾아봤더니 '계림鷄林'이라는 말이 원래 신라의 다른 이름이었는데, 후에 한국 전체를 지칭하는 이름이 된 것 같습니다.

신라의 왕이 어느 날 밤, 숲속에서 닭소리가 들려오는 것 같아 다음날 호공瓠公이라는 신하에게 알아보게 하였습니다. 금색의 작은 궤가 나무에 매달려 있고, 그 속에 용모가 대단히 훌륭한 어린아이가 있었습니다. 그래서 왕은 크게 기뻐하며 그 아이를 신이 자신에게 후손을 준 것이라고 여기고 '어린아이'라는 의미의 '알지閼智'라는 이름을 붙였습니다. 이러한 인연으로 닭소리가 난 숲, 즉 계림을 신라의 국호로 삼았고, 결국 그것이 한국 전체의 명칭이 되었다고 합니다. 계림팔도의 팔도는 물론 강원도, 경상도, 평안도, 황해도, 경기도, 충청도, 전라도, 함경도를 말합니다.

그럼 닭에 대한 이야기는 여기에서 끝마치도록 하지요. 오랜 시간 좋은 말씀을 들려주셔서 감사합니다.

제11장_

술戌・개

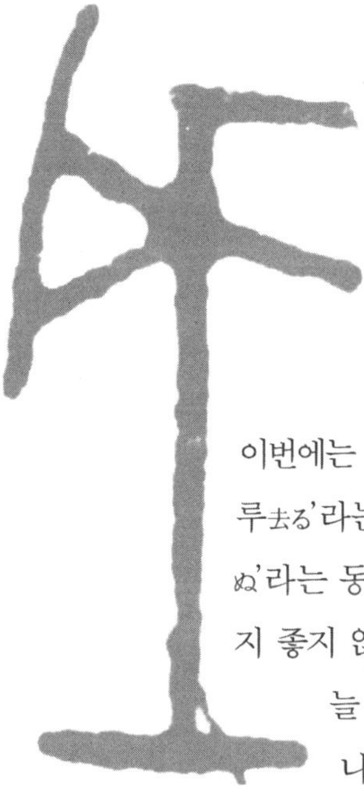

이번에는 개[犬] 차례인데, 일본어로 사루토시申年(원숭이해)는 '사루去る'라는 동사와 그 음이 통하고, 이누토시戌年(개해)는 '이누往ぬ'라는 동사와 그 음이 통합니다.[1] 이 두 해에 하는 혼사는 그다지 좋지 않다는 속설이 있습니다만, 그런 이야기는 논외로 하고 늘 그랬던 것처럼 글자에 대한 설명부터 해주시면 좋겠습니다.

모로하시 그렇게 하지요. 다음에 나오는 그림을 한번 보시죠. 犬견 자 역시 모양에서 비롯된 상형문자입니다. 《설문》에는 "공자 왈……" 하면서 "犬견 자를 보면 마치 狗구를 그린 것 같다"[2]는 대목이 있습니다. 물론 공자가 한 말이 아닐 겁니다. 마찬가지로 개의 의미를 갖지만 狗 자를 쓸 때는 다음 그림에서 보는 것처럼 왼쪽 변 부분은 '犬(犭)' 모양에 따라 만들어진 것이고, 오른쪽 방旁 부분은 '句'라는 음에서 만들어진 것입니다.

《설문》에 따르면, 이 역시 공자의 설명이라고 하면서 "구狗는 고叩(두드리는 것)이다. 두드리는 것 같은 소리를 내어(기氣를 두드려서) 지킨다"[3]고 합니다.

개를 견犬이라고 쓰기도 하고, 구狗라고 쓰기도 하는데 무슨 차이가 있습니까?

모로하시 이렇다 할 차이는 없습니다만, 견犬은 구狗 중에 현제懸蹄[4], 즉 발굽이 있는 것이라는 설도 있습니다. 그 외에 개에 관한 다양한 글자가 있으며, 그 각각은 다소 차이가 있는데, 이는 다른 십이지의 경우와 마찬가지입니다.

예를 들어 어떤 것입니까?

모로하시 털이 많은 것은 '방尨', 머리가 누런 것은 '염猌', 마구 짖어대는 것은 '혐獫', 미친개는 '제狾'······. 정말 끝이 없습니다. 사전에서는 '犭'을 '견변犬邊'이라고 부르는데, 이 부수에 속하는 글자를 《대한화사전》에서 찾아보니 579자나 있었습니다. 그 가운데 가장 획수가 많은 것은 '영玁'으로 총 24획이며, 좋은 개라는 뜻입니다.

그렇지만 579자가 모두 개의 종류라고 할 수는 없지 않습니까? 부수인 '犭'는 말씀대로 견변이라고 부르지만, 한편으로는 '짐승변수변獸邊'이라고도 하지 않습니까?

모로하시 그렇습니다. 수변이라고 하는 것처럼, 일반적인 짐승류가 이 부수 안에 포함되어 있습니다. 그런데 '짐승 수獸'라는 문자 자체가 이 부수 안에 속하는 것은, 개[犬]가 온갖 짐승류를 대표할 정도로 인간과 관계가 깊은 동물이라는 것을 의미합니다. 이것은 개를 고찰할 때 잊어서는 안 될 중요한 사항이지요. 근래에는 경마가 성행하고 있지만 과거에는 경견競犬도 꽤나 성행했다고 합니다.

경쟁심이 인간 고유의 특성이기 때문이겠지요. 하지만 옛날의 '이누오모노犬追物'는 조금 다른 것 같습니다. 그건 무예의 하나였으니까요.

모로하시 어느 시대에 있었던 것이지요?

주로 가마쿠라시대에 많이 벌어졌습니다. 대나무 울타리가 쳐진 마장馬場 안에 개들을 풀어놓고 말에 탄 기수들이 좇아가서 활을 쏘아서 승부를 결정하는 기사騎射 놀이의 하나였습니다. 기수는 에보시烏帽子[5]에 히타타래直垂[6]나 수오素襖[7] 복장을 했다고 합니다. 그렇지만 오닌應仁의 난亂[8] 이후 일시 중지하게 되었습니다.

모로하시 장난감 중에 '이누하리코犬張子'[9]라는 게 있지 않습니까? 장난감 개를 아주 귀엽게 만들었는데, 장난감용만으로 쓴 것 같지는 않습니다.

지금은 그 얼굴과 몸 모두 개 모양 그대로 만들지만, 옛날에는 어린아이가 태어났을 때 마귀를 쫓기 위해 만든 것이기 때문에, 그 생김새가 마치 개가 웅크리고 앉아 있는 모양이고 얼굴은 어린아이를 닮게 만들었습니다. 일본 5대 명절 중 하나인 삼월 셋쿠(삼월삼짇날)에도 이것을 진열하고, 신사를 참배할 때 신에게 바치는 선물로도 사용하지요.

모로하시 무엇보다 개는 사람에게 충직한 동물이지요. 주인이 보기에 개만큼 친근하게 느끼는 가축도 없을 것입니다. 공자도 자신의 집의 개가 죽자 제자인 자공에게 명해 그 개를 후하게 장사지내주도록 했다는 이야기[10]가 《예기禮記》에 나옵니다. 이때 공자는 "예로부터 '찢어진 방장이라도 버리지 말라. 기르던 말이 죽었을 때 써야 한다. 망가진 비단우산도 버리지 말라. 기르던 개가 죽었을 때 사용해야 한다"고 할 정도였습니다. "나는 지금 가난하여 찢어진 우산조차 없지만, 적어도 개를 매장할 때는 (내가 앉던) 이 멍석을 깔아주어 죽은 개의 머리가 맨땅에 닿지 않게 해주거라"라고 했다고 합니다. 실화인지는 알 수 없지만, 개에 대한 공자의 소박한 애정이 드러나 있어 재미있습니다.

개가 인류와 친근하고 사랑받는 것은 개의 성질이나 그 유용성 측면에서 볼 때 당연한 일이겠지요. 하지만 요즘처럼 개의 혈통을 따져서 거액을 쓴다거나, 젊은 유한마담이 그 정체를 알 수 없는 기묘한 개를 안고 이렇듯 바쁜 세상 속에서 우쭐대며 어슬렁어슬렁 걸어다니는 모습을 보면 도무지 탐탁지가 없습니다.

모로하시 모든 일이 정도 문제이지요. 개는 귀여운 동물이지만, 도가 지나치면 다른 폐해도 생기기 마련입니다. 도쿠가와 막부의 5대 쇼군이 도쿠가와 쓰나요시德川綱吉[11]였나요? '이누쿠보犬公方(개쇼군)'로 불렸던 인물이?

애계몽艾啓蒙 | 십준견도＋駿犬圖 - 목옥리墨玉螭 | 청대淸代 | 베이징고궁박물원

그렇습니다. 그렇게 부른 것은 후계자 문제와 연관되어 있는데, 쓰나요시는 자신의 피가 섞인 아들에게 물려주어서 대를 잇게 하겠다는 욕심에서, 자신이 개의 해[戌年]에 태어났으니 개를 소중히 여기면 아들을 낳을 거라는 생각을 했습니다. 보다 자세하게 말하면, 겐로쿠元祿 연간 1688~1704의 일입니다. 그래서 요쓰야四谷·기타미喜多見·오쿠보大久保·나카노中野 등에 개집을 만들었습니다. 그런데 그 개집이 오쿠보에 2만 5천 평, 나카노에 1만 6천 평이나 되는 엄청나게 큰 규모로, 겐로쿠 10년1697에 이 두 지역에 수용된 개가 무려 4만 9천 마리나 되었습니다. 게다가 그 비용을 전부 마을 주민들에게 세금으로 부과했습니다. 그 무렵 견의사犬醫師

로 개집을 맡아 관리하던 사람들의 자손이 지금도 살아 있다고 합니다.

이 개들이 싸움을 하면 그 으르렁거리는 소리 때문에 주변 사람들은 상당한 괴로움을 당해야 했습니다. 그렇다고 이 개들을 때리면 중형에 처해졌고, 만약 개를 죽이면 상황의 경중에 따라 귀양을 가거나 에도시대의 형벌인 말 태워 조리돌리기를 당하거나, 아니면 목을 베는 참수형에 처해졌습니다. 심한 경우에는 죄인의 목을 베어 높은 곳에 매다는 효수형에도 처했다고 합니다.

모로하시 말씀을 들으니 그저 '완물상지玩物喪志'[12]니 뭐니 이야기할 상황이 아니군요. 그렇게 어처구니없는 일이 요즘 세상에서는 일어날 리 없으니 걱정은 없지만 말입니다.

'완물상지'가 무엇인지요?

모로하시 《서경》〈여오旅獒〉에 나오는 말입니다. 주의 무왕이 천하통일 사업을 벌일 때, 서여西旅라는 오랑캐 나라에서 '오獒'라는 매우 크고 훌륭한 개를 헌상했습니다. 하지만 그때 태보太保[13] 자리에 있던 소공석召公奭이라는 현인은, 오는 헌상받기에 온당한 물건이 아니라고 무왕에게 간언을 하였습니다. 그 요지는 '기이한 사물을 귀중히 여기고, 필요한 사물을 천하게 여기는 것은 좋지 않다. 위정자는 이러한 원칙을 잊어서는 안 된다'는 것으로, "사람을 심심풀이 상대로 가지고 놀면 덕을 잃고, 물건을 가지고 놀면 그 뜻을 잃는다"[14]고 가르쳤습니다. 다시 말하면, '사람을 경멸하고 우롱하면 인덕을 잃고, 진기한 사물에 집착하면 도에 나아가려는 소중한 의지를 잃어버린다'는 것입니다. 오늘날의 애견가가 이런 경우에 해당한다고는 조금도 생각하지 않습니다만, 정도를 넘어서는 것은 역시 완물상지가 되겠지요.

중국에도 일본의 '개쇼군' 같은 일화가 있습니까?

모로하시 있습니다. 춘추시대 진晉나라에 조순趙盾이라는 유명한 신하가 있었습니다. 그런데 그의 주군인 영공靈公은 어리석은 인물이어서 도리어 조순이 통치에 방해가 된다고 생각했습니다. 그래서 조순에게 술을 마시게 한 다음 무장군인을 매복시켜 그를 죽이기로 하고, 맹견이 덤벼들게 해서 죽이려 했습니다. 하지만 다행스럽게도 조순의 수하인 미명彌明의 기지機智로 그 상황은 면할 수 있었는데, 그때 조순이 "사람은 버리고 개를 쓰니 비록 사납다고 한들 무엇을 하겠는가?"[15] 하여 후대의 사람들에게 교훈을 남겼다고 합니다.

모두 그 교훈처럼 완물상지의 가르침을 철저히 따르면 좋을 텐데요······.

모로하시 좀처럼 그렇게 되지 않는 것 같습니다. 하지만 현명한 신하가 있으면 언제나 그런 측면에서 왕에게 간언을 하지요. 제齊나라의 경공景公은 그가 귀여워하던 개자 죽자, 관을 만들어 매장하고 제사까지 지냈습니다. 그 이야기를 들은 현신 안평중晏平仲은 그 일이 옳지 않은 것이라고 간언하였지만 경공은 좀처럼 들으려 하지 않았습니다. "이 정도의 일쯤이야 사소한 일이다. 웃어넘길 정도의 일을 했을 뿐 특별히 이러쿵저러쿵 말할 만한 일이 아니다"라고 강변하였습니다. 하지만 안자晏子는 옷깃을 여미며 이렇게 간언했다고 합니다.

오늘날 고아나 노인은 굶주리며 추위에 떨고 있습니다. 그런데 죽은 개를 위해 제사를 지내고 있습니다. 홀아비나 과부 같은 백성들은 호소할 곳도 없이 괴로움을 겪고 있음에도 불구하고 죽은 개에게는 관이 있다고 합니다. 이러한 실정이 백성이나 이웃 나라에 알려지면 어떻게 되겠습니까? 백성은 임금님을 원망하고 제후들은 분명 우리 제나라를 가볍게 여길 것입니다. 사소한 일이라고 하기에는 너무나 커다란 결과를 초래할 것입니다.[16]

이야기는 다릅니다만, 수년 전 '명견 래시'라는 텔레비전 프로그램에서 명견의 다양한 재능과 지혜를 소개한 적이 있지요. 그 프로그램을 보면서 정말로 개가 가진 재능의 우수함에 놀랐습니다.

모로하시 그 프로그램은 저도 좋아해서 거의 다 봤습니다. 아무리 봐도 그 개는 사람의 말을 알아듣는 것 같았습니다.

옛 문헌에도 명견에 대한 기록이 적지 않을 것 같습니다만…….

모로하시 매우 많은 것 같습니다. 육조시대에 육기陸機라는 인물은 유명한 문학가인 동시에 애견가이기도 했습니다. 그의 애견인 황이黃耳는 "능히 사람 말을 이해한다"고 일컬어져 육기가 관리로 도성에 체재 중에 고향 사람에게 편지를 전달하고, 그 답장을 받아오라고 지시했습니다. 그러자 황이는 귀를 쫑긋 세우고 주인의 지시를 들은 뒤에 왕복 50일이 걸려 자신의 사명을 완수했다고 합니다. 하지만 지나치게 격한 활동에 지쳤는지 집에 돌아오자 그만 곧바로 죽고 말았습니다. 육기는 살고 있는 집 근처에 황이를 매장하였는데, 이것에 후세까지 전해지게 된 황이가 黃耳家입니다.

충견 하치코八公[17]의 선배로군요. 그런 일이 실제 있었다는 말이겠지요?

모로하시 충견에 대한 이야기는 그 외에도 여러 가지가 있습니다. 관리로 일하는 주인이 부재중일 때 그 부인이 하인과 내통하였는데, 그 사실을 알게 된 그 집 개가 간통한 두 사람을 물어서 죽였다든지, 주인이 살해되어 암매장된 시신을 기르던 개가 파내 그 원수를 잡았다든지 하는 이야기는 끝도 없이 전해지고 있습니다.

하치코 때문에 갑자기 생각났습니다만, 우에노上野에 있는 사이고 다카모리西鄕隆盛[18] 동상 옆에 개가 있지 않습니까? 난슈南洲[19] 선생 역시 개를 좋아했다고 하고요.

모로하시 난슈 선생은 그 성격을 보면 분명히 충견을 사랑했을 것으로 생각합니다. 그와는 별개로, 그 동상을 보면 언제나 저는 난슈 선생이 자신의 정한론征韓論이 받아들여지지 않게 된 뒤에, 즉 그 뜻을 이루지 못하고 고향에 귀향해서 여생을 보낼 당시의 심정을 잘 드러내고 있는 게 아닌가 하는 생각이 드는데, 실제로 그런지는 잘 모르겠습니다. 그런데 그 동상은 다카무라 고운高村光雲[20] 선생이 고심 끝에 구상한 결과물이라는 이야기를 들은 바 있습니다.

작가에게 그런 생각이 있었는지 어떤지는 알 수 없지만, 선생님께서 그렇게 생각하시는 데에 또 다른 이유라도 있습니까?

모로하시 왠지 알 수 없지만, 그 동상의 앞에 서면 매번이라고 해도 좋을 만큼 이사李斯가 누런 개[黃犬]를 끌고 갔다는 고사가 떠오릅니다.

그럼 그 이사의 이야기를 들려주시지요.

모로하시 이사는 진시황제의 신하로서 극단적인 법치주의를 실행한 인물입니다. 시황제는 아시는 바와 같이 무엇이든 독단적으로 정치를 하려는 인물이었고, 이사는 그 뜻에 영합하여 축객령逐客令[21]을 제정하고, 학자들의 입을 닫게 만들었으며, '쓸모없는' 책들은 모두 태워버리도록 왕에게 권고했습니다. 그 결과가 이른바 분서갱유라는 폭거이지요. 그래서 진시황이 살아 있는 동안에는 이사도 의기양양할 수 있었지만, 주군이 죽은 뒤에는 진승陳勝과 오광吳廣의 봉기를 시작으로, 초의 항량項梁과 항우項羽 등이 봉기를 일으키자 형세는 완전히 뒤바뀌었습니다.

게다가 시황제 2세는 어리석은 인물인데다 그가 총애하던 신하인 조고趙高와 이사李斯 사이에 알력이 생겨 결국 이사는 오형五刑[22]과 더불어 함양咸陽에서 요참腰斬[23]을 당했습니다. 그러한 일을 당하기 직전에 함께 끌려가던 자신의 둘째 아들을 돌아보며 이사는 "내가 다시 누런 개를 끌고, 너와 함께 상채上蔡의 동문東門을 벗어나 영리한 토끼를 쫓고 싶구나. 허나 그 어찌 가능한 일이겠는가?"[24]라고 말했다고 합니다. 이사 자신만이 아니라 삼족 모두가 주륙誅戮의 쓰라린 괴로움을 당했습니다. 이사의 말에는 기개가 없다기보다는 어딘가 비장한 여운이 깃들여 있습니다. 물론 난슈 선생과 이사는 심성의 순수함 여부에 커다란 차이가 있다고 생각되지만 말입니다.

후세히메伏姫와 야쓰후사八房 | 가부키 그림 | 19세기

다시 화제를 옮기겠습니다만, 앞서 원숭이에 관한 말씀을 하실 때 《서유기》가 중국의 4대 기서 중 하나라고 하셨지요. 《서유기》의 주인공은 삼장법사지만, 이야기의 중심은 언제나 손오공입니다. 그래서 잠시 생각해봤는데, 교쿠테이 바킨曲亭馬琴[25]의 《난소사토미핫켄덴南總里見八犬傳》을 4대 기서의 하나, 혹은 5대 진서珍書의 하나라고 하지는 않지만, 바킨의 최대 걸작임은 물론 일본 장편소설의 으뜸이라고 생각합니다. 특히 이 소

설의 주인공이 야쓰후사八房라는 개였다는 사실은 대단히 흥미롭습니다. 중국은 원숭이, 일본은 개라는 이야기가 되는 셈이지요. 그렇다고 두 나라가 견원지간犬猿之間이 되면 곤란하겠지만 말입니다.

모로하시 그와 유사한 '견토지쟁犬兎之爭'이라는 말을 아십니까?

그 말은 무슨 의미입니까?

모로하시 앞서 토끼를 다룰 때 말씀드린 바 있지요. 순우곤淳于髡이라는 사람이 제나라 왕에게 고한 이야기에서 유래한 말입니다. 당시 한자로韓子盧라는 굉장히 발이 빠른 명견이 있었는데, 또 여기에 동곽준東郭逡이라는 천하에 이름난 약삭빠른 토끼가 있었습니다. 이 토끼를 발견한 명견은 기필코 그 토끼를 잡고야 말겠다며 쫓아갔고, 토끼는 잡히지 않으려고 필사적으로 도망쳤습니다. 이렇게 산을 돌기를 세 번, 산에 오르기를 다섯 번, 서로 쫓고 쫓기며 경쟁을 했지만 결국에는 둘 다 지칠 대로 지쳐서 그 자리에서 쓰러져 죽었습니다. 그런데 그곳을 유유히 지나던 농부가 이들을 발견하고는 '웬 떡이냐' 하는 심정으로 아무런 힘을 들이지 않고 개와 토끼 고기를 얻었다고 합니다. 완전히 '어부지리漁父之利'인 셈이지요.

손우곤은 왜 하필이면 이런 이야기를 제나라 왕에게 한 것입니까? 무언가 사정이 있었던 것인지요?

모로하시 앞에서 말씀드렸어야 했었는데, 사실 그 당시 제나라 왕은 위魏나라 침공을 계획하고 있었습니다. 그런데 당시의 실상은, 만약 제와 위가 서로 싸우면 두 나라 모두 병사 모두 지쳐 쓰러질 지경이었습니다. 그리고 한편에서는 진秦과 초楚가 대국의 세력에 의지해 호시탐탐 기회를 엿보고 있는 상황이었습니다. 순우곤은 그런 실정을 훤히 알고 있었기에 이 이야기를 인용하면서 마지막으로 "지금 제나라와 위나라는 오랫동안 서로 대치하고 있기 때문에 군사도 지치고 백성도 지쳐서 사기가 땅에 떨어졌는데, 만약 위나라를 정벌한다면 강한 진나라와 거대한 초나라가 이를 기회로 삼아 '전부지공田父之功'을 거두지 않을까 저는 염려가 됩니다"[26]라고 말합니다. 전부지공 역시 바로 여기에 기원을 두고 있는 말입니다.

순우곤의 이야기에 한자로라는 개가 나오지 않습니까? 한자로가 개의 이름인가요?

모로하시 아닙니다. '한자韓子'라는 가문에서 기르던 '노盧'라는 개를 말합니다. 당시 제나라에는 애견가가 많아서, 한씨 집안의 개 말고도 주씨周氏 가문에는 '곡䂾'이라는 명견이 있었다고 《설원》에 나와 있습니다. "한씨(가문)의 노, 주씨(가문)의 곡은 천하의 발 빠른 개다. 토끼를 보고 잘 지시만 하면, 토끼를 놓치지 않는다. (다만) 멀리서 바라만 보면서 개를 풀어놓으면 여러 세대가 지나도 토끼를 얻는 것이 불가능하다. 개가 빠르지 않아서 그러한 것이 아니라 그것을 거느리는 자의 죄다"[27]라고 기술되어 있습니다. "천리마千里馬는 항상 있지만, 백락伯樂이 늘 있지는 않다"는 것과 같은 의미로, 이 역시 남을 부리는 높은 지위에 있는 사람들이 잊지 말아야 할 한 가지 교훈이겠지요.

일본에 '개에게 논어'[28]라는 말이 있지 않습니까? 이 말은 아무리 가르쳐도 소용이 없는 것을 비유하는 말로 알고 있는데…….

모로하시 '마이동풍馬耳東風'이나 '말 귀에 염불'과 같은 의미지요. 《논어》는 개에게 아무런 도움이 되지 않을지 모르지만, '개도 걸으면 몽둥이에 맞는다'[29]고 하니 언젠가는 관계가 있을지도 모르겠습니다.

그런데 같은 걸음이라도 '개의 냇가 산책'이라고 하면, 분주하게 다녀도 아무 이익도 없음을 비유한 것이지요.

모로하시 '견마지로犬馬之勞'는 '개와 말의 수고'를 말하는데, 헛된 노력이나 수고를 의미합니다. '견체지식犬彘之食'은 '개와 돼지의 밥'을 뜻하니 매우 거친 음식을, '돈견지아豚犬之兒'는 '돼지와 개의 새끼'라는 뜻으로 어리석고 한심한 자식을 가리킵니다. 본래 이런 말에는 겸손한 의미도 들어 있습니다.

일본에서는 '이누무라이犬侍'라고 하면 '값어치 없는 무사'를, '이누코로시犬殺し(개 잡는 사람)'라고 하면 '비천한 직업'을 말합니다. 그런데 이런 속담에 개와 관련된 내용이 꽤나 많은 것 같습니다.

모로하시 그렇습니다. 예를 들면, 개의 이빨[齒]이나 송곳니[牙]가 모두 숙어로 쓰이고 있습니다. 본래 개의 치아는 인간처럼 가지런하지 않기 때문에 음식물을 씹어도 어긋나게 됩니다. 그래서 '견아차호犬牙差互'라는 말은 지형地形 등이 이리저리 뒤엉키고 엇갈려 있는 상태를 말하며, '견아상착犬牙相錯' 혹은 '견아상제犬牙相制'는 인접한 두 나라의 경계 지역이 뒤섞여 있어 서로 견제하고 있는 상태를 말합니다. 또 '개[狗]가 벼룩을 씹는다'고 하면, 개가 벼룩을 씹듯이 씹을지라도 충분히 좋은 결과가 나오지 않는 것을 비유하는 말입니다.

제가 알고 있는 말 중에 '개 한 마리가 허공에다 짖어서 만 마리 개의 실정을 전한다'는 말이 있습니다.

모로하시   유명한 말이지요. 하지만 사실 이 말 그대로의 어구가 옛날 문헌에는 보이지 않습니다. 언어라는 것은 입에서 입으로 전해지는 것이기 때문에 전해지는 사이에 다소의 변화가 있는 것은 당연한 것일 테지만, 지금 선생께서 예로 든 속담은 아마도 《잠부론潛夫論》[30]에 "개 한 마리가 어떤 모양을 보고 짖으면 백 마리의 개가 그 소리를 따라 짖는다"[31]는 말에서 변한 게 아닌가 합니다. 하지만 지금과 같은 형태의 말로 바뀐 것이 어느 무렵이며, 그 최초의 기록이 어디에 나와 있는지 등은 분명하지 않습니다.

그렇게 본래 형태와 다르게 전해지는 예가 많습니까?

모로하시   꽤 있을 것입니다. 오늘날에는 "하늘 그물이 넓고 넓어 성글어 보이지만 결코 새지 않는다"[32]고 하는데, 본래 《노자》의 원문은 "성글어 보이지만 잃지 않는다"[33]고 되어 있습니다.

지금까지 나온 것은 모두 '견犬'자를 사용한 숙어인데, '구狗'자를 사용한 숙어나 고사도 많이 있겠지요?

모로하시 그렇지 않습니다. 구자가 들어 있는 고사나 숙어는 그다지 많지 않습니다. '교활한 토끼가 죽으면 달리던 개를 삶는다'는 '교토사주구팽狡兔死走狗烹'은 이미 토끼를 다룰 때 말씀드렸고, '계명구도鷄鳴狗盜의 무리'는 닭에 관한 이야기할 때 말씀드린 바 있지요.

그렇지만 그 외에 다른 이야기도 있겠지요?

모로하시 물론 찾아보면 있습니다. '구미속초狗尾續貂'라는 말은 '담비의 꼬리가 부족해 개 꼬리로 잇는다'는 뜻인데, 관직을 함부로 주는 것을 이르는 말입니다. '걸구폐요傑狗吠堯'는 '폭군인 걸왕의 개가 요 임금에게 대들어 짖어댄다'는 뜻으로, 소인배의 부하 중에도 충성과 의리를 다하는 인물이 있다는 것을 비유하는 말입니다.

설명을 듣지 않으면 단어와 의미의 관계를 잘 모르겠습니다.

모로하시 그럼 설명을 해보지요. 진晉나라 때에 관리에게 관직을 함부로 주는 일이 있었습니다. 당시에는 시중侍中의 직분에 취임하면 초선貂蟬이라고 해서 담비의 꼬리로 장식한 관을 수여했는데, 하찮은 관리에게까지 함부로 주었기 때문에 끝에 가서는 담비의 꼬리가 부족하게 되어서 개 꼬리로 대용했던 것입니다. 그래서 당시 사람들의 속담 중에 '초부족구미속貂不足狗尾續', 즉 '담비가 부족하면 개꼬리로 뒤를 잇는다'[34]는 말이 생겨났습니다. 그리고 동시에 이 말은 선량한 사람이 적어지고 조악한 사람이 흥기하게 되는 것을 비유하는 데도 사용됩니다.

논공행상, 즉 공적의 유무나 대소를 따져 각각 알맞은 상을 주는 것도 필요하지만 너무 지나치게 남발하면 그 폐해도 생길 수 있습니다. 그러면 '걸구폐요'는 어떤 고사에서 유래한 것인지요?

모로하시 걸구폐요라는 말이 어느 때 어느 책에 나와 있는지 지금 좀처럼 생각나지 않습니다만, 육조시대 추양鄒陽의 글에 "걸왕의 개라도 요 임금에게 대들어 짖게 할 수 있다"35는 대목이 있으며, 《사기》에 "도척盜跖의 개가 요 임금에 대들어 짖는다"36는 말이 나옵니다. 이런 글들이 변해 지금과 같은 말이 된 것이 아닌가 합니다. 그 의미는 말할 필요도 없이, 주군이 걸왕과 같은 악인이라 할지라도 그 밑에서 섬기는 사람은 자연히 주인을 위해 전력을 다한다는 것입니다.

한신의 부하였던 괴통蒯通은 한 고조에게 모반을 도모했으나 오히려 붙잡히고 말았습니다. 고조가 "왜 그대는 한신에게 반역을 권했는가?" 하고 강하게 힐책하자, 괴통은 "도척의 개가 요 임금에게 대들어 짖는 것은 요 임금이 어질지 못해서가 아닙니다. 개는 본래 그 주인이 아니면 짖는 법이지요. 당시에는 소인이 단지 한신만을 알았을 뿐 폐하는 알지 못했습니다"37라고 대답했다는 기록이 《사기》에 실려 있습니다.

군웅할거群雄割據 시대에 있었을 법한 이야기로군요.

모로하시 일리가 있는 말입니다만, 섣불리 악용하면 해를 끼칠 수 있는 말이라고 생각합니다. 예를 들어, 양주楊朱가 동생에게 가르쳤다는 이야기가 그렇습니다.

그건 또 어떤 이야기인지요?

모로하시 아시는 바와 같이 양주는 극단적인 자리설自利說을 주장한 인물로, 그 반대로 극단적인 겸애설兼愛說를 주장했던 묵적墨翟과 함께 '양묵의 무리楊墨之徒'라고 해서 맹자에게 호되게 공격을 당했던 학자였습니다. 그런 그에게 진짜 이름인지 아닌지는 알 수 없지만 포布라는 동생이 있었습니다. 어느 날 양포楊布가 흰 옷을 입고 외출을 했는데, 낮에 큰 비가 내려서 검은 옷으로 갈아입고 돌아오자, 평소에 총애하며 기르고 있던 개가 다른 사람으로 생각했는지 컹컹거리며 큰 소리로 짖어댔습니다. 그래서 양포가 "평소에 끔찍하게 아끼며 길러주었는데 나를 보고 짖다니, 이 괘씸한 놈!" 하며 채찍으로 때리려 했습니다. 그때 형인 양주가 그를 진정시키며 "때리지 마라. 때리지 마라. 너 역시 마찬가지 아니더냐. 개가 나갈 때는 하얗다가 돌아올 때 검게 되었다면 너는 그것을 이상하게 여기지 않을 수 있겠느냐? 외모 때문에 사람을 잘못 판단하는 것은 무릇 이와 같은 것이다"[38]라고 하며 타일렀다고 합니다.

그렇군요. 이러한 격언도 인용하기에 따라 폐해를 낳기도 하겠지요?

모로하시 일반적으로 속담이나 격언 같은 것은 약과 같은 경우가 많아서 사용하는 장소나 시간, 상대를 고려하지 않으면 안 되겠지요.

옳은 말씀이라고 생각합니다. 그런데 '호랑이를 그리려다 이루지 못하면, 도리어 개와 비슷하게 되는 법이다'[39]라는 말이 있지요. 어중간하게 영웅인 척하는 사람이나 뜻있는 선비인 척하는 사람은 진정한 영웅이나 선비가 되지 못하고 오히려 결과적으로 나쁜 불량배 같은 인물이 된다는, 그런 교훈 말입니다.

모로하시 이 이야기는 후한의 광무제光武帝 밑에 있던 마원馬援 장군과 관련된 고사입니다. 마원 장군은 언제나 "대장부는 마땅히 말가죽으로 송장을 싸야 한다"고 할 만큼 기세등등한 인물이었습니다. 하지만 아무래도 나이가 들면서 점차 쇠약해졌습니다. 그래서 광무제도 그의 늙음을 애달퍼하며 출정을 만류하려 하자 기가 세고 고집이 있는 장군은 그 자리에서 갑옷과 투구를 갖추어 입고 여유 있게 말 위에 올라앉아 "아직은 소신의 역할을 할 수 있습니다" 하였습니다. 그 모습을 본 광무제는 "이 노인네가 아직도 정정하구나" 하며 웃었다고 합니다.

이렇게 건강한, 이를 테면 기氣가 살아 있고, 원기元氣 그 자체인 노장군이었지만, 형의 아들인 마엄馬嚴이나 마돈馬敦을 가르칠 때만큼은 전혀 다른 사람처럼 매우 간절하게 조카들의 경박한 혈기를 훈계하였습니다.

다른 사람의 과오를 듣는 것은 지장이 없지만, 자신의 입에 담을 만한 일은 아니다. 세간에서는 걸핏하면 타인의 장단점을 논하고 정치의 선악을 말하는 자가 있으나, 그 역시도 경계해야 할 것이다. 내가 존경하는 친구 중에 용백고龍伯高와 두계량杜季良, 두 사람이 있다. 용백고는 성품이 돈독하고 두루 신중하며 검소한 반면, 두계량은 호탕한 영웅의 풍모를 좋아하고 타인의 슬픔을 슬퍼하고 타인의 즐거움을 즐거워한다. 나로서는 이들 두 사람 모두 사랑하고 존경하는 바, 그렇다면 너희 두 사람이 둘 중 어느 쪽을 본받기 원하는지 말하면, 두계량보다는 용백고를 본받기 바란다. 왜냐하면……

이 다음에 장군이 한 말이 바로 지금 선생께서 하신 말씀입니다.

용백고가 되려고 하다가 실패하면 그래도 삼가 조심하는 선비는 될 것이다. 이를 테면, 고니를 새기려다 실패하면, 그래도 거위와 비슷하게는 보인다는 것이다. (반면) 두계량이 되고자 하다가 실패하면, 잘못하여 천하의 경박한 사람이 될까 염려된다. 이른바, 호랑이를 그리려다 이루지 못하면 도리어 개와 비슷하게 되는 법이라는 것이다.[40]

일반적으로 흔히 말하는 부모의 마음이 바로 이런 것이겠지요. 오늘날 이데올로기에 사로잡힌 사람들이 들었으면 하는 좋은 말씀이라고 생각합니다. 이외에도 다른 말씀이 있으신지요?

모로하시 '구맹주산狗猛酒酸', 즉 '개가 사나우면 술이 시어져서 팔지 못한다'[41]는 속담이 있습니다. 나라에 간사하고 사악한 사람이 버티고 있으면, 현명하고 선량한 사람과 충성스럽고 의로운 선비가 (조정에) 접근하지 못해 그 나라가 망하고 만다는 것을 비유하는 데 사용됩니다.

그 속담에 얽힌 고사는 어떤 것인지요?

모로하시 《한비자》에 있는 이야기인데, 옛날 송나라에 어떤 술집이 있었습니다. 그 술집은 술 됫박질 인심도 넉넉할 뿐더러 손님 대접도 잘 했고, 술 자체도 질이 좋았습니다. 그런데 웬일인지 술이 팔리지 않았습니다. 주인이 이런 사실을 고을의 연장자인 양청楊靑에게 한탄하듯 이야기하자, "그대의 집에 개를 키우고 있지 않은가? 그 개가 있기 때문에 무서워서 사람들이 발길을 멀리 하는 것일세" 하고 가르쳐주었습니다. 한비자는 이 이야기를 한 뒤에 다음과 같은 말을 하였습니다.

무릇 나라에도 역시 사나운 개가 있다. 도를 깨달은 선비는 그 법술法術을 지니고 만승萬乘의 군주에게 밝히고자 하지만, 대신들이 사나운 개가 되어 그들과 맞서 물어뜯는다. 이것이 군주의 눈을 가리고 위협하는 바(원인)이며 도를 깨달은 선비가 등용되지 않는 이유이다.[42]

재미있는 이야기지만 어딘가 모르게 말을 지어내기 위한, 가상으로 만든 이야기인 것 같다는 생각이 듭니다. 실제 개를 바탕으로 만들어진 좋은 속담은 없습니까? 아니 꼭 그렇지는 않더라도 개에 관한 이야기가 있다면 좀 더 들려주시지요.

모로하시 개에 관한 속담 중에 제가 가장 좋아하는 것은 '개와 말은 어렵고 귀신과 도깨비는 쉽다'는 '견마최난 귀매최이犬馬最難 鬼魅最易'[43]입니다. 그림을 그리는 경우, 개나 말처럼 모든 사람이 항상 봐서 낯익은 것은 그리기 쉬워 보이지만 실제로는 어렵습니다. 그에 비해 귀신이나 도깨비처럼 사람이 본 적이 없는 것은 그리기 어려운 것처럼 느껴지지만, 사실은 그 편이 훨씬 수월합니다.

생각해보면, 개와 말은 누구나 알고 있기 때문에 비평이 많고, 귀신과 도깨비는 누구도 알지 못하기 때문에 어떻게 그리든 비평할 수 있는 사람이 없습니다. 따라서 그리는 사람의 입장에서 보면, 그 편이 오히려 마음 편히 손쉽게 작업할 수 있는 셈이지요. 이 속담은 《한비자》에 있는 제나라 왕과 화가 사이의 문답 속에 나오는데, 의미하는 바가 실로 심원하다고 느껴집니다.

저처럼 고서古書를 읽고 해석하는 일에 종사하는 사람의 경험에서 보면, 우선 고서의 본문을 정독하고 그 다음에 옛 사람들의 주석을 편견 없는 마음으로 읽습니다. 그것이 제일의 작업으로서, 그렇게 해서 본문의 의미를 정확하게 이해하는 데, 그렇게 되기까지 노력하는 것이 매우 힘듭니다. 게다가 그렇게 해서 얻은 결과를 발표하게 되면, 대개 그 결과가 견마犬馬처럼 평범합니다. 비록 평범하다 할지라도 그것이 제대로 된 진짜 내용인 것입니다. 아무튼 세간에서는 이러한 진짜 내용을 개나 말처럼 일상적인 것으로 여겨 존중하지 않고, 존재하지도 않는 귀신이나 도깨비를 좋아하는 풍조가 있지요. 이설異說이나 진기한 학설, 괴기한 학설이 바로 그런 것이죠. 학자도 또한 대중의 박수에 취해 귀신이나 도깨비 묘사에만 들떠 애를 태우는데, 이것은 독서하는 사람의 큰 병입니다. 이런 것은 또한 인간 수행修行의 측면에서 볼 때도 마찬가지입니다.

평상시의 행동을 평범하게 하는 평범한 사람이 실은 가장 귀중하고 비범한 위인임에도 불구하고, 그런 유형의 사람은 세상에서 인정받지 못합니다. 그리고 반대로 특이한 일을 성취하고 기행奇行을 일삼고 다니는 사람만이 과분하게 상찬을 받고 인기가 많습니다. 물론 그런 것도 좋지만, 그런 풍조가 만연하면 자칫 특이하고 기이한 것을 내세우기 좋아하는 경박한 폐해를 낳지 않는다고 할 수 없습니다. 세상의 지식인이나 지도자는 이러한 속담을 거울삼아 크게 유의했으면 하는 바람입니다.

오늘날 같은 때에 소중한 교훈입니다. 여러 가지로 좋은 말씀을 들려주셔서 감사합니다.

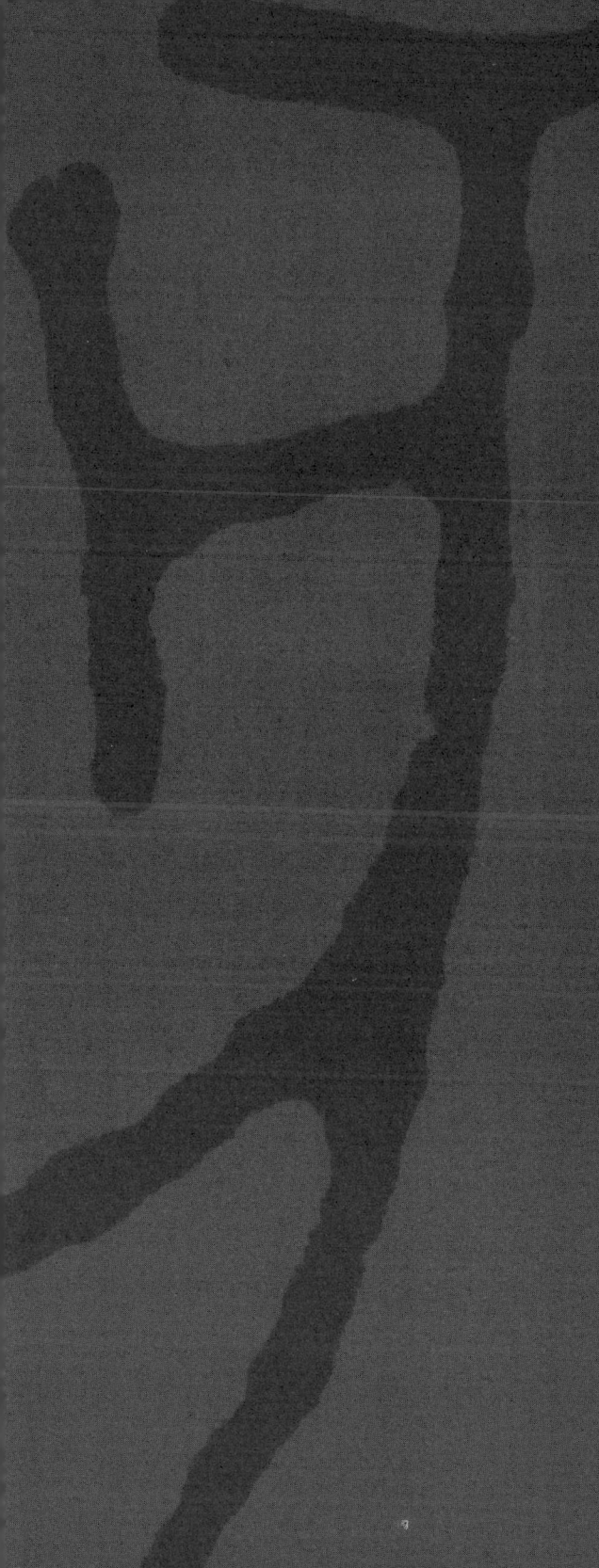

제12장_

해亥·돼지

이번에는 돼지로군요. 뭔가 좋은 이야깃거리가 있는지요?

모로하시 십이지 이야기도 돼지로 끝나기 때문에 무언가 재미있는 이야깃거리가 있으면 좋겠다 싶어 찾아봤지만, 도무지 없어서 난감하군요.

일본에서는 보통 '이노시시猪'라고 하지만, '이노코豕, 猪の子'라고 하기도 하고, 지방에 따라서는 '시시猪'라고 부르기도 하는데, 중국의 경우에는 어떻습니까?

모로하시 중국에서는 일본보다 훨씬 더 심하게 지방에 따라 그 명칭이 다르고, 나타내는 글자도 다릅니다. 하승천何承天[1]의 《찬문纂文》에 따르면, "양주梁州에서는 접獵이라고 하고, 하남河南에서는 체彘, 오초吳楚에서는 희豨라고 한다"[2]고 합니다. 또 《방언方言》에서는 "연燕이나 조선朝鮮에서는 가豭라고 하고, 관동關東에서는 체彘, 남초南楚에서는 희豨라고 하며, 오양吳揚 부근에서는 저猪라고 한다"[3]고 합니다. 일본에서는 이노시시猪의 경우, 오직 저猪라는 글자만 쓰지만 중국 문헌에서 보면 보다 더 일반적인 성격을 띠고 있는 것은 해亥나 체彘인 것 같습니다.

또 연령과 암수, 크기에 따라 이름을 다르게 불렀습니다. 한 살 된 돼지는 '종豵', 세 살 된 돼지는 '가豭'라고 하며, 암컷은 '분豶', 큰 돼지는 '파豝', 작은 돼지는 '추豟'라고 불렀다고 합니다. 그리고 예로부터 '저猪(멧돼지)'와 '돈豚(돼지)'을 그렇게 확실하게 구별하지는 않습니다. 《방언》에는 "지방에 따라 저의 새끼를 돈이라고 한다"고 나와 있기는 하나, 대개 저는 야생돼지, 돈은 집에서 길러서 잡아먹는 식용으로 쓴다는 점에서는 일본과 다르지 않습니다. 다만, 돈豚이라는 글자를 쓰고 저猪라고 표현하는 일도 많았기 때문에, 그 점만큼은 유의를 해야 합니다.

말씀하신 바에 따르면, '저猪(멧돼지)'와 '시豕(혹은 猪の子, 멧돼지, 멧돼지의 새끼, 돼지)', '돈豚(집돼지)' 모두 같은 것으로 생각해야 하는 것 같은데 그래도 괜찮은지요?

모로하시 중국 문자로 보면 그렇다고 할 수 있습니다. 왜냐하면 십이지에서 해亥가 위의 여러 글자 중에서 어떤 글자를 가리키는지 분명하게 알 수 없기 때문이지요.

그렇다면 저나, 시, 돈을 가리키는 문자가 어느 정도 있는지요?

모로하시 《대한화사전》으로 조사해보니, '시豕'라고 훈訓을 달고 있는 글자가 44자, '저猪'는 네 자, '돈豚'은 한 자였습니다.

그럼 오늘 하실 이야기는 그 가운데 어느 글자에 근거하실 생각이신지요?

모로하시 그것이 고민인데요, 앞에서도 말한 것처럼 십이지 중 하나인 해亥가 그 중에 어느 글자를 가리키는지 확실히 알 수 없기 때문입니다. 하지만 일본에서 해亥를 '이い'라고 부르고, '저猪(멧돼지)'를 뜻하는 것으로 통용되고 있기 때문에 그에 따를 수밖에 없을 것 같습니다. 단, 중국에서는 일본의 '저猪'에 해당하는 것을 '시豕'라고도 쓰고 '체彘'라고도 쓰기 때문에 내용 면에서 보면 이 글자들을 전혀 도외시하기도 어렵습니다. 게다가 저猪만으로 국한해서 이야기를 풀어나가면 문헌상에 드러나 있는 재료가 정말 적습니다. 그래서 이번에는 돼지 해[亥年]에 관련해 저猪와 시豕, 체彘 등을 이야기하고, 거기에 돈豚에 관한 이야기도 함께 해보려고 합니다. 그렇게 하지 않으면 이야기를 하기 어렵기 때문입니다.

그렇군요. 그러면 우선 글자에 대한 설명부터 듣고 싶습니다.

모로하시 지금 말한 대로 돼지에 관한 글자는 여러 자가 있는 셈인데, 그 대표로 豕시부터 설명하면 어떨까 합니다. 왜냐하면 일본어로 '이노시시'라고 할 때는 猪저로 쓰는 것이 보통이지만 사실 이 글자는 속자이고, 본래 글자는 '豬저'로서 豕변으로 되어 있기 때문입니다. 게다가 '豚'의 오른편 방부수가 물론 '豕'이며, 여기에 肉변을 붙인 것은 豚돈 고기를 제사에 바쳤다는 것을 나타내는 것에 불과하기 때문입니다. 앞의 그림을 한번 보십시오. 머리와 네 다리가 있고, 꼬리가 있는 멧돼지(이노시시) 모양입니다.

지금까지 십이지의 글자는 자子는 쥐[鼠]를, 축丑은 소[牛]를 뜻하는 것으로 설명하셨습니다. 그런데 사巳만은 뱀[蛇]이라는 글자와 함께 巳사자 자체가 뱀의 모양을 본뜬 것이라고 말씀하셨지요. 그렇다면 '해亥'도 '저豬'나 '시豕'부터 하지 말고, '해亥'라는 글자, 그 자체부터 설명을 해주시면 어떨까요?

모로하시 '亥'라는 글자에서 멧돼지라는 뜻을 끌어낼 수 있는가 하는 말씀인 것 같은데, 그건 무리입니다. 하지만 亥의 원형은 상형글자 𠀾이기 때문에 맨 위는 '二', 즉 두 개, 가운데는 'イイᄂ'로 두 획씩 이루어진 것이 세 개이므로 곧 여섯 개입니다. 그래서 亥를 '이수육신二首六身'의 글자라고 합니다. 그리고 중국 상인들은 종종 숫자를 부호로 표현하는데, 예를 들면, 6은 'T'로, 7은 'ㅛ'로 나타냅니다. 그런 방법으로 亥자의 이수육신을 숫자로 표현하면, '2, 6, 6, 6'이 됩니다. 옛날에 이러한 방법으로 자신의 이름을 암시했다는 기인畸人이 있었다고 합니다.

어떤 사람입니까? 재미있을 것 같은데 이야기를 좀 들려주시죠.

모로하시 춘추시대, 진晋나라에 도부인悼夫人은 기杞라는 땅에 성을 지었습니다. 옛날의 토목공사는 대개 민간인들이 무보수로 노역하는 것에 불과해서 하루 일한 품삯을 주지 않았습니다. 그 대신에 연령을 대개 65세

상대돈商代豕 형동존形銅尊 | 상대商代 | 후난성湖南省박물관

까지로 정해서 그 이상 나이가 든 사람은 노인을 대우한다는 뜻에서 노역을 시키지 않았습니다.

  도부인은 성을 짓고 나서 노역을 치하하기 위해 인부들에게 술과 음식을 차려놓고 향응을 베풀었는데, 그때 인부 중에 강현絳縣의 남자라고 하는 사람이 있었습니다. 그런데 그는 아무리 봐도 일흔 살이 넘어 보이는 노인이었습니다. 그래서 관리가 이상히 여겨 "그대는 도대체 몇 살인가?"라고 묻자 그 노인은 "워낙 저는 보잘것없는 몸이라 몇 살이나 되었는지 잘 모릅니다. 다만 태어난 것이 정월 갑자 초하루이며, 그로부터 지금까지 갑자를 445번 맞았습니다. 그리고 이번에 맞을 갑자까지는 앞으로 3

분의 2가 남았습니다"라고 대답했습니다.

　노인의 말만으로는 계산하기 어려워 누구에게 물어도 그 나이를 몰랐기에 현인인 사광師曠에게 찾아가 그 이야기를 들려주었습니다. 그러자 사광은 "오, 그것은 노魯나라의 숙중혜백叔中惠伯이 진晉나라의 극성자郤成子와 승광承匡의 땅에서 회합한 해에 태어난 것이 되니, 올해 그 노인은 713세가 될 것이오. 그리고 이번에 맞을 갑자까지 더하면 714세가 될 것이오. 게다가 이번에 맞을 갑자의 날이 3분의 2, 즉 40일이 남아 있다고 하니 계산을 해보면 '60×445－(60÷3×2)=26,660', 즉 '2만 6천 660일'이 됩니다"라고 말했습니다.

　그런데 이 이야기를 듣고 있던 어느 지혜로운 대부가 "헌데 그 일수를 보면, 그 남자의 이름이 '해亥'일지도 모르겠습니다. 해亥라는 글자는 이수육신으로 이루어져 있고, 전문篆文은 丅로 되어 있습니다. 즉, 머리 부분이 '二'이기 때문에 이수二首, 아래는 '亻'가 둘, '乚'이 하나입니다. '乚'은 2획으로 계산할 수 있으니 '육신六身'이 됩니다. 그리고 상인들이 사용하는 숫자 부호를 가지고 보면, 이수육신은 '2666'입니다. 또한 옛날에는 모두 '순旬(10)'을 단위로 삼았기 때문에 결국 '26660'이라는 숫자가 되며, 이는 亥해를 의미하는 것일 것입니다"라는 새로운 주장을 내놓았습니다.

　이 이야기가 진나라의 큰 세력가인 조맹趙孟의 귀에 들어갔습니다. 조맹은 즉시 강현의 대부를 불러 사실 여부를 따졌는데, 노역을 했던 강현의 남자는 과연 '당해唐亥'라는 이름의 현인이었습니다. 그래서 조맹은 "당신 같은 현인을, 이렇게 비천한 노역을 하게 둔 것은 내가 명철하지 못해 저지른 잘못입니다. 지금부터는 잘못을 바로잡아 선생의 의견을 따를 것이니 부디 관직을 맡아주십시오" 하며 간청하였습니다. 하지만 당해는 "저는 한낱 노인에 지나지 않습니다"라고 하며 끝내 청을 고사했습니다. 이에 조맹은 당해에게 토지를 주고, 강현의 스승으로 모셨습니다.

이렇게 현인을 발탁했다는 이야기를 들은 노魯나라의 권세 있는 신하인 계무자季武子는 "진나라의 조정에는 군자가 많으니 아직까지는 업신여길 수 없다"며 진을 가벼이 봐서는 안 된다며 두려워했다고 합니다.[4] 이상은 《좌전左傳》에 나오는 이야기입니다.

《맹자》에도 진나라의 평공平公이 해당亥唐이라는 현인에게 사사 받았다는 이야기[5]가 나옵니다. 여기에 나오는 해당이 평공에게 "들어가라"고 하면 들어가고, "앉아라" 하면 앉았으며, "먹어라" 하면 그 어떤 거친 음식이라도 평공은 달게 먹었다고 합니다. 여기서 말하는 해당이 《한비자》에는 당해唐亥라고 되어 있기 때문에 아마도 《좌전》의 당해와 《맹자》의 해당은 동일한 인물일 것으로 생각됩니다.

아주 재미있는 이야기이군요. 그런데 일본에서는 시豕, 즉 이노코가 다산多産을 상징하는 짐승이라고 해서 이와 관련된 다양한 풍습이나 행사가 있지 않습니까? 예를 들면 '이노코 축제いのこ祝'라고 해서 음력 10월 상순 해일亥日 해시亥時에 이노코떡いのこ餠(돼지떡)이라는 음식을 먹는 행사가 있습니다. 또 떡을 먹으면 만병을 물리치는 비법도 되고 자식을 얻는 복을 받을 수 있다고도 하지요. 자식 복이 많다는 것은 이노코가 새끼를 많이 낳는 짐승이라는 사실에 근거를 두고 있다고 봐야겠지요.

모로하시 선생님의 이야기를 듣고 문득 생각난 것인데, '이노코 축제' 등이 모두 돼지의 다산과 연관이 있다고는 하지만 멧돼지[豬, 야생돼지]가 정말 다산을 하는지 궁금하군요. 정말 그렇습니까? 돼지[豚]가 새끼를 많이 낳는 것은 잘 알고 있지만, 경우에 따라서는 일본에서도 시豕(멧돼지 새끼 혹은 멧돼지)와 돈豚(일반적으로 사육하는 돼지)을 혼동하고 있는 것은 아닐까요?

글쎄요. 그건 잘 모르겠습니다. 그런데 중국에는 앞에서 말한 이야기 외에도 돼지[豬]에 관한 다양한 전설이 있겠지요?

모로하시 돼지[豕]가 인간처럼 말을 했다는 이야기가 두세 개 있습니다. 사차왕莎車王[6]이 우전도말于闐都末[7]을 죽이려 했던 때의 일입니다. 도말이 성 밖에서 야생돼지를 죽이려 하자, 그 돼지가 사람 말을 하면서 "제발 저를 죽이지 말아주십시오. 그러면 당신을 위해 제가 사차왕을 죽이겠습니다" 하고 말했습니다. 그래서 이상한 일도 다 있구나 하며 괴이하게 여겼는데, 그로부터 수일이 지난 뒤에 도말이 형제와 함께 사차왕을 죽일 수 있었다고 합니다.

보다 확실한 것은 수隋나라의 《오행지五行志》에 나오는 이야기입니다. 위남謂南 사람이 여행을 떠나 어느 여관에 묵었습니다. 그런데 그날 밤 옆방에서 사람 소리가 들려왔습니다. 한 사람이 말하길 "이제 연말이 되었다. 여관 주인이 내일은 틀림없이 우리를 죽여 송년잔치 음식을 장만할 것이다. 오늘 밤 안에 도망가야 하지 않겠는가?" 하자 다른 한 사람이 "강 북쪽 기슭에 내 누이의 집이 있으니 그곳으로 도망치자"고 이야기를 했습니다. 다음날 아침이 되어 일어나보니, 여관 주인은 자신이 기르고 있던 돼지 두 마리가 없어졌다며 손님이 훔쳐간 게 분명하다며 따져 물었습니다. 그러자 손님은 주인에게 어젯밤의 일을 낱낱이 일러주었습니다. 그래서 강 북쪽 기슭을 찾아보았더니, 과연 그곳에 돼지 두 마리가 숨어 있었다고 합니다.

조금은 터무니없는 이야기이긴 하지만 재미있군요. 어느 나라든 이런 옛날이야기가 있겠지요. 그런데 언제부터인지 이야기 중에 중국 상대上代에서는 자·축·인·묘의 십이지가 모두 하늘의 별에서 비롯된 것이라고 믿었다는 내용이 있는데, 아무리 쓸모없는 돼지라 하더라도 그 점에서는 예외가 아니군요.

모로하시 그렇습니다. "북두성北斗星이 때때로 정기[精]를 발산해 돼지[豨]가 되었다. 따라서 태胎 안에서 4개월이 지나면 태어나는 것은 하늘의 이치에 응하는 것이다"라고 합니다.

별의 정기가 멧돼지나 돼지라는 것은 그다지 좋게 보이지 않는군요.

모로하시 그럼에도 불구하고 돼지의 정기를 받은 유명한 인물이 있습니다. 바로 남송南宋의 충신인 악비岳飛입니다. 그러니 그렇게 쓸모없는 것으로 여길 수도 없겠지요.

악비가 돼지의 정기라는 이야기가 정사正史에도 나오는지?

모로하시 물론 전설이니까 정사에는 나오지 않습니다. 다만 《이견지夷堅志》[8]라는 소설에 따르면, 악비의 문하승門下僧인 혜청惠淸의 이야기가 다음과 같이 전해지고 있습니다.
　악비가 아직 무명이었던 시절의 일입니다. 상대相臺의 서옹舒翁이라는 관상가가 와서 "그대는 돼지[豕]의 정기이다. 본래 정령이 인간에게 들어오면 반드시 변화가 일어나는 법이다. 대개 돼지는 앞뒤 생각 없이 무턱대고 돌진하는 성질이 강하니 마무리를 제대로 하는 것이 어렵다. 그러하니 그대도 훗날 뜻을 이루면 빨리 그 지위에서 물러남을 생각하는 것이 좋을 것이다"라고 충고했습니다. 하지만 악비는 대단히 호방한 성격이라 관상가의 말을 웃어넘길 뿐 괘념치 않았습니다. 그런데 그 뒤 악비는 공교롭게도 진회秦檜의 참언으로 대리사大理寺의 감옥에 갇히는 신세가 되었습니다. 대리사는 재판소 같은 곳입니다.

당시 주삼외周三畏라는 인물이 악비를 신문하는 역할을 맡았는데, 임무를 수행하기 위해 밤에 혼자 걸어가고 있었습니다. 그런데 고목 밑에 돼지와 비슷한 생김새에 머리에 뿔이 달린 괴물이 웅크리고 있었습니다. 괴물은 조용하게 움직이더니 옥문 옆에 있는 작은 사당 속으로 몸을 숨겼습니다. 사실 그 괴물은 악비의 정기가 모습을 드러낸 것으로, 잘 보니 머리 위에 붙어 있는 종잇조각에 '發발'이라는 글자가 씌어 있었다고 합니다. 그런데 일본에도 돼지[猪]에 관한 재미있는 이야기가 있을 것 같습니다. 어떻습니까?

이렇게 질문까지 해주셨지만, 사실 일본에서 전해지는 돼지에 관한 재미있는 역사적 사실은 그다지 잘 생각나지 않는군요. 미나모토 요리토모源賴朝[9]가 후지산富士山에서 사방을 에워싸고 짐승을 몰아서 잡는 사냥을 하고 있었는데, 그때 니탄노시로 다다쓰네仁田四郎忠常[10]가 돼지를 맨손으로 때려잡았다든지, 또 그보다 조금 앞서, 겐페이 야지마源平屋島에서 해전을 벌일 때 미나모토 요시쓰네源義經와 가지와라 가게토키梶原景時[11]가 앞뒤로 자유롭게 움직일 수 있게 만든 배의 노櫓 장치에 대해 논의하면서 다투었다는 이야기가 고작입니다. 가게토키가 노의 필요성을 주장했지만 요시쓰네는 그 주장을 받아들이지 않았습니다. 그러자 가게토키는 "(그대는) 앞으로 나갈 줄만 알고 뒤로 물러날 줄 모르니 저무자猪武者에 불과하다"고 꾸짖었습니다. 저무자란 돼지처럼 무턱대고 돌진만 할 뿐 적당한 때를 봐서 물러설 줄 모르는 무모한 사람을 가리키는 말입니다.

그러자 기분이 상한 요시쓰네도 인상을 쓰면서 "돼지인지 사슴인지는 모르지만, 요시쓰네는 적을 이기기에 충분하니 기분이 좋다. 요시쓰네는 배라면 부아가 난다"고 응수했습니다. 이때는 곁에 앉아 있던 사람들이 모두 와 하고 웃어버려서 가게토키의 얼굴이 붉게 물드는 것으로 끝납니다만, 이 일이 화근이 되어 요시쓰네는 가게토키의 참소로 요리토모賴朝에게 미움을 사게 되고, 결국 고로모衣川 전투에서 애석하게도 영웅다운 최후를 맞이하게 됩니다. 지금 생각나는 건 이 정도 입니다.

모로하시 모두 뛰어난 장군에 대한 이야기로군요. 중국에서 돼지와 장군의 이야기로 우선 생각나는 것은 《사기》의 〈항우본기〉나 《한초군담漢楚軍談》 등에 나오는 '홍문지회鴻門之會'입니다.

패공유방과 항우는 처음에는 함께 힘을 모아 진나라를 정벌하였으나 후에 서로 공명을 다투며 반목하게 됩니다. 항우의 병사는 40만으로 홍문鴻門에 있고, 패공의 병사는 10만으로 패상霸上에 진을 치고 서로 대치하며 일촉즉발의 위기 상황을 맞았습니다. 패공의 참모인 장량張良은 패공이 홍문에 있는 항우의 진지를 방문토록 하는 중재를 통해 일단 사태를 수습했습니다. 그런데 항우의 참모인 범증范增은 처음부터 패공의 진의를 의심하고, 이번이 좋은 기회이니 패공을 공격해서 반드시 죽이라고 권면하였습니다. 하지만 사람 좋은 항우는 도무지 결심이 서지 않았습니다. 애가 타서 안절부절못하던 범증은 두 영웅의 연회가 한창 무르익을 무렵 항장項莊에게 명해 검무劍舞를 추게 하고, 그 틈을 타서 패공을 공격

가쓰시카 호쿠사이葛飾北齋 | 월하저도月下猪圖(부분) | 19세기 | 보스턴미술관

하라고 일렀습니다.

하지만 사태의 긴박함을 간파한 장량은, 용맹스럽고 뛰어난 능력으로 명성을 떨치던 번쾌樊噲를 불러 항우를 압박했습니다. 그때 번쾌의 모습이 매우 훌륭하였는데, 눈은 부라려서 항우를 매섭게 쏘아보았으며, 머리카락은 위로 치솟았고, 눈초리는 모두 찢어놓을 듯 했다고 사서에 나와

있습니다. 그럼에도 항우는 조금도 놀라지 않고 "과연 장사壯士로다. 한잔 하게"라고 하며 술이 한 말이나 들어가는 큰 잔을 내밀었습니다. 게다가 익히지도 않은 '체견彘肩(돼지 어깨고기)'을 주었습니다. 그러자 번쾌는 선 채로 말술을 다 들이마시고 칼을 꺼내 채견을 잘라먹었습니다. 항우가 "좀 더 먹겠는가?"라고 묻자 번쾌는 "소신은 죽는 것도 피하지 않으니, 어찌 잔에 담긴 술을 사양하겠습니까?"라고 호기롭게 대답하였습니다. 그러고는 패공과의 사이에 틈을 만드는 것은 옳지 않다고 말했는데, 그러한 문답에 시간을 허비하고 있는 사이에 패공은 장량이 내놓은 책략에 따라 교묘하게 호랑이 입에서 탈출할 수 있었습니다.

더 없이 좋은 기회를 놓치는 바람에 몹시 분한 범증은 "아, 애송이항우는 일을 도모하기에 부족하구나. 장군항우의 천하를 빼앗을 인물은 틀림없이 패공일 것이다"라며 통탄했다고 합니다. 이것이 역사상 유명한 홍문지회입니다.

범증이 말한 대로, 훗날 항우가 해하垓下 전투에서 패하면서 세상은 패공, 즉 유방의 천하가 되었습니다. 장황하게 이야기했지만 제가 드리고 싶은 말씀은 번쾌가 돼지의 채견을 잘라먹었다는 것입니다. 체견은 앞서 말했듯이 돼지의 어깨고기를 말합니다. 이번에는 선생님께서 돼지와 관련된 재미있는 말씀을 좀 들려주시지요.

이야기 재료가 없긴 하지만, 마루야마 오쿄円山応挙[12]가 산 속에서 돼지를 그렸던 이야기를 해보지요. 아시는 바와 같이 마루야마 오쿄는 처음에는 가노파狩野派[13]의 이시다 유테이石田幽汀[14]에게 배웠고, 송宋의 전순거錢舜擧[15]를 모방했으며, 후에 청淸의 심남빈沈南蘋[16]의 화법과 서양화를 참고로 해서 마침내 자신만의 화파를 일구었습니다. 당시로서는 드물게 사생화를 좋아한 화가였지요.

 어느 날 오쿄가 산 속을 걸어가는데 돼지가 잠자고 있는 모습을 보았습니다. 그 모습을 본 오쿄는 행운이라 생각하고 화폭에 담았습니다. 그리고 집으로 돌아와서 더 골똘히 궁리한 끝에 훌륭한 그림으로 완성해 몹시 기뻐했습니다. 그때 어느 사냥꾼이 그 그림을 보고는, 돼지가 죽어 있는 게 아니냐고 말했습니다. 반쯤은 화가 나고 반쯤은 놀라서 "그렇다면 산에 가보자"고 해서 직접 가보니, 과연 그 돼지가 죽어 있었다고 합니다. 죽은 돼지를 산 것으로 생각한 것은 오쿄의 주의가 부족했던 탓이지만, 죽어 있는 돼지를 죽어 있는 것처럼 그린 것은 역시 오쿄 솜씨가 보통이 아니었음을 드러낸 것이라고 생각합니다.

모로하시 앞서 한나라의 이광이 돌을 호랑이로 잘못 보고 활로 쏘았더니 화살이 그 돌에 박혔다는 이야기를 한 적이 있지요. 그런데 자신이 맞힌 것이 호랑이가 아니라 돌이라는 사실을 알고 나서 다른 날 활을 쏘자 이번에는 화살이 꽂히지 않았다는 이야기와 '동공이곡同工異曲'[17]의 느낌이 드는군요.

마루야마 오쿄의 이야기 같은 것이 중국에도 있습니까?

모로하시 들은 바가 없습니다만, 돼지[豕]와 관련된 이야기를 해보도록 하지요. 이 이야기는 돼지 사육보다는 오히려 공부를 하는 편이 더 낫겠다는 생각이 드는 사람의 이야기입니다. 이런 이야기는 적잖이 있습니다.

구체적으로 어떤 이야기인지요?

모로하시 후한시대에 오우吳祐라는 사람이 있었습니다. 나이 스물에 아버지를 여읜 데다 집에는 쌀 한 톨 없는 가난뱅이였음에도 불구하고, 다른 사람의 동정을 받는 것은 옳은 일이 아니라 여기고 혼자서 돼지를 치며 살았습니다. 그러던 어느 날, 우연히 부친의 친구를 만났는데 대뜸 "자네 부친은 곡식 이천 석을 관장하던 인물이었네. 그 아들이 하필이면 채찍을 손에 들고 돼지를 치고 있다니 이게 무슨 일인가? 자네는 그래도 좋을지 모르지만 자네 아버지의 수치는 어찌 할 작정인가?" 하며 야단을 쳤습니다. 하지만 오우는 의연하게 처음에 세운 뜻대로 계속 돼지를 치며 살았습니다. 그렇게 돼지를 치는 틈틈이 경서를 읽으며 훗날의 대성을 기약했다는 이야기입니다.[18]

비슷한 이야기인데, 양홍梁鴻은 박학하고 기억력이 좋아 무엇이든 달통하지 않은 것이 없다고 일컬어지는 인물이었습니다. 하지만 그 역시도 젊은 시절에는 가난해서 상림원上林苑에서 돼지를 치며 생활을 해나가고 있었습니다. 어느 날 독서에 마음을 빼앗긴 탓인지 그만 실수로 불을 내서 민가를 여러 채 태우고 말았습니다. 민가에서 손해배상을 요구했지만, 그의 집에는 아무것도 없던 터라 하는 수 없이 자신이 기르던 돼지를 모두 내놓고 선처를 부탁했습니다만, 마을 사람들은 그것만으로 용서를 하지 않았습니다. 달리 방도가 없었던 그는 마침내 자신을 팔아 노예가 되었다고 합니다.[19]

또 한 가지 이야기는, 손기孫期의 이야기입니다. 손기는 경씨역京氏易[20]이나 고문상서학古文尙書學[21]으로 유명한 학자인데, 그 역시도 소년 시절에는 극빈해서 돼지를 치며 경서를 읽었습니다. 본래 효자였기에 그 지방 사람들은 손기의 어질고 겸손한 풍모에 감화하여 천하를 뒤흔들었던 황건적이 마을에 쳐들어왔을 때 손 선생의 집만은 욕보여서는 안 된다고 서로 약속을 하였다고 합니다. 돼지에 얽혀 있는 유명한 인물의 공부 이야기라면 이 정도의 것들이 있습니다.

화제를 바꾸어 언제나 그랬던 것처럼 멧돼지나 돼지에 관한 숙어를 들려주셨으면 하는데요.

모로하시 몇 가지 이야기해보지요. '돼지처럼 대하고 짐승처럼 기른다'는 '시교수축豕交獸畜'[22]은 사람을 대우하는 데 예의를 갖추지 않고 마치 돼지처럼 취급하고, 사람을 가축처럼 기르는 것을 말합니다. '돼지의 마음'을 뜻하는 '시심豕心'은, 돼지가 탐욕스러운 존재인 것처럼 사람이 탐욕스럽고 수치심이 없는 것을 가리킵니다. '시돌豕突'은 '돼지의 돌진'이라는 의미인데, '저돌猪突'과 마찬가지로 앞뒤 생각 없이 무턱대고 덤벼드는 것을 말합니다. 조금 지저분하지만, '돼지우리'를 뜻하는 '시뢰豕牢'라는 말도 있는데 이는 변소를 이르는 말입니다. 중국에서는 돼지우리를 변소로 대용했기 때문에 생긴 말이지요. 그리고 '돼지가 진흙은 짊어진다'는 '시부도豕負塗'라는 말도 있는데, 여기서 '도塗'는 진흙을 뜻합니다. 즉, 더러운 것이 더러운 것을 짊어진다는 뜻으로 오염의 심각함을 비유할 때 쓰는 말입니다.

그다지 우아한 이야기는 아니군요.

모로하시 그래서 '돼지나 개도 그 동족은 먹지 않는다'는 말이 있는지도 모르겠습니다. 이 말은 사람을 욕할 때 쓰는 말이지요. 하지만 춘추시대 연燕의 소왕昭王에게 바친 돼지가 120년이나 살아서 당시 사람들이 '시선

豕仙(돼지신선)'이라 부르며 존중했다는 이야기도 있습니다.

돼지가 신선이라니, 뭔가 신선한 느낌이 듭니다.

모로하시 그런데 그 뒷이야기는 그렇지 않습니다. 소왕이 그 돼지를 바친 사람에게 어떤 것을 먹여서 돼지를 길렀는지 묻자, "사람의 배설물이 없으면 진귀하게 될 수 없습니다"라고 대답했다고 합니다. 역시 지저분한 이야기지요.

그 외에도 찾아보면 돼지와 관련된 숙어들이 다양하게 있을 것 같습니다. 일본에서도 군사기록물 등을 보면, 무사 중에서 할복하기 좋은 사람을 '이쿠비猪首', 즉 '돼지처럼 목이 짧고 굵은 사람'이라고 하지 않습니까? 또 도자기 제품 중에서 작은 잔을 '쵸코猪口'라고도 하고요.

모로하시 약삭빠른 인물을 가르켜 '쵸코자이猪口才'고 하는 건 무슨 이유가 있는지요?

글쎄요. 그건 잘 모르겠습니다. 그런데 앞뒤 가리지 않고 무턱대고 부딪치는 것을 '저돌猪突'이라고 하기는 합니다만……

모로하시 그 말은 본래 한나라의 왕망이 죄수들을 모아서 만든 부대인 '저돌희용猪突豨勇'에서 나온 것입니다. 물론 그 부대는 앞뒤 가리지 않고 걸핏하면 싸움질을 하는 난폭한 인물들로 구성되어 있었다고 합니다.

돼지에 관련된 숙어들을 조금 더 들려주시지요.

모로하시 '일룡일저一龍一豬'라는 말이 있습니다. 당송 팔대가의 한 사람인 한퇴지의 〈부독서성남符讀書城南〉이라는 권학의 글 속에 있는 말인데, 인간은 어린아이 때에는 모두 비슷해서 "조금 자라 모여 놀 때는 같은 무리의 고기와 다르지 않다"[23]고 하지만, 학문을 하느냐 하지 않느냐에 따라 나이가 들어가면 달라진다고 합니다. 일룡일저의 차이, 즉 용과 돼지만큼 차이가 나게 된다는 것입니다. '요동의 돼지'라는 '요동지시遼東之豕'[24]라는 속담은 잘 아시겠지요? 우물 안의 개구리마냥 자신만이 특별할 뿐 아니라 대단하다고 잘못 확신하고 뻐기는 것을 이르는 말입니다.

한나라의 건국에 여러 가지 공을 세운 팽총彭寵이라는 장군이 있었습니다. 이 팽총이 주부朱浮를 공격했을 때 주부는 다음과 같은 글을 팽총에게 보냈다고 합니다.

> 그대는 스스로가 상당히 훌륭한 인물이라 자만하고 있는 듯한데, 그것은 당치도 않은 일이로다. 옛날 요동遼東 지방에 머리가 흰 새끼를 낳은 돼지가 있었다. 이를 진귀하게 여긴 요동 사람이 조정에 헌상하였는데, 그 후에 하동河東에 가서 보니 어찌 된 일인지 돼지란 돼지는 모두 흰 머리였다고 한다. 지금까지 그대가 세운 하찮은 공을 조정에 과시하려는 것은 흡사 요동 땅의 돼지와 같은 것이다.[25]

이왕 말이 나온 김에 한 가지 덧붙이자면, 마찬가지로 한나라 정령위丁令威는 신선술을 연마하여 학으로 변해 하늘로 올라갔다고 해서 '요동지학遼東之鶴', 즉 '요동의 학'이라는 기분 좋은 고사성어를 남겼습니다.

그럼 마지막으로 돼지에 대한 실제 이야기가 있으면 좀 들려주시지요.

모로하시 《좌전》에 나오는 이야기를 해볼까요. 노나라 환공의 부인인 문강文姜은 제齊나라 양공襄公의 동생인데, 자주 친정에 들락거리다가 오빠인 양공과 정을 통하는 비륜非倫을 저질렀습니다. 그런데 이 사실을 알게 된 환공이 노발대발하며 아내를 꾸짖자, 문강은 반성은커녕 남편을 죽이려는 무서운 음모를 꾸몄습니다. 그래서 환공을 술자리에 불러내 마차에 태울 때, 힘이 센 팽생彭生이 환공을 세게 껴안아 뼈를 부러뜨려 죽였습니다.

그렇게 환공이 죽임을 당하자 제나라와 노나라의 국교는 단절되고 말았습니다. 그런데 국력으로 볼 때 노나라는 제나라의 상대가 되지 못했습니다. 그래서 노나라의 중신들은 환공이 죽은 것은 어쩔 수 없다 하더라도 최소한 환공을 죽이는 데 직접 가담한 팽생에게 만큼은 죄를 묻기로 하고 그를 죽여 노나라의 체면을 세우고자 했습니다. 이 조치는 지극히 비굴한 제안으로 임시방편에 불과한 것이었습니다. 사실 팽생이야말로 피해자로, 양공의 명을 받아 환공을 죽였지만, 오히려 그런 이유로 희생양이 되어 양공에게 목숨을 빼앗기고 말았던 것입니다.

그 이듬해의 일입니다. 양공이 패구貝丘로 사냥을 하러 나갔는데, 갑자기 눈앞에 매우 큰 돼지가 나타났습니다. 그런데 이를 본 양공의 하인이 무슨 영문인지 "앗, 팽생이다" 하며 소리를 쳤습니다. 팽생에게 죄를 뒤집어씌운 과거 죄의 업보 때문에 그렇게 보인 것인지, 아니면 양공을 죽이려 했던 무리들이 지어낸 말로 겁을 준 것인지는 알 수 없으나, 어쨌든 하인의 말을 들은 양공에게는 그 돼지가 정말로 팽생으로 보였을 것입니다.

양공이 "팽생, 네 이놈 잘 만났다" 하며 활을 쏘자, 커다란 돼지는 인간처럼 똑바로 서서 크게 울부짖었습니다. 이렇게 요상하고 괴이한 현상에 더욱 두려움을 느낀 양공은 그만 마차에서 떨어졌습니다. 그리고 마침내 제나라에서 일어난 역적의 무리들에게 죽임을 당하고 말았습니다.[26]

줄거리만으로도 재미가 있군요. 《좌전》은 문장이 아주 훌륭하다는 이야기를 들었습니다. 본문을 보면 더 재미있을 것 같습니다. 그런데 지금까지는 선생님께서 모든 해[年]를 말씀하실 때마다 그에 해당하는 십이지 동물과 성현과의 관계에 대해 이야기를 해주셨습니다만…….

모로하시 그랬지요. 공자는 54~55세부터 68~69세 사이에 천하를 주유했는데, 진채陳蔡라는 곳에서 일대 위기와 재난을 만나 먹을거리조차 얻을 수 없는 지경에 처하게 되었습니다. 그때 제자인 자로가 어디에서 구했는지 삶은 돼지고기를 가져오자 굶주림에 괴로워하던 공자는 출처도 묻지 않고 허겁지겁 먹었다고 합니다. 명분에 엄격했던 공자에게 정말 그런 일이 있었던 것인지, 아니면 공자학파를 비방하기 위해 지어낸 이야기인지는 모르겠습니다. 당시 학계는 공자의 가르침과 묵자의 가르침인 박애博愛와 겸애兼愛, 후장厚葬과 박장薄葬 등 여러 가지 이론을 놓고 논쟁을 벌이고 있었으니까요.

또《논어》에는 양호陽虎라는 노나라의 대부가 공자에게 돼지를 보낸 이야기가 나옵니다.[27] 양호는 상당한 세력가로, 훗날 반란을 일으킨 인물입니다. 그는 공자를 자신의 휘하에 두기 위해 일을 꾸몄는데, 공자를 자신에게 오라고 부르면 무례하다는 비난을 받게 될 것이고, 직접 공자를 찾아가면 자신의 체면이 손상되는 듯한 기분이 들었습니다. 그래서 한 가지 잔꾀를 냈습니다.

당시 풍습으로는 대부가 사士에게 물건을 보내면, 사가 집에 있어서 직접 감사의 예를 갖추어 인사를 하면 몰라도, 만일 부재중이면 뒷날 대부의 집에 찾아가 감사의 예를 갖추어야 하는 것이 관례로 되어 있었습니다. 양호는 이 관례에 편승해 공자가 밖에 나가 집에 없는 날을 골라 돼지를 보냈습니다. 그러면 공자가 반드시 답례 인사를 하러 올 것으로 생각하고, 그때 만나보려 했던 것입니다. 하지만 군자는 속이려고 해도 속일 수 없는 법이지요. 그런 잔꾀를 뻔히 알면서도 술수에 넘어갈 공자가 아니지요. 공자 역시 양호가 없는 날을 택해 그의 집을 찾아가 감사의 인사를 했다고 합니다.[28]

오늘날의 관점에서 보면 양쪽 모두 지나치게 형식에 구애받는 것으로 보이기도 합니다. 하지만 예법이 엄격했던 봉건시대에는 그런 일도 명분상 필요한 것이었는지도 모르겠습니다.

모로하시 공자의 제자인 자로는, 아직 공자의 제자가 되기 전에는 야비하고 난폭했던 인물이었습니다. 자신의 용기를 과시하기 위해 언제나 수탉 꼬리로 만든 관을 쓰고, 수퇘지 가죽으로 칼을 장식했다고 합니다. 또 다른 이야기로 증자曾子의 이야기가 있습니다. 증자의 아내가 자식들을 데리고 시장에 가는 도중에 아이가 칭얼대며 울었습니다. 그러자 아이를 달래려고 "집에 돌아가면 돼지고기 요리를 해주마" 하고 그만 실언을 하고 말았습니다. 집에 돌아가 그 이야기를 하자, 증자는 즉시 돼지를 잡겠다고 말했습니다. 그러자 아내는 놀라서 "단지 아이를 달래려고 농담으로 한 말이지 정말 그렇게 하려고 한 것은 아닙니다"라고 했지만 증자는 그 말을 듣지 않았습니다. "농담이라도 거짓을 말해서는 아니 되오. 그렇다면 아이에게 거짓을 가르치는 것이 되지 않겠소"라며 결국 돼지를 잡아

아이들에게 요리를 해주었다고 합니다.[29] 이는 가정교육에 참고가 될 만한 이야기라고 생각합니다.

이와 비슷한 이야기가 《맹자》에도 나옵니다. 맹자의 어머니는 '맹모삼천孟母三遷'[30]이라고 해서 자녀 교육을 위해 사는 곳을 세 번이나 옮겼다거나, '맹모단기孟母斷機'[31]라 해서 맹자가 유학 도중 집에 돌아오자 옷감을 짜던 기계 위의 베를 자르며 학문이란 중도에 그만둘 수 없는 것이라고 가르쳤다는 등 다양한 이야기들이 전해지고 있습니다. 그런 이야기 중에 돼지와 관계가 있는 이야기가 있습니다.

맹자가 아직은 작은 아이였을 때의 일입니다. 이웃집에서 돼지를 잡고 있었는데, 맹자가 무심코 "무엇 때문에 저리 하는 것입니까?" 하고 묻자, 어머니는 아무 생각 없이 "너에게 먹이기 위해서 저러는 것이다"라고 말했습니다. 현모만이 할 수 있는 일이었을 테지만, 그렇게 말한 뒤에 곧바로 자신의 실언을 반성하며, "지금껏 나는 태교를 중시하여 앉을 때도 자리가 바르지 않으면 앉지 않았고, 먹을 때도 칼로 자른 자리가 반듯하지 않으면 먹지 않았다. 그만큼 삼가 한 것을, 지금은 실언이라는 것을 알면서도 그대로 둔다면 아이에게 불신을 가르치는 것이 될 터이다"라고 하며 즉시 이웃집에서 잡은 돼지를 가져와 맹자에게 먹였다고 합니다.[32] 이 이야기는 어쩌면 증자의 예를 모방한 것인지도 모릅니다. 어느 쪽이든 그다지 훌륭한 이야기 재료는 아닌 것 같습니다. 이제 이것으로 제 이야기를 마치도록 하지요.

긴 시간 여러 가지로 좋은 말씀을 들려주셔서 정말 감사드립니다.

옮긴이 주

서론

1 송대(宋代) 소옹(邵雍, 1011~1077)이 《주역(周易)》의 괘상(卦象)을 가지고 중국의 고대 시기인 당요(唐堯) 갑진(甲辰)부터 후주(後周) 기묘(己未)까지의 정치적 변동과 흥망을 설명한 책으로 모두 12권으로 되어 있다.
2 干者 幹之義, 陽也. 支者 枝之義, 陰也. 《皇極經世書》 卷13 〈觀物外篇上〉
3 전한(前漢)의 학자인 사마천(司馬遷, 기원전 145~86)이 저술한 역사서. 전설적인 상고시대부터 한 무제(武帝)까지의 역사를 통사적으로 기술하였다. 이 사서의 가장 큰 특색은 역대 중국 정사의 모범이 된 기전체(紀傳體)의 효시로서, 제왕의 연대기인 본기(本紀) 12편, 제후왕을 중심으로 한 세가(世家) 30편, 역대 제도 문물의 연혁에 관한 서(書) 8편, 연표인 표(表) 10편, 시대를 상징하는 뛰어난 개인의 활동을 다룬 전기 열전(列傳) 70편 등, 총 130편으로 구성되어 있다.
4 卽天地二十八宿. 十母. 十二子. 《史記》 〈율서(律書)〉에서는 이외에도 십모(十母)와 십이자(十二子)에 대해 상세하게 설명하고 있다.
5 十干 天也. 十二支 地也. 支干配天地之用也. 干者 幹之義, 陽也. 支者 枝之義 陰也. 《皇極經世書》 卷13 〈觀物外篇上〉
6 송대(宋代)의 학자 유서(劉恕, 1032~1078)가 편찬한 역사서. 모두 10권이고 목록이 5권이다. 복희씨(伏羲氏)부터 주대(周代) 위열왕(威烈王)까지의 역사를 편년체로 기록했다.
7 《資治通鑑外記》 卷1 참조.
8 帝受河圖. 見日月星辰之象. 始有星官之書. 其師大撓 探五行之情. 占斗剛所建. 始作甲子甲乙謂之幹. 乙丑謂之枝. 《資治通鑑外記》 卷1 〈黃帝〉
9 사물들의 시원을 추정하고, 그에 관한 경전과 역사를 다양하게 모아놓은 책으로 저자는 미상이다. 전 한 권.
10 십이진(十二辰)은 십이지와 같은 의미로, 고대에는 십이지 대신 십이진이라는 표현을 썼다고 한다.
11 하시모토 마스키치(橋本增吉, 1880~1956). 일본의 동양사학자. 게이오

(慶應)대학 교수 역임. 저서로는 《日本上古史硏究》《支那古代曆法史硏究》 등이 있다.

12 유교의 기본 경전인 오경(五經) 중 하나. 《시경(詩經)》과 더불어 가장 오래된 경전이다. 《서경》은 성왕(聖王)인 제요(帝堯)부터 주(周)나라에 이르기까지 정치와 법제에 관한 여러 제왕들의 발언과 행위를 기록한 책이다. 이 가운데 〈홍범(洪範)〉편은 오행설(五行說)에 기초하여 정치 질서를 바로잡고 복서(卜筮)의 신비적 수단으로써 하늘의 뜻을 점쳐서 상벌을 행할 것을 말하고 있다.

13 一曰水. 二曰火. 三曰木. 四曰金. 五曰土. 《書經》〈洪範〉

14 청(淸) 건륭(乾隆) 6년에 장친왕(莊親王)과 윤록(允祿) 등이 편찬한 것으로, 원명은 《흠정협기변방서(欽定協紀辨方書)》이다. 천문과 지리, 명리 등 길흉을 점치는 음양술수의 책으로, 총 36권 28책으로 이루어져 있다.

15 一復日乃建所同之干. 如正月建寅爲陽木. 而甲亦陽木. 故正月以甲日……歲在東方寅卯屬木.……如寅午戌月合火. 《欽定協紀辨方書》〈秦議〉

16 오경(五經)의 하나로 최초의 편년체(編年體) 역사서이다. 춘추시대 노(魯) 은공(隱公)부터 애공(哀公)에 이르는 12공 242년 간의 기록을 담고 있다. 춘추란 1년이라는 뜻으로 연대기를 의미한다. 《춘추》는 본래 노나라의 사관(史官)이 기록한 궁정연대기였는데, 여기에 공자가 독자적인 역사의식과 가치관을 가지고 다시 기술한 것이다.

17 신죠 신죠(新城新藏, 1873~1938). 일본의 물리학자·천문학자. 동양천문학사를 전공했으며, 《東洋天文學史》 등의 저서가 있다.

18 이지마 다다오(飯島忠夫, 1875~1940). 일본의 민속학자·천문학자. 《天文曆法と陰陽五行說》《支那曆法起源考》 등의 저서가 있다.

19 기원전 2세기 전한(前漢)의 회남왕(淮南王) 유안(劉安)이 편찬한 책이다. 경제(景帝) 말년에 여러 빈객과 방술가(方術家)들이 함께 만들었다. 원래 내편(內篇) 21편과 외편(外篇) 33편이었으나, 현재는 내편만 전한다. 이 문헌은 원래 도교 문헌이지만, 그 안에는 유가와 법가 사상을 내포하며, 그 내용은 형이상학과 우주론, 정치, 행위규범 등 다양한 분야를 아우르고 있다.

20 태세(太歲) 혹은 태음(太陰)의 별칭이다. 태세 혹은 태음이란 그 해[年]의 간지를 의미하며, 목성(木星)의 다른 이름이기도 하다.

21 淮南元年 冬, 天一在丙子. 《淮南子》〈天文訓〉

22 일본어에서 자(子)는 일반적으로 코(コ)라고 읽는다. 그리고 간지 중 자

(子)는 네(ネ=鼠)라고 읽는다. 이 두 글자를 합하면 네코(ネコ)가 되는데, 고양이[猫]라는 뜻이다. 따라서 코네코(コネコ)는 새끼고양이[子猫]를 뜻한다.

23 중국 송(宋)의 고승(高承)이 찬술한 책으로 전 10권(宋刊本은 20권)이다. 천지생식(天地生殖), 정삭역수(正朔曆數), 제왕후비(帝王后妃), 충어금수(蟲魚禽獸) 등 55부(部)로 나누어져 있으며, 1천 764개 사물의 기원을 고서에 기초해 설명하고 있다.

24 黃帝立子丑十二辰以名月. 又以十二支名獸屬之.《事物紀原》卷一,〈天地生植部一〉'十二辰'

25 710년 겐메이(元明) 천황의 나라(奈良) 천도 이후, 794년 간무(桓武) 천황의 헤이안(平安) 천도까지 일곱 명의 천황이 통치한 70여 년 동안의 기간을 가리킨다. 하지만 이처럼 수도를 기준한 정치사적 시대 구분과는 달리 사회·문화사적인 관점에서 7세기 말부터 9세기 초에 이르는 약 1세기 동안의 시기를 포괄하여 나라시대로 보는 경우도 있다.

26 나라에 있는 도다이지(東大寺)의 부속 건물. 나라시대와 중국 당대(唐代)의 우수한 문화를 대표하는 귀중한 문화유산이 보관되어 있다.

27 나라시대 쇼무(聖武) 천황(729~749)의 연호. 나라 문화의 전성기.

28 초자(初子). 정월의 첫 자일(子日). 또는 11월의 첫 자일. 상가에서는 복덕(福德)의 신인 대흑천(大黑天)을 제사 지낸다.

29 하쓰네(はつね)는 초자(初子), 즉 정월의 첫 자일을 말한다.

30 옛날 정월 첫 자일에 잠실(蠶室)을 청소하는 데 쓰던 비(帚).

31 이 말은《만요슈》제9권에 나오는 시구의 일부분이다. 원문은 다음과 같다. 大橋のつめに家あらば うらがなしくひとり行く子に 宿かさまし を……. 우리말로 옮기면 '큰 다리 기슭에 집이 있다면 슬픈 모습으로 홀로 가는 저 아이에게 방을 빌려주었을 텐데……'라는 뜻이다.

32 일본의 문자인 가타카나와 히라가나가 발생하기 이전에 한자의 음과 훈을 빌려서 문자를 적은 표기법이다. 한자의 뜻과는 무관하며, 한국 고대에 사용되었던 이두(吏讀)와 유사하다.《만요슈(萬葉集)》에 그 예가 많은 데서 이르는 말.

33 십삼경(十三經)의 하나. 편찬 연대와 저자에 대해 여러 가지 설이 있다. 현존 최고의 훈고학서로서, 고전을 해석하는 데뿐만 아니라 고대의 언어와 문화를 이해하는 데 반드시 필요한 전적으로 알려져 있다. 전 10권.

34 후한(後漢)의 역사가 반고(班固, 32~92)가 저술한 기전체(紀傳體) 역사

서. 《전한서(前漢書)》 또는 《서한서(西漢書)》라고도 하며, 사마천의 《사기》와 더불어 중국의 대표적인 역사서이다. 《사기》가 상고시대부터 무제까지의 통사인데 반해 《한서》는 전한만을 다룬 책으로, 한고조 유방(劉邦)부터 왕망(王莽)의 난까지 12대 230년간의 기록이라는 특징이 있다.

35 후한의 역사가 반고가 편찬한 경서(經書). 《백호통의(白虎通義)》라고도 한다. 후한의 장제(章帝)가 79년 북궁(北宮)의 백호관(白虎觀)에서 유교 경전에 대한 해석이 학자에 따라 다른 점을 토론하게 하여 각각의 의견들을 절충, 정리시켜 《백호통덕론(白虎通德論)》을 편찬하였는데, 이를 바탕으로 반고가 칙령을 받아 다시 편집한 것이다.

36 후한 말 유희(劉熙)가 지은 사서(辭書). 같은 음을 가진 말로 어원을 설명하였으며, 내용에 따라 석천(釋天)·석지(釋地)·석산(釋山)으로 시작하여 석질병(釋疾病)·석상제(釋喪制)에서 끝나는 27편의 분류 방법은 《이아(爾雅)》와 같으나, 소리가 비슷한 말은 의미와도 많은 관련이 있다는 성훈(聲訓)의 입장에서 해설을 한 점이 특색이다. 억지에 불과하다는 설도 있으나 어원을 해설했다는 면에서 중요한 자료이다.

37 방위의 하나로 남동쪽을 가리킨다.

38 천황이 거처하는 곳의 여러 문 가운데 하나. 천황의 처소 북서쪽에 있다.

39 전한 말부터 후한에 걸쳐 유학의 경전인 경서(經書)에 대응하여 만들어진 일곱 책을 말한다. 주로 길흉화복 따위의 예언을 적은 책으로, 훗날 금서가 되어 그 일부만 전한다. 《시경(詩經)》《서경(書經)》《예기(禮記)》《춘추(春秋)》《악경(樂經)》《주역(周易)》《효경(孝經)》에 대응하는 것으로 칠위(七緯), 즉 《시위(詩緯)》《역위(易緯)》《서위(書緯)》《예위(禮緯)》《악위(樂緯)》《춘추위(春秋緯)》《효경위(孝經緯)》가 있다.

40 임금의 성이 바뀜을 일컫는 것으로서, 이는 천명(天命)이 바뀌는 것을 의미한다. 역성혁명이란 고대 중국의 정치사상으로, 덕(德)이 있는 사람이 덕이 없는 임금을 쓰러뜨리고 새롭게 왕조를 세우는 것을 말한다.

41 일본 최초의 천황. 《니혼쇼키(日本書紀)》에 따르면 이 천황이 일본을 건국했다고 한다.

42 천황의 시조인 고황산령신(高皇産靈神)을 모시고 제사를 지낸 것으로 알려져 있다.

43 에도(江戶)시대를 말한다. 도쿠가와 이에야스(德川家康)가 세운 막부(幕府)체제 아래 정치적 안정과 경제적 성장을 이룩한 일본 봉건시대의 마지막 시대(1603~1868).

44 신유혁명(辛酉革命)이란 고대 중국의 참위설에 기초해서 신유년에 혁명이 일어난다는 설을 말한다.
45 일본의 60대 천황. 헤이안시대 전반부에 통치.
46 미요시 기요유키(三善淸行, 847~919). 헤이안 중기의 학자. 정의감으로 충만한 경세가로서 권위에 굴복하지 않아 출세가 늦어진 것으로 알려져 있다.
47 스가와라노 미치자네(菅原道眞, 845~903). 헤이안 중기의 학자이자 정치가. 한시에 능했으며, 후대 학문의 신으로 추앙받고 있다.
48 후지와라노 도키히라(藤原時平, 871~909). 헤이안 중기의 정치가.
49 고대 규슈(九州) 지역을 통괄하던 관청.
50 미야케 요네키치(三宅米吉, 1860~1929). 일본의 역사학자·교육가. 《日本史學提要》《考古學硏究》 등의 저서가 있다.
51 여행자의 수호신. 자연석이나 석상 등의 형태로 표현되며, 마을의 경계나 고개 등에 세워져 있다.
52 불법(佛法)의 수호신으로 알려져 있는 제석천(帝釋天)의 사자. 병마나 병귀를 물리치는 위력이 있다고 해서 민간에서 크게 숭배되었다. 얼굴이 푸르고 여섯 개의 팔과 세 개의 눈을 가진 괴이한 형상으로 묘사된다. 일본에서는 경신일(庚申日)에 회합을 해서 이 신에게 제사를 지냈다.
53 경신대, 즉 경신일을 맞아 밤에 잠을 자지 않는 풍습을 같이 하는 사람들의 모임을 말한다.
54 천상신(天上神)의 자손. 특히 아마테라스 오미카미(天照大神)의 손자인 니니기노미코토(瓊瓊杵尊)를 말한다.
55 동진(東晉)의 갈홍이 지은 책. 고대 중국의 신선사상과 신선술을 체계적으로 밝힌 최초의 고전. 내편과 외편으로 구성되어 있는데, 내편은 도교적 신선술, 특별히 금단(金丹)의 제조와 그 효능, 다양한 수행법들을 소개하면서 인간은 수행에 의해 누구나 신선이 될 수 있음을 제시하고 있다. 외편은 유가적 사상을 도입하여 세속사를 비판하고 있다.
56 갈홍(葛洪, 283~343). 동진의 학자·도사·연단가(煉丹家). 자는 치천(稚川). 호는 포박자(抱朴子). 신선사상을 집대성하고, 도교의 연금술인 금단(金丹)이론을 체계화하였으며, 유교 윤리와 도교의 금단술을 결합하기 위해 노력했다. 《포박자》《신선전(神仙傳)》 등의 저서를 남겼다.
57 유종원(柳宗元, 773~819). 당대의 유학자. 한유(韓愈)와 함께 고문운동(古文運動)에 앞장섰던 당송 팔대가의 한 사람. 본래 유학자이나 유불도 삼교의 조화를 주장하기도 했다.

58 《全唐文》卷583.
59 有道士言, 人皆有尸蟲三, 處腹中, 伺人隱微失誤, 輒籍記, 日庚申, 幸其人之昏睡. 出讒於帝以求饗.
60 尸蟲逐, 禍無所伏, 下民百祿. 惟帝之功, 以受景福. 尸蟲誅, 禍無所廬, 下民其蘇. 惟帝之德, 萬福來符.《全唐文》卷583 柳宗元(十五)〈罵尸蟲文〉

제1장 자子·쥐

1 에도시대에 발달한 일본의 계산법 중 하나로 네즈미잔이라고 한다. 쥐의 왕성한 번식력을 예로 든 계산법.
2 다다미를 세는 단위.
3 《설문해자(說文解字)》라고도 한다. 후한의 허신(許愼)이 지었다. 한자 9천 353자를 540부(部)로 분류하였으며, 각 글자의 모양과 뜻을 해석하고 있다. 중국 문자학의 가장 기본적인 고전으로 알려져 있다.
4 한자를 구성하는 여섯 가지 유형으로 상형과 지사(指事), 회의(會意), 형성(形聲), 전주(轉注), 가차(假借)가 있다.
5 이 책의 저자인 모로하시 데쓰지가 1929년 다이슈칸서점(大修館書店)의 요청에 따라 편찬에 착수, 1960년에 전 13권(마지막 13권은 색인집)으로 완간한 한자 사전. 저자의 이름을 따서 일명 '모로하시 대한화'로 불리기도 한다. 5만 자에 이르는 한자와, 《시경》《논어》《맹자》《노자》《장자》 같은 고전에서 수집한 숙어 외에 1만 자에 이르는 전서(篆書) 문자와 색인집 등으로 구성되어 있다. 사전을 펴낸 출판사측에서는 "한자 5만여 자에 숙어 53만여 어를 수록한 세계 최대의 한자 사전"이라고 밝히고 있다. 이 사전의 편찬에 자극을 받아 편찬했다는 대만의 《중문대사전》과 중국의 《한어대사전》과 더불어 세계에서 가장 방대하고 정확한 한자 사전 중 하나로 평가받고 있다.
6 유교의 기본 경전인 오경의 하나로, 중국에서 가장 오래 된 시집. 시대적으로는 주초(周初)부터 춘추(春秋) 초기까지의 시 305편을 수록하고 있다. 원래 3천여 편이었던 것을 공자가 산정(刪定)했다고 한다.
7 相鼠有皮, 人而無儀. 人而無儀, 不死何爲.《詩經》'鄘風·相鼠'
8 네즈미코조(鼠小僧, 1795~1832). 에도시대 후기의 유명한 도적. 주로 대저택을 전문적으로 털었던 절도범으로, 본명은 지로키치(次郎吉). 의적을

소재로 한 소설이나 희곡의 주인공으로 널리 알려져 있다.
9 닌코(仁孝) 천황의 연호.
10 碩鼠碩鼠. 無食我黍. 三歲貫女. 莫我肯顧. 逝將去女. 適彼樂土. 樂土樂土. 爰得我所.《詩經》'碩鼠'
11 등문원(鄧文原, 1259~1329). 원의 정치가이자 서예가. 자는 선지(善之)·비석(匪石), 시호는 문숙(文肅). 해행초서(楷行草書)를 잘 썼다. 처음에는 왕희지(王羲之)나 왕헌지(王獻之) 등 진나라와 당나라의 필법을 배웠으나 조자앙(趙子昻)의 영향을 받은 것으로 짐작되는 격조 높은 글씨를 남겼다.《파서문집(巴西文集)》《내제집(內制集)》등의 저서가 있다.
12 禾黍連雲待歲功. 爾曹竊食素餐同. 平生貪黷終何用. 看取人間五技窮.《詩經》'碩鼠'
13 誰謂鼠無牙. 何以穿我墉. 誰謂女無家. 何以速我訟. 誰速我訟. 亦不女從.《詩經》'行露'
14 《後漢書》《陳寔傳》에 나오는 고사.
15 鼷鼠深穴乎神丘之下, 以避薰鑿之患.《莊子》〈應帝王〉. 관(灌) 대신 착(鑿)을 써서 물세례를 받는 화(禍)가 아니라 굴이 파헤쳐지는 화를 피한다고 나와 있는 사본도 있다.
16 전한 말의 학자 유향(劉向)이 지은 설화집. 춘추시대부터 한나라 초기까지 선현(先賢)의 일화를 기록한 것으로, 군도(君道)·신술(臣術)·건본(建本) 등 20편으로 되어 있고, 1편을 1권으로 하여 각 편의 앞부분에 서설(序說)이 있고, 그 뒤에 일화를 열거하고 있다.
17 夫國亦有社鼠, 人主左右是也.《說苑》〈政理〉
18 진(晋)의 학자 진수(陳壽, 233~297)가 편찬한 것으로, 위(魏)·촉(蜀)·오(吳) 3국의 정사이다.《사기》《한서》《후한서》와 더불어 전사사(前四史)로 불린다. 위서(魏書) 30권, 촉서(蜀書) 15권, 오서(吳書) 20권, 합계 65권으로 되어 있으나 표(表)나 지(志)는 포함되지 않았다. 위나라를 정통 왕조로 보고 위서에만 제기(帝紀)를 세우고, 촉서와 오서는 열전(列傳)의 체제를 취해 후세의 사가들로부터 많은 비판의 대상이 되기도 했다.
19 關東鼠子, 欲何爲邪.《三國志》〈魏志〉'董卓傳'
20 《조비연외전(趙飛燕外傳)》이라고 한다. 전한시대 성제(成帝)의 왕비였던 미녀 조비연(趙飛燕)을 소재로 한 이야기를 담고 있다. 조비연은 뛰어난 몸매에 춤에도 능해 왕의 총애를 받아 왕비의 자리에 오르게 된 미인으로, 이 문헌은 중국 고대의 성풍속도를 알 수 있는 작품으로 널리 알려

져 있다.
21 鼠子能嚙乎.《飛燕外傳》
22 이사(李斯, ?~기원전 208). 진의 정치가로 법가 사상에 바탕을 둔 정치를 펼쳤다. 승상 여불위(呂不韋)에게 발탁되어 객경(客卿)이 되었고, 진의 천하 통일 후에는 승상이 되어 분서갱유와 정치 개혁을 단행했다.
23 人之賢不肖譬如鼠矣. 在所自處耳.《史記》〈李斯列傳〉
24 南方有鳥, 其名爲鵷鶵. 子知之乎. 夫鵷鶵發於南海, 而飛於北海, 非梧桐不止, 非練實不食, 非醴泉不飮, 於是鴟得腐鼠, 鵷鶵過之. 仰而視之曰, 嚇, 今子欲以子之梁國而嚇我邪.《莊子》〈秋水〉편에 나오는 우화.
25 조상의 혼을 대신하는 아이. 흔히 신령과 혈연이 가까운 소년이 맡는다.
26 신과 인간을 매개하는 매개체.
27 술통과 고기 안주를 얹은 도마라는 뜻으로 잔치나 술자리를 말하기도 하는데, 여기서는 부엌일을 뜻한다.
28 鷦鷯巢於深林不過一枝, 偃鼠飮河不過滿腹. 歸休乎君. 予無所用天下爲, 庖人雖不治庖, 尸祝不越樽俎而代之矣.《莊子》〈逍遙遊〉
29 오규 소라이(荻生徂徠, 1666~1728). 에도시대 중기의 유학자. 처음에는 주자학을 공부하였으나, 일본 고문사학파(古文辭學派)의 창시자로서 많은 저술을 남겼다.
30 오카 에치젠노카미(大岡越前守, 1677~1751). 에도시대 중기에 많은 존경을 받았던 재판관. 쇼군(將軍) 도쿠가와 요시무네(德川吉宗)에 의해 공직에 임명되었으며, 유능하고 청렴한 관리로 명성을 얻었다.

제2장 축丑·소

1 牝常以靜勝牡.《老子道德經》第61章.
2 천자(天子)가 사직신(社稷神)에게 제사를 지낼 때 바치던 소, 양, 돼지 등의 제물. 혹은 그 제물을 바치는 행위를 지칭한다.
3 대뢰와 더불어 나라의 제사 때 양을 통째로 제물로 바치는 일. 처음에는 양과 돼지 등을 함께 바쳤으나 나중에는 양만 바쳤다.
4 或聘於莊子. 莊子應其使曰. 子見夫犧牛乎. 衣以文繡, 食以芻菽, 及其牽而入於大廟, 雖欲爲孤犢, 其可得乎.《莊子》〈列禦寇〉. 저자는 이해를 돕기 위해 원문에 약간의 의역을 첨가하고 있다.

5 《孟子》〈梁惠王〉편에 나오는 '이양역우(以羊易牛)' 이야기.
6 曰是心, 足以王矣.《孟子》〈梁惠王上〉
7 기원전 1세기 무렵부터 약 1천 년 동안 북만주에서 활동한 퉁구스 계통의 종족이 세운 부족국가. 철기를 사용하고 영고(迎鼓)라는 제천의식을 행하였으며, 순장과 일부다처제의 풍습이 있었다.
8 일본 나가노(長野) 시에 있는 무종파 사찰로 7세기에 건립되었다. 본문에서 말한 것처럼 '소에 이끌려서도 참배를 해야 한다'는 말이 있을 만큼 많은 사람들이 찾는 사찰이다.
9 南山粲. 白石爛. 生不逢堯與舜禪. 布短衣適至骭. 從昏飯牛薄夜半. 長夜漫漫何時旦. 李白 '飯牛歌'
10 甯越欲干齊桓公. 困窮無以自達. 於是爲商旅, 將任車, 以商於齊, 暮宿於郭門之外. 桓公郊迎客, 夜開門, 辟任車, 爝火甚盛, 從者甚衆. 甯越飯牛車下, 望見桓公而悲, 擊牛角而疾商歌. 桓公聞之, 撫其僕之手曰, 異哉, 歌者非常人也! 命後車載之.《淮南子》卷20〈道應訓〉
11 일본 중세 막부시기의 천황.
12 가마쿠라(鎌倉)시대 말기부터 활동한 와카(和歌) 작가인 요시다 겐코(吉田兼好)의 수필. 노장과 불교를 포괄하는 중국 고전의 세계와, 자잘한 취미 등 일상에서 나타나는 다양한 느낌과 철학, 인생관을 써내려간 글로 그의 대표작이다. 에도시대 이래 대중들에게 사랑받고 있는 수필의 고전.
13 宋人有好行仁義者, 三世不懈, 家無故黑牛生白犢. 以問孔子, 孔子曰, 此吉祥也. 以薦上帝, 居一年 其父無故而盲, 其牛又復生白犢. 其父又復令其子問孔子, 其子曰, 前問之而失明, 又何問乎. 父曰, 聖人之言先迕後合, 其事未究. 姑復問之, 其子又復問孔子. 孔子曰, 吉祥也. 復敎以祭, 其子歸致命, 其父曰 行孔子之言也. 居一年, 其子又無故而盲. 其後楚攻宋, 圍其城, 民易子而食之, 析骸炊之, 丁壯者皆乘城而戰, 死者大半. 此人以父子有疾, 皆免, 及圍解而疾俱復.《列子》〈說符〉
14 공자의 제자인 염옹(冉雍)의 자.
15 子謂仲弓曰, 犂牛之子, 騂且角, 雖欲勿用, 山川其舍諸.《論語》〈雍也〉
16 《莊子》〈逍遙遊〉편에 나오는 이야기.
17 寧爲鷄口, 勿爲牛後.《史記》〈蘇秦列傳〉
18 牛山之木嘗美矣.《孟子》〈告子章句上〉
19 故苟得其養, 無物不長. 苟失其養, 無物不消.《孟子》〈告子章句上〉
20 주로 의회에서 소수파들이 법안 통과 저지나 기타 자신들의 의사를 관철

하기 위한 의사진행 방해 행위(filibuster)를 지칭한다.
21 준마의 다리 힘. 뛰어난 재능이나 그런 능력을 가진 사람.
22 추양(鄒陽, ?~기원전 120). 한(漢) 경제(景帝) 때의 학자이자 시인.
23 장횡거(張橫渠, 1020~1077). 북송(北宋) 중기의 학자. 자는 자후(子厚)이며, 이름은 재(載). 저서《正蒙》을 통해 송 최초로 '기일원(氣一元)' 사상을 전개했다. 우주의 만유(萬有)는 기의 집산에 따라 생멸·변화하는 것이며, 이 기의 본체는 태허(太虛)로서, 태허가 곧 기라고 설파하였다. 저서로는《經學理窟》《西銘》등이 있다.
24 문천상(文天祥, 1236~1282). 남송(南宋)의 정치가·시인. 자는 송서(宋瑞)·이선(履善). 호는 문산(文山). 송이 원에 굴복하자 공제의 명으로 원에 강화를 요청했고, 항론하다가 구류되었다. 탁종의 장자 익왕을 받들었으며, 원의 세조가 간곡하게 벼슬을 권했으나 거절하여 끝내 처형당했다. 옥중에서 지은 시 '정기가'로 유명하다.
25 睆彼牽牛, 不以服箱.《詩經》〈小雅〉'大東'
26 跂彼織女. 終日七襄. 雖則七襄. 不成報章.《詩經》〈小雅〉'大東'
27 양(梁)의 소명태자(昭明太子) 소통(蕭統, 501~530)이 엮은 시문집. 주(周)에서 양에 이르는 1천 년 동안 130여 명이 지은 문장과 시부(詩賦)를 수록하고 있다.《소명문선(昭明文選)》이라고도 한다.
28 양(梁)의 서릉(徐陵, 507~583)이 545년경에 편찬했으며, 한(漢)에서 양까지의 규정시(閨情詩, 연애시)를 모아놓은 것이다. 양 간문제(簡文帝, 503~551)가 태자일 때 연애시 짓기를 좋아해서 서릉에게 이 책을 편찬하게 했다고 한다.
29 迢迢牽牛星. 皎皎河漢女. 纖纖擢素手. 札札弄機杼. 終日不成章. 泣涕零如雨. 河漢淸且淺. 相去復幾許. 盈盈一水間. 脉脉不得語.《文選》
30 장문잠(張文潛, 1054~1114). 당의 시인. 본명은 장뢰(張耒). 자는 문잠(文潛), 호는 가산(柯山).
31 대부분의 원문 사본에는 樂이 아니라 愛로 되어 있다. 저자인 모로하시는 樂으로 표기했으나 원문을 잘못 인용한 것이 아닌가 생각된다. 원문은 아래 주를 참조.
32 人間一葉梧桐飄. 蓐收行秋回斗杓. 神官召集役靈鵲. 直渡銀河橫作橋. 河東美人天帝子. 機抒年年勞玉指. 織成雲霧紫綃衣. 辛苦無歡容不理. 帝憐獨居無與吾. 河西嫁與牽牛夫. 自從嫁後廢織紝. 綠鬢雲鬢朝暮梳. 貪歡不歸天帝怒. 責歸却踏來時露. 但令一歲一相見. 七月七日橋邊渡. 別多會少

知奈何. 却憶從前歡愛多.《古文眞寶》'七夕歌'

제3장 인寅·호랑이

1 한자 부수의 하나로, 虐나 虛 등의 부수 虍를 지칭한다.
2 가이바라 에키켄(貝原益軒)이 1700년에 지은 어원사전. 후한 유희(劉熙)의《석명(釋名)》을 본떠 지은 것으로, 일본어를 23개 부문으로 나누어서 어원을 설명하고 있다. 모두 3권으로 이루어져 있다.
3 북두칠성의 첫 번째 별로 천추(天樞) 혹은 중추(中樞)라고도 한다. 즉, 우주의 중심이 되는 별.
4 雲從龍, 風從虎.《周易》〈乾卦〉
5 토라타로라고 발음하기도 한다.
6 1尺은 8촌(寸), 1촌은 약 30.3센티미터.
7 한국 속담 '될성부른 나무는 떡잎부터 알아본다'와 같은 의미.
8 진(晋) 문공과 초(楚) 성왕이 산둥성 요우청(郵城)현 서남쪽에 있는 성복에서 벌였던 전투. 이 전투에서 승리한 진의 문공은 2대 패자가 되었고, 초의 중원 진출은 좌절되었다.
9 우두인신(牛頭人身)의 지옥 옥졸(獄卒)과 마두인신(馬頭人身)의 지옥(地獄) 옥졸을 이르는 용어.
10 이는 전한의 유향(劉向)이 편찬한《전국책(戰國策)》〈초책(楚策)〉에 나오는 이야기로, 호가호위(狐假虎威)의 유래가 된 이야기다.
11 《사기(史記)》〈염파인상여열전(廉頗藺相如列傳)〉에 나오는 고사.
12 《춘추후어(春秋後語)》에 나오는 고사. 여기에서 '일거양득(一擧兩得)'이라는 고사성어가 유래했다.
13 《사기(史記)》〈장의열전(張儀列傳)〉에 나오는 고사.
14 현존하는 일본 최고(最古)의 시가집인《만요슈》가 편찬된 시기로, 대략 630년에서 760년 사이.
15 가키노모토노히토마로(柿本人麻呂).《만요슈》시인의 한 사람. 7세기 후반 직위가 낮았던 궁정시인으로 활약했을 것으로 추정된다.《만요슈》에 수록된 약 370수의 시를 지었다고 하지만 학자들은 전부 그의 작품이 아닌 것으로 보고 있다.
16 사카히베노오오키미(境部王).《만요슈》시인의 한 사람. 덴무(天武) 천

황의 아들인 호즈미노미코(穗積皇子)의 아들.
17 가토 기요마사(加藤淸正, 1562~1611). 일본의 무장으로 임진왜란 때 조선으로 건너와 함경도 방면으로 출병, 조선의 왕자 임해군과 순화군을 포로로 잡는 등 맹활약했다.
18 이키노카미(壹岐守)는 이키(壹岐) 지역의 지방장관을 말한다.
19 《사기(史記)》〈이장군열전(李將軍列傳)〉에 나오는 고사. 사석위호(射石爲虎)나 중석몰촉(中石沒鏃) 같은 고사성어가 이 이야기에서 유래했다.
20 《후한서》〈유림유곤전(儒林劉昆傳)〉에 나오는 고사.
21 《소가모노가타리(曾我物語)》에 나오는 기녀로 무사 소가주로(曾我十郞)의 연인이다. 끝까지 정절을 지킨 것으로 유명하다. 5월 28일은 소가 형제가 자신들의 아버지를 죽인 원수에게 복수한 날로, 이날은 호랑이가 비('토라고젠의 눈물')를 내려준다고 한다.
22 《소가모노가타리(曾我物語)》를 말한다. 이 책은 작자 미상으로, 가마쿠라시대의 무사인 소가주로(曾我十郞)와 소가고로(曾我五郞) 형제가 자신들의 아버지를 죽인 원수에게 복수하는 내용을 담고 있다.
23 汝不知夫養虎者乎? 不敢以生物與之.《莊子》〈人間世〉
24 동양화의 한 분파로 북종화(北宗畵)에 대비되는 화파(畵派). 한국에서는 남종화 또는 남종문인화(南宗文人畵)라는 말로 많이 통용되며, 일본에서는 주로 난가(南畵)라고 부른다. 이 용어의 시초는, 명나라 말의 서화가 겸 이론가로 널리 알려진 동기창(董其昌)과 그의 친구 막시룡(莫是龍)이 1610년경에 쓴 것으로 전해지는 〈화설(畵說)〉이라는 짧은 글 속에 정리된 중국 산수화의 남·북종 양파의 구분에서 비롯되었다. 당대(唐代) 선불교(禪佛敎)가 돈오와 점수의 수행법에 따라 남종선(南宗禪)과 북종선(北宗禪)으로 분류되는 것에 대응해서 중국 산수화도 당대를 기점으로 화가의 신분이나 회화의 이념적·양식적 배경을 토대로 구분을 시도한 것이다.
25 혜원(慧遠, 334~416). 동진(東晋)의 승려
26 도연명(陶淵明, 365~427). 육조시대 유송(劉宋)의 유명한 시인.
27 육수정(陸修靜, 406~477). 육조시대 유송(劉宋)의 유명한 도사(道士)
28 육조시대 유송(劉宋) 문제(文帝) 때의 연호.
29 《한비자(韓非子)》〈내저설(內儲說)〉에 나오는 고사.
30 반초(班超, 33~102). 자는 중승(仲升). 후한 초기의 무장으로, 흉노 토벌의 별장(別將)으로 공을 세웠다. 서역(西域)에 머물며 흉노의 지배하에

있던 50여 나라를 한에 복속시켰다. 《한서》를 쓴 반고(班固)의 동생.
31 不入虎穴不得虎子. 《後漢書》〈班超列傳〉
32 여몽(呂蒙, 178~219). 자는 자명(子明). 오의 무장으로 적벽대전(赤壁大戰)에서 주유(周瑜)를 따라 조조(曹操)를 오림에서 격파하였으며, 손권의 권유로 학문을 쌓아 나중에는 지용을 겸비한 명장으로 널리 명성을 떨쳤다.
33 去虎口歸慈母. 《後漢書》〈劉盆子傳〉
34 이와 관련된 고사로 철중쟁쟁(鐵中錚錚)과 용중교교(庸中佼佼)가 있다.
35 桓奉觴曰, 臣當遠去, 願一捋陛下鬚, 無所復恨. 《吳志》〈朱桓傳〉
36 《韓非子》〈難勢〉에 나오는 고사성어.
37 《後漢書》〈馬援傳〉
38 《說苑》〈指武〉
39 소동파(蘇東坡, 1036~1101). 북송의 시인이자 산문작가. 예술가. 정치가. 본명은 소식(蘇軾)이며, 아버지 소순(蘇洵), 동생 소철(蘇轍)과 더불어 '3소(三蘇)'로 일컬어지며, 이들은 모두 당송 팔대가에 속한다.
40 蓋聞善攝生者 陸行不遇兕虎……虎無所措其爪……夫何故 以其無死地. 《老子》50章.
41 苛政猛於虎也. 《禮記》〈檀弓篇〉에 나오는 고사.

제4장 묘卯·토끼

1 송의 황공소(黃公紹)가 지은 자전으로, 원래 명칭은 《고금운회(古今韻會會)》이다.
2 日中有三足烏. 《韻會》
3 장형(張衡, 78~139). 후한의 문인이자 과학자. 자는 평자(平子). 혼천의(渾天儀)와 후풍지동계(候風地動計)를 만들었다. 부문(賦文)에도 뛰어나 작품에 《이경부(二京賦)》《귀전부(歸田賦)》등이 있다.
4 日者太陽之精, 積而成鳥象. 《靈憲經》
5 서진(西晉) 무제(武帝) 태강(太康) 연간(280~289)에 위(魏)의 어환(魚豢)이 지은 삼국시대 위의 역사를 기록한 사서.
6 兔者明月之精. 《魏典略》
7 부현(傅玄, 217~278). 진대 초기의 정치인이자 문인. 자는 휴혁(休奕). 시문(詩文), 종률(鐘律), 전예(篆隸)에 두루 능했다.

8 月中何有, 白兔搗藥.《擬天問》
9 좌사(左思, ?~308). 서진(西晉)의 시인. 자는 태충(太沖). 10년 동안 구상해서 지은《삼도부(三都賦)》가 당시 문단의 영수였던 장화(張華)에게 절찬을 받음으로써 일약 문명(文名)을 얻게 되었다. 당시 낙양(洛陽)의 지식인들이 이를 다투어 베껴 씀으로 '낙양의 지가(紙價)를 올린다'는 말이 생겼다.
10 籠烏兔於日月 窮飛走之栖宿.《삼도부(三都賦)》〈오도부(吳都賦)〉
11 青天有月來幾時. 我今停杯一問之. 人攀明月不可得. 月行却與人相隨. 皎如飛鏡臨丹闕. 綠烟滅盡淸輝發. 但見宵從海上來. 寧知曉向雲間沒. 白兔搗藥秋復春. 嫦娥孤棲與誰隣. 今人不見古時月. 今月曾經照古人. 古人今人若流水. 共看明月皆如此. 唯願當歌對酒時. 月光長照金樽裏. 李白, '把酒問月'
12 중국 신화에 나오는 여신으로 곤륜산에 산다고 한다.
13 長嘆白兔搗靈藥, 恰似有意防奸非.
14 유교의 열세 가지 기본 경전인 13경(十三經)의 하나로, 고서의 자구를 해석한《이아》의 주석서 중 하나. 송(宋)의 나원(羅願, 1136~1184)이 지었다.
15 전한 말부터 후한에 걸쳐 유학의 경전인 경서(經書)에 대응하여 만들어진 일곱 위서(緯書)의 하나인《춘추위》속의 문헌.
16 북두칠성의 다섯 번째 별.
17 한자 서체의 하나인 전자체(篆字體)로 쓴 글씨.
18 청나라 강희제(康熙帝)의 칙명으로 당시의 대학사(大學士)였던 진정경(陳廷敬)과 장옥서(張玉書) 등 30명의 학자가 명(明)의《자휘(字彙)》와《정자통(正字通)》등의 구성을 참고로 하고 내용을 더욱 충실히 해서 약 5년 만인 1716년에 완성한 자전.
19 명말 장자열(張自烈)이 지은 자전. 이 자전의 체재는《강희자전》에 계승되었다.
20 《운창사지(雲窓思志)》에 나오는 고사.
21 절름발이이고 꼽추이며 언청이인 사람을 위(衛) 영공(靈公)에게 소개받아 그 의견을 듣고 크게 기뻐했다는 이야기.《莊子》〈德充符〉
22 북송 철종(哲宗, 1086~1100) 연간에 육전(陸佃)이《이아》의 체재를 본떠 만든 자전.
23 虎及鹿·兔, 皆壽千歲, 壽滿五百歲者, 其毛色白.《抱朴子》〈對俗〉
24 고야왕(顧野王, 519~581). 자는 희빙(希憑). 남조 양(梁)·진(陳)의 학자. 양의 태학박사·진의 찬사학사·국자박사. 천문·복서·기자에 능통했다.

자전《옥편》30권이 유명하다.
25 《藝文類聚》卷95〈獸部〉에 나오는 내용.
26 한방에서 음식을 먹고 체해 토하고 설사를 하는 급성 위장병을 이르는 말.
27 한유(韓愈, 768~824), 혹은 한문공(韓文公)이라고도 하며, 자는 퇴지(退之). 산문의 대가이며 탁월한 시인. 송대 성리학의 초석을 놓은 인물로서, 당송 팔대가의 한 사람. 그가 쓴《원도(原道)》《원성(原性)》등은 중국 문학의 백미이며, 그가 주창한 고문체 문장의 대표작이다.
28 今日之獲, 不角不牙, 衣褐之徒, 缺口而長鬚, 八竅而趺居, 獨取其髦. 簡牘是資, 天下其同書, 秦其遂兼諸侯乎.〈毛穎傳〉. 저자는 본문에서 "……만약 그것의 털을 가지고 글자를 쓰면 천하가 글을 같이 쓰게 될 것이며" 다음에 "후세에 영원토록 그 혜택을 받게 될 것입니다"라고 하였으나 원문에는 이 표현 대신 "진나라는 마침내 여러 제후국들을 합병시키게 될 것입니다"라고 되어 있다.
29 有兔爰爰. 雉離于羅. 我生之初. 尙無爲. 我生之後. 逢此百罹. 尙寐無吪.《詩經》〈王風〉'兔爰'
30 문덕은 예악(禮樂)을 통해 사람을 교화시키고, 기쁨으로 복종하게 만드는 덕을 말한다.
31 安得中山千日酒. 酪然直到太平時. 王中,《千歌詩》'干戈'
32 《史記》〈孟嘗君列傳〉에 나오는 말.
33 《史記》에는 풍환(馮驩)으로 되어 있으나, 전한 유향((劉向)이 전국시대 전략가들의 책략을 편집한《전국책(戰國策)》에는 풍난(馮煖)으로 표기되어 있다.
34 저자는 교토삼굴을 간교한 책략이라고 비판적으로 언급하지만, '교묘한 지혜로 위기를 피하거나 재난이 발생하기 전에 미리 준비를 해야 한다'는 뜻으로 풀어 유비무환(有備無患)과 유사한 뜻으로 쓰기도 한다. 실제 고사의 내용 역시 풍환이 자신이 섬기던 맹상군이 위기에 처할 것에 대비해 그때마다 처신할 수 있는 세 보금자리를 마련함으로써 화를 면하게 했다는 것이다.
35 일본 신화에 나오는 주요 신 중 하나로, 대지를 상징하는 신이다. 민간에서 국조(國造)신·농업신·상업신·의료신 등으로 숭배되었다.
36 저자는 방저(方儲)의 이야기가《사기》에 나온다고 했으나 실제로는 사승(謝承)이 지은《후한서(後漢書)》에 나오는 내용이다.
37 중국 전설에 나오는 상상의 새. 모양은 닭과 비슷하며, 울음소리는 오음

(五音)에 해당한다고 한다.
38 方儲字聖明. 丹陽人也. 除郎中, 遭母憂, 棄官行禮. 負土成墳, 種松柏奇樹千餘株. 鸞鳥棲其上, 白兔游其下.《사승후한서(謝承後漢書)》
39 《후한서(後漢書)》〈채옹전(蔡邕傳)〉에 나오는 이야기.
40 狡兔死走狗烹. 흔히 토사구팽(兔死狗烹)이라고 한다.《사기》〈회음양후열전(淮陰侯列傳)〉과《십팔사략(十八史略)》,《한비자(韓非子)》〈내저설(內儲說)〉에 나오는 고사성어.
41 韓信出袴下.《사기》에 나오는 이야기로 과하지욕(袴下之辱)라고 한다.
42 앞 문장부터 원문은 다음과 같다. 果若人言, 狡兔死良狗烹, 飛鳥盡良弓藏, 敵國破謀臣亡.《史記》〈淮陰侯列傳〉.
43 일본 고베(神戶) 시 서부에서 롯고산(六甲山)을 넘어 북서쪽으로 이어지는 산길.
44 미나토모 요시쓰네(源義経, 1159~1189). 헤이안 말기와 가마쿠라 초기의 무장. 단노우라 대해전에서 당시로서는 상상도 할 수 없었던 신출귀몰한 전술과 뛰어난 무예로 헤이가(平家)군을 전멸시키고 막부 개창에 지대한 공을 세웠으나, 그 무예와 인품을 시기한 형 요리토모(賴朝)의 가신들에게 모함을 받아 영지인 오슈로 쫓겨가 30년의 짧은 인생을 자살로 마감한 비극적인 인물이다. 그의 영웅적인 삶과 비극적인 최후는 후대에 많은 전설을 만들어냈는데, 실제로 그는 죽지 않고 몽골로 건너가 칭기즈칸이 되었다는 전설도 있다.
45 일본 이시카와(石川) 현 고마쓰(小松) 시에 있는 가마쿠라시대 초기의 관소(關所).
46 일본 이와테(岩手) 현 남부에 있는 하천.
47 功遂身退, 天之道.《老子道德經》第9章.
48 《전국책(戰國策)》〈제책(齊策)〉에 나오는 고사.
49 《한비자》〈오두편(五蠹篇)〉에 나오는 이야기로, 여기에서 수주대토(守株待兔)라는 고사성어가 나왔다.
50 '토끼가 달리고 까마귀가 난다'는 뜻으로, 달에는 토끼가 살고 해에는 까마귀가 난다는 의미에서 세월의 빠름을 비유한 것이다.
51 '토끼를 잡으면 올가미를 잊어버린다'는 의미. 본래 출전은《莊子》〈外物篇〉이다. 筌者所以在魚, 得魚而忘筌, 蹄者所以在兔, 得兔而忘蹄.

제5장 진辰·용

1 비늘 있는 동물의 총칭.
2 龍, 鱗蟲之長, 能幽能明, 能細能巨, 能短能長, 春分而登天, 秋分而潛淵. 《說文》
3 춘추시대 제(齊)의 사상가이자 정치가인 관중(管仲, ?~기원전 645)이 지은 것으로 알려져 있으나, 그 내용으로 볼 때 제의 영웅으로 칭송되던 현상(賢相) 관중의 업적을 중심으로 하여 후대의 사람들이 썼고, 전국시대에서 한대(漢代)에 걸쳐서 성립된 것으로 여겨진다. 내용은 법가적(法家的) 색채가 농후하고, 때로는 도가적(道家的)인 요소가 섞여 있어서 《한서》에서는 도가에, 《수서(隋書)》에서는 법가에 넣고 있다.
4 저승, 명부를 가리킴.
5 龍生于水, 被五色而游, 故神. 欲小則化如蠶蠋, 欲大則藏于天下, 欲尙則凌于雲氣, 欲下則入于深泉.《管子》卷十四水地第三十九 短語十三.
6 송옥(宋玉, 기원전 290?~기원전 222?). 초의 문인. 사마천의 기록에 따르면, 당대의 문장가였던 굴원의 제자였다고 한다. 《초사》에 수록된 '구변(九辯)' '초혼(招魂)' 같은 작품은 그가 지은 것으로 알려져 있다.
7 하천의 이름. 구수(九藪)의 하나. 고대 송(宋) 지역에 속하는 강으로 지금의 허난성 부근에 있다.
8 사독(四瀆)이란 고대 중국에서 신앙의 대상이 되었던 네 강, 즉 장강(長江), 황하(黃河), 회수(淮水), 제수(濟水)를 말한다.
9 鯤魚朝發崑崙之墟, 暮宿於孟諸. 夫尺澤之鯢, 豈能與之量江海之大哉.《楚詞》〈宋玉對楚王問〉
10 굴원(屈原, 기원전 343?~기원전 278?). 자는 원(原). 초의 정치가이자 문인. 학식이 뛰어나 초나라 회왕(懷王) 밑에서 좌도(左徒)의 중책을 맡아 내외정에서 크게 활약했다. 작품으로는 《어부사(漁父辭)》 등이 있다.
11 神龍失水而陸居兮, 爲螻蟻之所裁.《楚辭》卷十一惜誓西漢賈誼
12 麟鳳龜龍, 謂之四靈.《禮記》〈禮運〉
13 모양이 뱀과 같고 넓적한 네 발이 있다고 믿었던 상상의 동물. 물속에 살며 큰비를 만나면 하늘에 올라가 용이 된다고 한다.
14 有鱗之蟲, 三百六十, 而蛟龍爲之長.《禮記》〈禮運〉
15 角似鹿, 頭似駝, 眼似兔, 項似蛇, 腹似蜃, 鱗似魚, 爪似鷹, 掌似虎, 耳似牛. 《爾雅翼》〈釋龍〉

16 《한비자(韓非子)》〈설난편(說難篇)〉에 나오는 말이다.
17 황하 상류의 산시성(山西省)과 산시성(陝西省) 경계에 있는 협곡. 이곳을 흐르는 여울은 어찌나 세차고 빠른지 큰 물고기도 여간해서 거슬러 올라가지 못한다고 한다.
18 명(明)의 본초학자 이시진(李時珍, 1518~1593)이 엮은 약학서. 모두 52권으로 1596년에 간행되었다. 《신농본초경(神農本草經)》 등 중국 역대 약학서의 내용을 취하여 편집한 것으로, 모든 약에 대해 "정명(正名)으로 강(綱)을 나타내고 석명으로 목(目)을 붙였다"고 하여 본초강목이라는 이름을 지었다. 모두 16부(部) 60종류로, 약 190만 자이며 약물(藥物)은 1천 892종이 실려 있는데, 그 중에서 374종은 이시진이 증보한 것이다.
19 삼국시대 위의 장읍(張揖)이 《삼창(三蒼)》 《설문》 등의 문헌을 참고로 하여 편찬한 자전. 《광아(廣雅)》라고도 한다.
20 有鱗的叫蛟龍, 有翼的叫應龍, 有角的叫虯龍, 無角的叫螭龍. 《博雅》
21 양(梁)나라 임방(任昉)이 찬술한 책으로, 제목 그대로 '이상한 것들에 관한 기록'을 모아놓은 것이다.
22 蛟千年化龍. 龍五百年化角龍. 千年化應龍. 《述異記》
23 黃龍是神精, 是四龍之長. 《瑞應記》
24 《박아(博雅)》의 다른 명칭. 중국 삼국시대에 편찬된 자전.
25 하(夏)의 우왕(禹王)이 홍수를 다스렸을 때, 낙수(洛水)에서 나온 영묘한 거북의 등에 쓰여 있었다는 글. 《서경》 〈홍범구주(洪範九疇)〉의 원본이 되었다고 하며, 팔괘(八卦)의 법도 여기서 나왔다고 한다.
26 龍性粗猛而愛美玉, 空靑, 嗜燕肉, 畏鐵及菵草, 蜈蚣, 楝葉, 五色絲.(故食燕者忌渡水, 祈雨者用燕, 鎭水患者用鐵, 激龍者用菵草, 祭屈原者用楝葉色絲裹粽投江.) '五色絲' 이후의 원문은 인용문 뒤에 이어지는 내용인데, 본문의 이해를 돕기 위해 덧붙였다.
27 조릿대 잎에 찹쌀을 싸서 찐 떡의 일종.
28 일본에서 5월 단오절에 종이나 천으로 잉어 모양 등을 만들어 깃발처럼 높이 매다는 것으로, 남성의 입신양명에 대한 기원을 목적으로 한다.
29 좁고 긴 헝겊 여러 개를 반월형 고리에 묶어서 깃대에 매단 깃발.
30 헤이안시대의 호족으로 후지와라노 히데사토(藤原秀鄕)라고도 한다.
31 일본 기후(岐阜) 현과 시가(滋賀) 현 사이에 있는 산.
32 니가타(新潟) 현 미나미칸바라(南蒲原)에 있는 마을.
33 고대 중국의 신화적 지리서인 《산해경(山海經)》을 기본으로 삼국시대에

지어진 작자 미상의 책이 《수경(水經)》인데, 후위(後魏)의 역도원(酈道元)이 여기에 주석을 단 것이 《수경주(水經注)》이다. 이 문헌은 강이나 하천을 중심으로 지리와 역사를 기록하고 있다.

34 5호16국의 하나인 후조(後趙)의 왕.
35 5호16국 시대에 활약한 서역 출신의 승려로서 승려 도안(道安)의 스승이기도 하다. 폭군인 석호(石虎)와 석륵(石勒)을 교화시켰다고 한다.
36 석호와 마찬가지로 후조(後趙)의 왕.
37 일본 전설 속의 인물. 거북이를 살려준 주인공이 상자를 절대 열지 말라는 약속을 어기고 여는 순간 노인이 되었다고 한다.
38 당(唐)말 오대(五代)의 도사 두광정(杜光庭)이 지은 괴담소설집.
39 당의 재상이었던 우승유(牛僧孺)가 지었다고 전해지는 전기소설.
40 《史記》〈夏本紀〉에 나오는 전설.
41 鳥吾知其能飛, 魚吾知其能游. 獸吾知其能走. 走者可以爲罔, 游者可以爲綸, 飛者可以爲矰. 至於龍吾不能知, 其乘風雲而上天. 吾今日見老子, 其猶龍邪.《史記》〈老子韓非列傳〉
42 愼子曰, 飛龍乘雲, 騰蛇遊霧, 雲罷霧霽, 而龍蛇與蚓螾同矣.《韓非子》〈難勢〉
43 吳王欲從民飮酒, 伍子胥諫曰. 不可. 昔白龍下淸冷之淵, 化爲魚, 漁者豫且射中其目, 白龍上訴天帝. 天帝曰, 當是之時, 若安置而形. 白龍對曰, 我下淸冷之淵化爲魚. 天帝曰, 魚固人之所射也. 若是豫且何罪. 夫白龍, 天帝貴畜也. 豫且 宋國賤臣也. 白龍不化, 豫且不射. 今棄萬乘之位而從布衣之士飮酒, 臣恐其有豫且之患矣. 王乃止.《說苑》〈正諫〉
44 중국의 고대민족. 우두머리가 애뢰(哀牢)였기 때문에 애뢰인이라고 불렀다고 한다.《후한서》에는 오늘날 중국 윈난성 지역에 거주하는 애뢰이들이 자신들을 용의 후손이라고 믿기 때문에 머리를 짧게 자르고 문신을 한다는 기록도 있다.
45 중국의 수많은 사서 중에서 정사를 기록한 것으로 인정받는 이십오사(二十五史) 중 한 권. 육조시대 양의 심약(沈約)이 황제의 명에 따라 엮은 송나라의 정사(正史)로, 무제에서 순제까지의 역사를 기록하였다. 487년에 간행. 전 100권.
46 양의 소자현(蕭子顯)이 남제의 역사를 기록한 것으로, 이십오사 중 한 권.
47 방(건물)의 이름.
48 육조시대, 남조(南朝) 진(陳)의 역사를 기록한 책.
49 북제(北齊)의 위수(魏收)가 위의 역사를 기록한 것으로,《위서(魏書)》라

고도 한다. 이십오사 중 한 권.
50 중국 허난성에 있는 강.
51 雲從龍, 風從虎.《周易》〈乾卦〉'文言傳'
52 故虎乃陰中之陽獸, 與風同類. 龍者陽中之陰蟲, 與雲同類.《周易》〈乾卦疏〉
53 虎嘯而谷風至, 龍擧而景雲屬.《淮南子》〈天文訓〉
54 (故)世必有聖知之君, 而後有賢明之臣. 虎嘯而風冽, 龍興而致雲.《古文眞寶》
55 중국 허난성 뤄양에 있는 지명. 석굴로 유명하다.
56 왕희지(王羲之, 307~365). 동진(東晉)의 서예가. 자는 일소(逸少). 해서·행서·초서의 각 서체를 완성함으로써 예술로서의 서예의 지위를 확립한 인물로, 중국 역사상 가장 뛰어난 서예가로 평가받고 있다.

제6장 사巳·뱀

1 巳日稱寡人者, 社中蛇也.《抱朴子》〈登涉〉
2 일본어에서 '巳'는 음독으로 '시(シ)'로 읽고, 훈독으로는 '미(み)'라고 읽는다.
3 '已'자는 '이미, 벌써'라는 뜻과 더불어 '그치다' '말다'의 의미가 있다.
4 한자의 여덟 가지 서체 중 하나. 중국 진시황 때 이사(李斯)가 대전(大篆)을 약간 간략하게 만든 글씨체.
5 중국 최고(最古)의 지리서. 하(夏) 우왕(禹王), 혹은 백익(伯益)이 지었다고 하지만 실제로는 전국시대 이후의 저작으로, 한대 초에 이미 있었던 듯하다. 전한 말 유흠(劉歆)이 기존에 전해져오던 내용을 정리하고 거기에 새로운 내용을 더해 편찬했으며, 진대(晉代)의 곽박(郭璞)이 최초로 주석을 달았다. 책의 내용은, 산경(山經)과 해경(海經)으로 나뉘며 중국 각지의 산과 바다에 나오는 풍물을 기록하였다. 내용 중 현실과 거리가 있는 상상 속의 생물이나 산물이 있어서 지리서라고 하지만 전설 속의 지리이다. 그래서 사마천은《사기》에서 이 책에 대해 "감히 말할 수 없는 기서라 믿을 수 없다"고 하였다. 원래는 23권이었으나 현재는 18권만 전한다.
6 한의 동방삭(東方朔)이 쓰고, 서진(西晉)의 장화(張華)가 주를 달았다고 전해지는 한대의 괴담소설집. 동방삭이 썼다고 하지만 실제로는 진대(晉代) 이후의 작품이다.
7 서진(西晉)의 장화(張華)가 지은 백과사전적 기문(奇聞) 전설집. 신선과 기인, 동식물에 관한 기록을 주된 내용으로 하며, 거기에 민간전설 등을

곁들였다. 당초 400권으로 만들어졌으나 문장이 길고 기괴한 부분이 지나치게 많다는 당시 황제의 의견에 따라 10권으로 줄였다고 한다.
8 심(尋)은 두 팔을 벌린 길이를 말한다.
9 有蛇吞象 厥大何如. 說者云長千尋.《楚辭》'天問'
10 《산해경》원문에는 洹山이 아니라 西望幽都之山으로 되어 있다.
11 西望幽都之山, 浴水出焉, 是有大蛇, 赤首白身, 其音如牛, 見則其邑大旱.《山海經》〈北山經〉
12 옥이나 돌로 만들어 방울 같은 울림을 내는 악기.
13 又西三百里, 曰鮮山. 其中多鳴蛇……其音如磬, 見則其邑大旱.《山海經》〈中山經〉
14 又西六十里, 曰太華之山……有蛇焉……六足四翼, 見則天下大旱.《山海經》〈中山經〉
15 曰渾夕之山……有蛇一首兩身, 名曰肥遺. 見則其國大旱.《山海經》〈南山經〉
16 維虺維蛇, 女子之祥.《詩經》〈小雅〉'斯干'
17 龍蛇之蟄, 以存身也.《周易》〈繫辭下傳〉
18 가락지나물이라고도 한다. 민간에서 가슴과 배가 아프고 열이 심할 때 해열제로 쓰고 뱀에 물린 데도 쓴다.
19 손숙오(孫叔敖, 기원전 630년~기원전 593). 이름은 위오(蔿敖), 숙오는 그의 자다. 초의 최고 벼슬인 영윤(令尹)에 세 차례나 오른 뛰어난 정치가. 춘추 오패(五覇)의 하나였던 초장왕(莊王)을 도와 초나라가 중원을 호령하는 데 크게 공헌하였으며, 청렴결백하고 권력에 욕심을 갖지 않은 인물로 후대 선비들의 표상이 되었다.
20 孫叔敖之孺兒也. 出遊而還, 憂而不食, 其母 問其故, 泣而對曰, 今日吾見 兩頭蛇, 恐去死無日矣. 其母曰今蛇安在. 曰, 吾聞 見兩頭蛇者死, 恐他人. 又見 吾已埋之也. 其母曰, 無憂. 汝不死, 吾聞之, 有陰德者, 必有陽報. 有隱行者, 必有昭明.《日記故事》. 이 고사에서 남모르게 음덕을 쌓은 사람은 훗날 보답을 받는다는 음양보덕(陰陽報德)이라는 고사성어가 나왔다.
21 高祖被酒, 夜徑澤中, 令一人行前. 行前者還報曰, 前有大蛇當徑, 願還. 高祖醉曰, 壯士行, 何畏. 乃前, 拔劍擊斬蛇. 蛇遂分爲兩, 徑開. 行數里, 醉, 因臥. 後人來至蛇所, 有一老嫗夜哭. 人問何哭, 嫗曰, 人殺吾子, 故哭之. 人曰, 嫗子何爲見殺. 嫗曰, 吾子白帝子也. 化爲蛇, 當道, 今爲赤帝子斬之, 故哭. 人乃以嫗爲不誠, 欲告之, 嫗因忽不見. 後人至, 高祖覺. 後人告高祖, 高祖乃心獨喜, 自負. 諸從者日益畏之.《史記》〈高祖本紀〉

22 참배를 갔던 기요히메가 승려인 안친과 사랑을 나누었으나, 안친이 곧 후회하고 와카야마(和歌山)에 있는 도조지(道成寺)로 달아나 종 속에 숨었다. 사랑을 거절당한 기요히메는 분노에 가득 차서 뱀으로 변신, 종 속에 숨어 있던 안친을 찾아내 불로 태워 죽였다는 이야기.
23 중국 항저우에 있는 호수.
24 일본 신화의 대표적인 신의 하나로, 태양과 하늘의 신인 아마테라스오미카미(天照大神)의 동생. 신들의 세계에서 난동을 부려 지상으로 쫓겨 내려온 뒤 인신공양을 요구하는 야마타노오로치(八保大蛇)라는 큰 뱀을 물리치고 구사나기(草那藝)라는 명검을 얻는다. 이 검을 아마테라스오미카미에게 바치고 나라를 세웠다고 한다.
25 龍蛇之蟄 以存身也. 《周易》〈繫辭下傳〉
26 尺蠖之屈 以求信也. 《周易》〈繫辭下傳〉
27 《孫子兵法》〈九地篇〉에 나오는 이야기.
28 흔히 배중사영(杯中蛇影), 즉 잔 속의 뱀 그림자라고 하는 고사성어이다. 《晉書》〈樂廣傳〉
29 吾待蛇蚹蜩翼邪. 惡識所以然. 《莊子》〈齊物論〉
30 子獨不聞涸澤之蛇乎. 澤涸, 蛇將徙. 《韓非子》〈說林上〉
31 深山大澤, 實生龍蛇. 《左傳》〈襄公二十一年〉

제7장 오午·말

1 行天莫如龍, 行地莫如馬. 馬者甲兵之本, 國之大用.《後漢書》〈馬援列傳·馬援〉
2 河出圖, 洛出書.《周易》〈繫辭上傳〉
3 天馬來兮. 從西極, 經萬里兮, 歸有德.《史記》卷二十四〈樂書第二〉
4 일본 후쿠시마(福島) 현에 있는 도시.
5 千里馬常有, 而伯樂不常有. 韓愈,〈雜說(馬說)〉
6 유향(劉向)의 《戰國策》에 나오는 고사.
7 오패(五覇)는 중국 춘추시대 5인의 패자를 말한다. 춘추오패(春秋五覇) 오백(五伯)이라고도 한다. 보통 제후를 모아 그 회맹(會盟)의 맹주가 된 자를 패자라고 한다. 《순자(荀子)》에 의하면 오패는 제(齊)나라의 환공(桓公), 진(晉)나라의 문공(文公), 초(楚)나라의 장왕(莊王), 오(吳)나라의 왕

합려(闔閭), 월(越)나라의 왕 구천(勾踐)을 가리키는데, 한편으로는 진(秦)나라의 목공(穆公)이나 송(宋)나라의 양공(襄公), 오나라 왕 부차(夫差) 등을 꼽는 경우도 있다.

8 《列子》〈說符〉편에 나오는 고사.
9 《戰國策》〈燕策〉에 나오는 이야기.
10 '馬鹿'은 일본어로 바카라고 읽고, 얼간이, 바보라는 뜻이다.
11 춘추시대 노(魯)나라의 어진 대부였던 중손멸(仲孫蔑)을 말한다.
12 孟獻子曰, 畜馬乘, 不察於雞豚.《大學》
13 力拔山兮氣蓋世. 時不利兮騅不逝. 騅不逝兮可奈何. 虞兮虞兮奈若何. 項羽, '垓下歌'
14 일본 에도막부 시대의 쇼군인 도쿠가와 쓰나요시(德川綱吉)의 별명. 본인이 개띠였으며, 후사가 없는 이유가 선조들의 살생에 있다는 말을 듣고 개 살생금지령을 내렸을만큼 개를 극진히 우대하였다고 한다.
15 오쿠보히코자에몬(大久保彦左衛門, 1560~1639). 일본 전국시대의 무장. 도쿠가와 이에야스가 정권을 잡은 뒤 나약해지자 위기감을 느끼고 간언을 했던 인물로, 일본인들에게는 '천하의 훈계역'으로 알려져 있다. 진실과 강건을 모토로 자신의 분수를 지키고 살았던 인물이었지만, 나중에는 책이나 연극 등에서 여러 가지 사건을 해결하는 영웅으로 승격되었다. 사람들은 그가 등장하면 악인을 물리치고 자신들의 한을 풀어주는 정의로운 인물로 열렬하게 환영했다고 한다.
16 안영(晏嬰, ?~기원전 500). 춘추시대 제(齊)의 명신으로, 영공(靈公)과 장공(莊公), 경공(景公)을 섬겼다. 경공 때에 재상으로 등용되어 명재상으로 이름을 떨쳤다.
17 《안자춘추(晏子春秋)》〈景公所愛馬死欲誅圉人晏子諫〉제25에 나오는 고사.

제8장 미未·양

1 孔子曰, 牛羊之字, 從形舉也.《說文》
2 균(鈞)은 30근(斤)에 해당한다. 따라서 천균은 3만 근.
3 가마쿠라 말기부터 남북조에 걸친 시기의 천황.
4 구스노키 마사시게(楠正成, 1294~1336). 일본 남북조시기에 충신으로 추앙받던 무사. 남조와 북조가 전쟁을 하자 끝까지 남조의 고다이고 천황 편

에서 서서 충성을 보여주었다고 한다.
5 지금의 면장 정도의 낮은 관직.
6 父竊羊而謁之, 不亦信乎. 父誅而代之, 不亦孝乎.《呂氏春秋》
7 孔子曰, 吾黨之直者, 異於是. 父爲子隱, 子爲父隱. 直在其中矣.《論語》〈子路〉
8 제2장 각주2 참조.
9 제사 때 신에게 빌어 죄나 부정(不淨), 재앙 등을 떨쳐버리는 행위.
10 是乃仁術也. 見牛未見羊也.《孟子》〈梁惠王上〉
11 故推恩足以保四海, 不推恩無以保妻子.《孟子》〈梁惠王上〉
12 爾愛其羊, 我愛其禮.《論語》〈八佾〉
13 《莊子》〈騈拇〉
14 善養生者, 若牧羊然, 視其後者而鞭之.《莊子》〈達生〉
15 大道以多歧亡羊, 學者以多方喪生.《列子》〈說符〉
16 《列子》〈說符〉편에 나오는 이야기.
17 동진시대 갈홍(葛洪)이 신선들에 대한 기록을 모아 편찬한 문헌. 전기문 형식의 도교 경전이다.
18 마음과 마음이 인식하는 대상인 사물의 세계가 일치를 이룬 경지. 즉 주관과 객관이 일치를 이루는 깨달음의 경지.
19 주관자인 나와 객관자인 사물의 세계가 하나를 이루는 깨달음의 경지.
20 人生如朝露, 何久自苦如此.《漢書》〈蘇武傳〉
21 하수(河水)의 다리. 즉, 북쪽 황하 상류의 다리.
22 서역에 있으며, 달이 나온다는 굴. 여기에서는 흉노족의 땅을 비유한 것이다.
23 蘇武在匈奴. 十年持漢節. 白雁上林飛. 空傳一書札. 牧羊邊地苦. 落日歸心絶. 渴飲月窟水. 飢餐天上雪. 東還沙塞遠. 北愴河梁別. 泣把李陵衣. 相看淚成血. 李白, '蘇武'

제9장 신申·원숭이

1 에도시대 후기에 편찬된 일본의 국어사전. 모두 93권이며, 전체가 3편으로 구성되어 있다.
2 故狗似玃, 玃似母猴, 母猴似人, 人之與狗則遠矣.《呂氏春秋》〈愼行論第二〉
3 서진(西晉)시대 장화(張華)의 저술. 신선이나 이상한 인간, 동식물에 관한 기록이 주로 실려 있고, 민간전설 등이 곁들여져 있다. 원숭이와 인간의

교합(交合) 등의 이야기가 실려 있다.
4 猿壽五百歲, 則變爲玃, 千歲則變爲老人.
5 蜀中西南高山上, 有物如獼猴長七尺. 能人行健走. 名曰猴玃. 一名化或曰玃猨. 同行道婦人. 有好者輒盜之以去人……取女也. 取去爲室家, 其年少者終身不得還. 十年之後形皆類之意亦迷惑不復思歸. 有子者輒俱送還其家 産子皆如人……今蜀中 西界多謂楊率皆猳玃化之子孫.《博物志》〈異獸〉
6 에도시대 후기의 역사가이자 문인이었던 라이산요우(賴山陽)가 쓴 한문체의 일본 역사서. 전 22권.
7 미나모토노 다메토모(源爲朝, 1139~1170)를 말한다. 헤이안 말기 최강의 무사로, 미나모토노 쓰네요시(源爲義)의 여덟 번째 아들이다. 활쏘기의 명수로 매우 큰 활을 쏘았기 때문에 그의 왼손이 오른손보다 12센터미터나 더 길었다고 한다.
8 '猿臂善射'는《史記》〈李將軍列傳〉에도 나온다.
9 제2장 각주2 참조.
10 제2장 각주3 참조.
11 此未始知味者也.《淮南子》〈脩務訓〉
12 楚人有烹, 猴而召其隣人, 以爲狗羹也. 而甘之, 後聞其猴也. 據地而吐之, 盡瀉其食, 此未始知味者也.《淮南子》〈脩務訓〉
13 《三國志》〈蜀書〉'鄧張宗楊傳'에 나오는 이야기.
14 자루(ザル)는 일본어로 원숭이를 뜻하는 동시에 부정사로서 '~하지 않다'는 뜻을 가지고 있다. 따라서 '미자루 기카자루, 이와자루'는 '보지도 말고 듣지도 말고 말하지도 말아라'는 뜻이 된다. 처세를 위한 행동지침을 나타내기 위해 동일한 발음의 원숭이를 들어, 원숭이 세 마리가 눈을 가리고 귀를 막고 입을 막고 있는 모습의 조각을 통해 교훈을 시각화한 것이다. 이들 세 마리의 원숭이를 '산자루(三猿)'라고 한다.
15 巴東三峽猿鳴悲, 猿鳴三聲淚沾衣.《古今樂錄》
16 行到荊門上三峽, 莫將孤月對猿愁. 王昌齡,《全唐詩》'盧溪送別'
17 孤猿更叫秋風裡, 不是愁人亦斷腸. 戴叔倫,《全唐詩》'夜發袁江寄李潁川劉侍郎'
18 《戰國策》〈周策〉에 나오는 이야기.
19 가부키 배우. 에도시대 연극계를 대표하는 명사.
20 원숭이에게 옷이나 모자 따위를 입혀서 사람 흉내를 내게 하는 볼거리.
21 헤이안시대에 유행했던 민중예능. 익살스러운 동작과 곡예를 주로 함.

22 가부키에서 어릿광대 역할, 혹은 그 역할을 담당하는 배우.
23 사루마루다유(猿丸大夫)라고도 한다. 생몰연대 미상. 36가선(歌仙) 중 한 사람. 사루마루는 이름, 다이후는 관직의 지위를 나타낸다.
24 가가인법술(甲賀人法術)을 쓴다는 전설상의 인물. 사나다(眞田) 10용사의 한 사람.
25 헤이안시대 이후 천황을 보좌하여 직무를 맡아보던 중직(重職)인 간바쿠(關白)가 물러나고 그의 자식이 새로운 간바쿠가 되었을 때, 아버지 간바쿠, 즉 이전 간바쿠를 다이코라고 칭한다. 가장 유명한 다이코는 도요토미 히데요시이다.
26 도요토미 히데요시(豊臣秀吉, 1536~1598). 중세 일본의 무장(武將). 16세기 오다 노부나가(織田信長)가 시작한 통일의 대업을 완수했고, 해외 침략의 야심을 품고 조선을 침략해 임진왜란을 일으켰으며, 죽을 때까지 최고위직인 다이코(太閤)를 지냈다.
27 오다 노부나가(織田信長, 1534~1582). 일본 전국시대의 유명한 무사. 전국시대를 마무리하고 새로운 역사의 지평을 개척하였다. 그의 과업은 도요토미 히데요시와 도쿠가와 이에야스에 이르러 완성된다.
28 원숭이 얼굴을 닮은 젊은이라는 의미.
29 제3장 각주17 참조.
30 15세 미만의 어린 고아. 즉 어린 임금을 의미한다.
31 可以託六尺之孤.《論語》〈泰伯〉
32 《十八史略》〈西漢 高祖〉에 나오는 고사성어.
33 富貴不歸故鄉, 如衣錦夜行.《漢書》卷31〈陳勝項籍列傳. 項籍〉
34 人謂楚人沐猴而冠, 果然.《漢書》卷31〈陳勝項籍列傳. 項籍〉
35 楚王亡其猿, 而林木爲之殘, 宋君亡其珠, 池中魚爲之殫.《淮南子》〈說山訓〉
36 民溼寢則腰疾偏死, 鰌然乎哉. 木處則惴慄恂懼, 猨猴然乎哉.《莊子》〈齊物論〉
37 今取猨狙而衣以周公之服, 彼必齕齧挽裂,盡去而後慊. 觀古今之異, 猶猨狙之異乎周公也.《莊子》〈天運〉
38 虎豹之文來射, 猨狄之捷來措.《淮南子》〈繆稱訓〉
39 置猨檻中, 則與豚同.《淮南子》〈俶眞訓〉
40 《莊子》〈齊物論〉에 나오는 이야기.

제10장 유酉·닭

1 잠삼(岑參, 715~770). 당의 시인. 두 차례에 걸쳐 북서 변경 요새의 사막 지대에 종군한 경험을 살려서 쓴 '새외시(塞外詩)'는 풍부한 상상력과 이국정서를 생생하게 그려 당시(唐詩) 중에서 독자적인 지위를 차지한다.
2 번화가나 화려한 도시를 말한다.
3 수도(首都)를 말한다.
4 鷄鳴紫陌曙光寒, 鶯囀皇州春色闌. 岑參, '和賈至舍人早朝大明宮之作'
5 일본 미에(三重) 현 동쪽에 있는 종교 도시.
6 이세신궁(伊勢神宮)를 말한다. 일본 황실의 선조를 모신 신궁.
7 鷄有五德. 首帶冠文也, 足搏距武也, 敵在前敢鬪勇也, 見食相呼仁也, 守夜不失信也.《韓詩外傳》
8 춘추시대 노(魯)나라 애공(哀公) 때의 충신.
9 천황의 친경의식(親耕儀式)인 다이죠사이(大嘗祭) 때 햇곡식을 바치는 교토 이동(以東) 지방이나 그 제사 장소.
10 유키와 반대로, 다이죠사이 때 햇곡식을 바치는 교토 이서(以西) 지방이나 그 제사 장소.
11 軟溫新剝鷄頭肉.《楊妃外傳》
12 戴盈之日, 什一, 去關市之征, 今茲未能. 請輕之, 以待來年, 然後已, 何如. 孟子曰, 今有人日攘其鄰之雞者, 或告之曰, 是非君子之道. 曰請損之, 月攘一雞, 以待來年, 然後已. 如知其非義, 斯速已矣, 何待來年.《孟子》〈滕文公下〉
13 현 일본 재무성의 옛 이름.
14 한나라 때 공자의 9대손인 공부(孔鮒)가 편찬한 책. 처음에 공부가 공자이하 자사(子思)·자상(子上)·자고(子高)·자순(子順)의 언행을 모아 21편으로 펴냈다고 한다. 그 후 효무(孝武) 때 태상(太常)인 공장(孔臧)이 자신이 저술한 부(賦)와 서(書)를 연총상하편(連叢上下篇)이라고 이름 붙이고, 이에 덧붙여서 공총자라고도 했는데, 이것이 현재 전해 내려오는 책이라고 한다.
15 목수의 우두머리. 도편수.
16 杞梓連抱, 而有數尺之朽, 良工不棄.《孔叢子》卷上〈第一嘉言〉
17 女曰雞鳴. 士曰昧旦. 子興視夜. 明星有爛. 將翱將翔. 弋鳧與鴈. 弋言加之. 與子宜之. 宜言飲酒. 與子偕老. 琴瑟在御. 莫不靜好. 知子之來之. 雜佩以贈之.

知子之順之. 雜佩以問之. 知子之好之. 雜佩以報之.《詩經》'鄭風·女曰雞鳴'
18 孟子曰, 雞鳴而起, 孳孳爲善者, 舜之徒也. 雞鳴而起, 孳孳爲利者, 蹠之徒也. 《孟子》〈盡心上〉
19 子路曰, 不仕無義. 長幼之節, 不可廢也. 君臣之義, 如之何其廢之. 欲潔其身, 而亂大倫. 君子之仕也, 行其義也. 道之不行, 已知之矣.《論語》〈微子〉
20 《史記》〈魯周公世家〉에 나오는 이야기.
21 《莊子》〈達生篇〉과 《列子》〈黃帝篇〉에 나오는 이야기.
22 헤이안시대에 세워진 궁궐 건물 중의 하나. 본래 천황의 거처였으나, 근세에는 의식에만 사용되고 있다.
23 닭 울음소리를 내고, 개 모양으로 도둑질을 한다는 뜻.
24 전국시대의 대표적인 호족(豪族) 네 사람. 곧 제나라의 맹상군(孟嘗君), 조나라의 평원군(平原君), 위나라의 신릉군(信陵君), 초나라의 춘신군(春申君)을 이른다.
25 여우 겨드랑이에서 나오는 흰털 가죽을 여러 장 이어서 만든 갖옷(모피옷). 고관대작만이 입을 수 있었기에 귀족의 상징물이 되었다.
26 《史記》〈孟嘗君列傳〉에 나오는 고사
27 昂昂然如野鶴之在雞群.《晋書》〈嵆紹傳〉
28 割鷄焉用牛刀.《論語》〈陽貨〉
29 삼현(三絃)으로 구성된 일본 고유의 현악기.
30 浴乎沂, 風乎舞雩, 詠而歸.《論語》〈先進〉
31 《書經》속에 들어 있다.
32 王曰, 古人有言曰, 牝雞無晨, 牝雞之晨, 惟家之索.《書經》〈牧誓〉
33 夫鷄肋, 棄之如可惜, 食之無所得.《三國志》〈魏志 武帝記 註〉
34 寧與黃鵠比翼乎. 將與雞鶩爭食乎. 屈原, '卜居'

제11장 술戌·개

1 사루(去る)와 이누(往ぬ)는 둘 다 '떠나다' '가버리다'는 의미와 함께 '죽다'는 의미도 있다.
2 視犬之, 字如畫狗也.
3 狗, 叩也. 叩氣以守也.
4 우제류(偶蹄類) 짐승의 발 양쪽에 있는 발굽. 중앙에 있는 발굽은 잘 발달

해 있으나 현제는 위축(萎縮)되어 있어서 땅에 닿지 않게 아래로 드리워져 있다
5 옛날 일본에서 성인례(成人禮)를 치른 공가(公家)나 무사가 머리에 쓰던 두건의 한 종류.
6 일본의 무사가 입던 예복의 한 가지. 하카마(袴)와 같이 입었다.
7 일본 무사가 입던 예복인 히타타레(直垂)를 약간 변형시킨 옷.
8 일본 중부 교토 지역에서 일어났던 내란(1467~77). 오닌기(應仁期), 1467~68)에 시작되었으며, 1490~1590년의 기나긴 전국시대 서곡이 되었다. 이 난을 계기로 장원제가 무너지고 대영주인 다이묘(大名)가 부상하게 되었다. 이 싸움으로 고도 교토는 심하게 파손되었으며, 지방 영주들이 더 많은 영지를 얻기 위해 어느 한편에 가담함으로써 전쟁이 전국적으로 확대되었다. 1477년 막다른 상황에서 전쟁은 일단락되었고, 결국 호소카와가 정권을 장악하는 데 성공했지만 그 뒤에도 지방에서는 약 100년 동안 싸움이 계속되었다.
9 종이를 여러 겹 붙여서 만든 개 모양의 장난감.
10 仲尼之畜狗死, 使子貢埋之曰, 吾聞之也, 敝帷不弃, 爲埋馬也. 敝蓋不弃, 爲埋狗也. 某也貧, 無蓋, 於其封也, 亦子之席, 毋使其首陷焉. 路馬死, 埋之以帷.《禮記》〈檀弓下第四〉
11 도쿠가와 쓰나요시(德川綱吉, 1646~1709년). 에도 막부 제5대 쇼군. 그가 다스리던 때에 문화적으로 겐로쿠시대가 열렸다. 개에 대한 지나친 집착과 강박관념으로 '개쇼군'으로 불렸다.
12 쓸데없는 것을 가지고 노는 것에 정신이 팔려 소중한 자신의 본심을 잃음.
13 옛날 중국의 고위 관직인 삼공(太師, 太傅, 太保)의 하나. 천자의 덕을 보호하고 안전하게 지키는 관직.
14 玩人喪德, 玩物喪志.《書經》〈旅獒〉
15 棄人用犬 雖猛何爲.《春秋左氏傳》〈魯宣公 二年〉
16 景公走狗死, 公令外共之棺, 內給之祭. 晏子聞之, 諫. 公曰, 亦細物也, 特以與左右爲笑耳. 晏子曰. 君過矣. 夫厚籍斂不以反民, 棄貨財而笑左右. 傲細民之憂, 而崇左右之笑. 則國亦無望已. 且夫孤老凍餒而死, 狗有祭. 鰥寡不恤而死, 狗有棺. 行辟若此, 百姓聞之, 必怨吾君. 諸侯聞之, 必輕吾國. 怨聚于百姓, 而權輕于諸侯. 而乃以爲細物, 君其圖之. 公曰, 善. 趣庖治狗, 以會朝屬.《晏子春秋》〈景公欲以人禮葬走狗晏子諫〉
17 일본의 유명한 충견(忠犬). 주인을 매일 배웅하고 마중을 나가던 하치코

는 주인이 죽은 뒤에도 매일 역에서 주인을 기다렸다고 전해진다. 이 개를 기념하기 위해 도쿄 시부야(澁谷) 역 앞에 동상을 세웠는데, 지금은 시부야를 대표하는 기념물이 되었다.
18 사이고 다카모리(西鄕隆盛, 1827~1877). 호는 난슈(南洲). 가고시마 현에서 하급 사족(士族)의 집안에서 태어났다. 메이지유신(明治維新)의 가장 중심적 인물로, 도쿠가와 막부시대를 종결시키고 천황 중심의 왕정복고를 성공시키는 데 절대적인 역할을 하였다. 메이지 신정부의 요직에 참여하다가 정한론(征韓論)이 정부에 받아들여지지 않자 관직에서 물러나 귀향하였다. 그 후 사립학교를 경영하면서 후진 양성에 진력하였다. 하지만 중앙 정부와의 대립이 격화되어 1877년 세이난(西南) 전쟁을 일으켰으나 패한 뒤에 자결하였다. 사후 관작(官爵)이 복권되었다.
19 사이고 다카모리의 호(號).
20 다카무라 고운(高村光雲, 1852~1934). 조각가. 목각예술을 보존하기 위해 노력했던 인물. 다카무라 도운(高村東雲)에게 불교 조각을 배운 뒤에 스승의 예술과 성(姓)을 계승했다. 목각예술의 전통기법에 사실적 표현을 첨가해, 전통기법의 새로운 전개를 시도한 근대 일본 조각의 시조. 대표작으로는 '늙은 원숭이[老猿]' '난코 동상(楠公像)' '사이고 다카모리 동상(西鄕隆盛銅像)' 등이 있다.
21 진나라 출신이 아닌 외국인 신료들은 모두 짐을 싸서 떠나게 하는 법령.
22 중국에서 행하던 다섯 가지 형벌.
23 고대 형벌 중의 하나로서, 허리를 잘라버리는 형벌.
24 吾欲與若復牽黃犬, 俱出上蔡東門, 逐狡兔 豈可得乎.《史記》〈李斯列傳〉
25 교쿠테이 바킨(曲亭馬琴, 1767~1848). 에도시대 후기의 작가. 도덕성이 짙은 장편 역사소설로 높은 평가를 받고 있다. 요미혼(讀本, 에도시대 후반기의 전기적傳奇的·교훈적 소설)으로 알려진 30편이 넘는 장편소설을 써서 역사소설이라는 장르를 만들어냈다. 궁정소설·군사연대기·노(能)·대중극·전설과 중국의 구어소설 등에서 소재를 얻었으며 에도시대의 소설을 본격적인 소설 장르로 확립하는 데 커다란 기여를 했다.
26 今齊魏久相持, 以頓其兵, 弊其衆, 臣恐强秦大楚承其後, 有田父之功. 齊王懼, 謝將休士也.《戰國策》〈齊策〉
27 韓氏之盧, 天下疾狗也. 見兔而指屬, 則無失兔矣. 望見而放狗也, 則累世不能得兔矣. 狗非不能, 屬之者罪也.《說苑》卷11〈善說〉
28 牛耳讀經, 즉 '소귀에 경 읽기'와 같은 내용.

29 이 속담은 '주제넘게 굴면 봉변을 당한다'는 의미도 되고, '나돌아 다니다 보면 뜻하지 않은 행운을 만난다'는 의미도 된다.
30 후한의 유학자 왕부(王符)가 정치에 관해 기술한 저작. 왕부는 이 책을 통해 학문과 도덕을 존중하고, 덕에 의한 교화정치를 주장하였으며, 당시의 사회와 정치를 비판하였다. 또한 운명론이나 미신도 배척하였다. 10권 35편.
31 一犬吠形, 百犬吠聲.《潛夫論》〈賢難〉
32 天網恢恢, 疎而不漏.
33 天網恢恢, 疎而不失.《老子》73章
34 《十八史略》〈西晉 惠帝〉에 나오는 고사성어. 흔히 '구미속초(狗尾續貂)'라고 줄여 말한다.
35 傑之狗可使吠堯.《史記》〈魯仲連·鄒陽列傳〉
36 跖之狗吠堯.
37 跖之狗吠堯, 堯非不仁, 狗因吠非其主. 當是時, 臣唯獨知韓信, 非知陛下也.《史記》〈淮陰侯列傳〉
38 子母擊也, 子亦猶是. 曩者使女狗白而往, 黑而來, 子豈能毋怪哉.《韓非子》〈說林下〉
39 畵虎不成反類狗者.《後漢書》〈馬援傳〉
40 效〈伯高〉不得, 猶爲謹勅之士, 所謂刻鵠不成尙類鶩者也. 效〈季良〉不得, 陷爲天下輕薄子, 所謂畵虎不成反類狗者也.《後漢書》〈列傳〉〈馬援傳〉
41 狗猛則酒何故而不售.《韓非子》〈外儲說右〉. 흔히 구맹주산(狗猛酒酸)이라고 줄여서 말한다.
42 夫國亦有狗, 有道之士懷其術而欲以明萬乘之主, 大臣爲猛狗迎而齕之, 此人主之所以蔽脅, 而有道之士所以不用也.《韓非子》〈外儲說右上〉
43 客有爲齊王畵者, 齊王問曰, 畵孰最難者. 曰, 犬馬最難, 孰易者. 曰, 鬼魅最易. 夫犬馬, 人所知也, 旦暮罄於前, 不可類之, 故難. 鬼魅, 無形者, 不罄於前, 故易之也.《韓非子》〈外儲說左上〉

제12장 해亥·돼지

1 하승천(何承天, 370~447). 중국 남북조시대의 수학자·천문학자. 모든 학문에 조예가 깊었는데 특히 산학(算學)과 역학(易學)에 뛰어나서 원가력

(元嘉曆)을 만들었으며,《달성론(達性論)》을 저술하였다. 인간은 한 번 죽으면 형신(形神, 신체와 영혼)이 함께 멸하며 내세의 응보는 없다고 주장하여 종병(宗炳)·안연지(顔延之)와 논쟁을 벌였고, 육조사상계(六朝思想界)에도 큰 영향을 끼쳤다.

2 楊州以豕爲豬, 河南謂之彘, 吳楚謂之豨.《纂文》

3 燕, 朝鮮, 謂猪爲豿, 關東謂之彘, 南楚曰豨, 吳揚曰猪.《方言》

4 晉悼夫人食輿人之城杞者, 絳縣人或年長矣, 無子, 而往與於食, 有與疑年, 使之年, 曰臣小人也, 不知紀年, 臣生之歲, 正月甲子朔, 四百有四十五, 甲子矣, 其季於今, 三之一也, 吏走問諸朝, 師曠曰, 魯叔仲惠伯會郤成子于承匡之歲也, 是歲也, 狄伐魯, 叔孫莊叔於是乎敗狄于鹹, 獲長狄僑如, 及虺也豹也, 而皆以名其子, 七十三年矣, 史趙曰, 亥有二首六身, 下二如身, 是其日數也, 士文伯曰, 然則二萬二千六百有六旬也, 趙孟問其縣大夫, 則其屬也, 召之而謝過焉, 曰, 武不才, 任君之大事, 以晉國之多虞, 不能由吾子, 使吾子辱在泥塗久矣, 武之罪也, 敢謝不才, 遂仕之, 使助爲政, 辭以老, 與之田, 使爲君復陶, 以爲絳縣師, 而廢其輿尉, 於是魯使者在晉, 歸以語諸大夫, 季武子曰, 晉未可媮也, 有趙孟以爲大夫, 有伯瑕以爲佐, 有史趙師曠而咨度焉, 有叔向女齊以師保其君, 其朝多君子, 其庸可媮乎, 勉事之而後可.《春秋左傳》〈襄公 三十年〉

5 晉平公之於亥唐也, 入云則入, 坐云則坐, 食云則食. 雖疏食菜羹, 未嘗不飽, 蓋不敢不飽也. 然終於此而已矣. 弗與共天位也, 弗與治天職也, 弗與食天祿也, 士之尊賢者也, 非王公之尊賢也.《孟子》〈萬章〉

6 중앙아시아 실크로드의 한 지역인 야르칸트(Yarkand)에 해당되는 사차국(莎車國)의 왕.

7 사차국과 마찬가지로 고대 서역지방에 위치했던 왕국인 우전국(于闐國)의 인물. 연옥(軟玉)의 명산지로, 견직물과 모직물의 제조와 불교 유적으로 유명하다.

8 송나라의 홍매(洪邁, 1123~1202)가 엮은 설화집. 송나라 초기부터 그의 생존 당시까지 민간에서 일어난 이상한 사건이나 괴담을 모은 책으로, 당시의 사회나 풍속 등의 자료가 풍부하게 수록되어 있다. 모두 420권이었지만, 오늘날에는 약 절반만 전한다.

9 미나모토 요리토모(源賴朝, 1147~1199). 가마쿠라막부 정권을 세운 무장. 천황의 권위에 대항해 일본의 전 구니(國)에 슈고(守護)와 지토(地頭)를 두어 중앙정부의 지방통제력을 약화시켰고, 1192년 슈고와 지토를 감독하는 쇼군(將軍) 칭호를 얻었다. 1189년 동생인 미나모토 요시쓰네와 그

의 후원자였던 후지와라(藤原) 일문을 멸족시켰고, 1193년에는 노리요리를 멸하며 전국을 장악하였다. 1192년 세이이 다이쇼군(征夷大將軍)에 오른 요리토모에 의해 시작된 일본의 무가정치(武家政治)는 이후 700년 동안 계속되었으며 메이지 유신에까지 이르렀다.

10 가마쿠라시대의 무사.
11 가마쿠라시대의 무사.
12 마루야마 오쿄(円山応擧, 1733~1795). 에도시대 중기의 화가. 원근법과 음영법을 사용하는 서양화법을 익혀 자연의 객관적 묘사를 중시하는 사실주의로 눈을 돌렸다. 또 중국의 사생화풍을 익혀 장식적 효과와 조화를 함께 갖춘 온건한 사생화의 새 양식을 창시하여 마루야마파를 형성, 교토 화단의 일대 세력이 되기도 하였다.
13 중국적인 주제와 기법을 강조하는 화파.
14 이시다 유테이(石田幽汀, 1721~1786). 에도시대 중기의 화가. 사실성과 장식성을 조화시킨 화조도(花鳥圖)에 능했다. 마루야마 오쿄의 스승이기도 하다.
15 전순거(錢舜擧). 송말원초(宋末元初)의 화가·시인·학자. 흔히 전선(錢選)이라고 한다. 송나라가 망하자 벼슬길로 나가지 않고 떠돌아다니며 시를 짓고 그림을 그리면서 일생을 마쳤다. 특히 인물·산수·화조(花鳥)·소과(蔬果)에 뛰어났다고 한다. 그는 그림 속에 선비의 기개가 담겨 있어야 하며, 남송화원의 기풍을 탈피하여 당·오대·북송의 화법을 추구해야 한다고 주장했는데, 사실상 복고를 통하여 새로움을 추구한 것으로 평가받고 있다.
16 심남빈(沈南頻, 1682~1760). 청나라의 사생파 화가로, 1731년 일본 나가사키(長崎)에 들어와 일본 화조도(花鳥圖)에 큰 영향을 끼쳤다.
17 기교는 같으나 그 곡조(취향)가 다르다는 의미로, 한퇴지의 《진학해(進學解)》에 나오는 고사성어.
18 《後漢書》〈吳祐傳〉에 나오는 이야기.
19 황보밀(皇甫謐)의 《고사전(高士傳)》, 《후한서(後漢書)》〈양홍전(梁鴻傳)〉에 나오는 이야기
20 전한(前漢)의 경방(京房, 기원전 77~37)이 세응(世應), 비복(飛伏), 납갑(納甲) 등의 주역이론을 전개하여 한대의 상수역으로 이어지는 점서역(占筮易)을 형성하였는데, 후학들이 이를 가리켜 경서역이라고 하였다.
21 한나라 경제(景帝) 때, 노나라 공왕(恭王)이 공자의 옛집을 헐다가 벽 속

에서 찾아낸 책을 말한다. 진(秦)나라 이전의 과두문자로 전해졌기 때문에 고문상서라 한다. 고문상서학이란 고문상서를 중심으로 주석을 달고, 그 내용을 연구하는 것을 말한다.

22 孟子曰, 食而弗愛, 豕交之也. 愛而不敬, 獸畜之也.《孟子》〈盡心上〉
23 少長取嬉戲, 不殊同隊魚. 韓愈, '符讀書城南'
24 《文選》〈朱浮書〉에 나오는 이야기.
25 伯通自伐, 以爲功高天下. 往時遼東有豕, 生子白頭, 異而獻之. 行至河東, 見群豕皆白, 懷慚而還. 若以子之功, 論於朝廷, 則爲遼東豕也.《文選》〈朱浮書〉,《後漢書》〈朱浮傳〉
26 桓公十八年, 十八年, 春, 公將有行, 遂與姜氏如齊. 申繻曰, 女有家, 男有室, 無相瀆也, 謂之有禮, 易此必敗. 公會齊侯于濼, 遂及文姜如齊, 齊侯通焉, 公謫之以告. 夏四月丙子, 享公, 使公子彭生乘公, 公薨于車, 魯人告于齊曰, 寡君畏君之威, 不敢寧居, 來脩舊好, 禮成而不反, 無所歸咎, 惡於諸侯, 請以彭生除之, 齊人殺彭生.《春秋左傳》〈桓公十八年〉
27 《논어》〈양화(陽貨)〉편에 나오는 양화(陽貨)와 동일 인물. 그러나 양호와 양화가 동일 인물이 아니라고 주장하는 학설도 있다. 저자는 이 두 사람을 동일 인물로 보고 있다.
28 《論語》〈陽貨〉편에 나오는 이야기.
29 曾子之妻之市, 其子隨之而泣. 其母曰, 女還, 顧反爲女殺彘. 妻適市來, 曾子欲捕彘殺之. 妻止之曰: 特與嬰兒戲耳. 曾子曰. 嬰兒非與戲也. 嬰兒非有知也, 待父母而學者也, 聽父母之敎. 今子欺之, 是敎子欺也. 母欺子, 子而不信其母, 非以成敎也. 遂烹彘也.《韓非子》〈外儲說左上〉
30 《列女傳》〈母儀傳〉에 나오는 고사성어.
31 《列女傳》〈母儀傳〉에 나오는 고사성어.
32 孟子少時, 東家殺豚. 孟子問其母曰, 東家殺豚何爲. 母曰欲啖汝. 其母自悔失言. 曰吾懷絍是子, 席不正不坐, 割不正不食, 胎敎之也. 今適有知而欺之, 是敎之不信也. 乃買東家豚肉以食之, 明不欺也.《韓詩外傳》卷九

찾아보기

서명

《강희자전(康熙字典)》 109
《공총자(孔叢子)》 230
《관자(管子)》 126
《광아(廣雅)》 130
《난소사토미핫켄덴(南總里見八犬傳)》 259
《노자(老子)》 263
《녹이기(錄異記)》 135
《논어(論語)》 192, 193, 214, 229, 235, 237, 238, 244, 261, 262, 292
《니혼가이시(日本外史)》 207
《니혼샤쿠묘(日本釋名)》 82
《대한화사전(大漢和辭典)》 6, 10, 44, 62, 81, 126, 165, 185, 250, 275
《만요슈(万葉集)》 234
《맹자(孟子)》 73, 191, 192, 193, 229, 279, 294
《문선(文選)》 76
《박물지(博物志)》 150, 207
《박아(博雅)》 130
《방언(方言)》 274
《백호통(白虎通)》 29
《본초강목(本草綱目)》 129
《비아(埤雅)》 111
《비연외전(飛燕外傳)》 53
《사기(史記)》 19, 29, 117, 138, 150, 179, 238, 265, 287
《사물기원(事物紀原)》 25
《사시(事始)》 20
《산해경(山海經)》 150
《삼국지(三國志)》 53
《서경(書經)》 21, 27, 254
《서유기(西遊記)》 209, 259
《서응기(瑞應記)》 130
《석명(釋名)》 29
《설문(說文)》 43, 126, 183, 249, 250
《설원(說苑)》 53, 138, 261
《송서(宋書)》 140
《수경주(水經注)》 135
《술이기(述異記)》 130, 150
《시경(詩經)》 45, 47, 49, 76, 113, 116, 153, 231, 234
《시어쇄금(詩語碎金)》 225
《신선전(神仙傳)》 195
《신이경(神異經)》 150
《쓰레즈레쿠사(徒然草)》 12
《여씨춘추(呂氏春秋)》 206
《열선전(列仙傳)》 195
《열자(列子)》 170, 194, 240
《예기(禮記)》 252
《오행지(五行志)》 280
《옥대신영(玉臺新詠)》 76

《와쿤노시오리(和訓栞)》 205
《운두추(運斗樞)》 15
《운회(韻會)》 104
《위전략(魏典略)》 104
《이견지(夷堅志)》 281
《이아(爾雅)》 27
《이아익(爾雅翼)》 108, 127, 133
《잠부론(潛夫論)》 263
《장자(莊子)》 52, 54, 95, 111, 160, 193, 218, 239, 240
《정자통(正字通)》 109
《주례(周禮)》 153
《주역(周易)》 32, 128, 140, 159
《진서(晋書)》 243
《진서(陳書)》 140
《찬문(纂文)》 273
《초사(楚辭)》 127, 150
《춘추(春秋)》 23
《통감외기(通鑑外記)》 19
《포박자(抱朴子)》 37, 112, 148
《한비자(韓非子)》 138, 160, 268, 269, 279
《한서(漢書)》 29, 68, 208, 241
《한시외전(韓詩外傳)》 227
《한초군담(漢楚軍談)》 283
《현괴록(玄怪錄)》 135
《협기변방서(協紀辨方書)》 22
《황극경세서(皇極經世書)》 18, 19
《회남자(淮南子)》 24, 108, 140, 208, 218
《후위서(後魏書)》 140
《후주서(後周書)》 140

인명·용어

가

가렴주구(苛斂誅求) 48
가지와라 가게토키(梶原景時) 282
가키노모토노히토마로(柿本人麻呂) 91
가토 기요마사(加藤淸正) 91, 214
간지(干支) 18~32, 35, 186, 223
갈홍(葛洪) 37
갑골문(甲骨文) 19
갑자(甲子) 19, 35, 277, 278
걸구폐요(傑狗吠堯) 264
견마지로(犬馬之勞) 262
견마최난 귀매최이(犬馬最難 鬼魅最易) 269
견아상제(犬牙相制) 262
견아상착(犬牙相錯) 262
견아차호(犬牙差互) 262
견우직녀(牽牛織女) 75
견체지식(犬彘之食) 262
견토지쟁(犬兔之爭) 260
겸애설(兼愛說) 266
경신강(庚申講) 36
경신어유(庚申御遊) 36
경신일(庚申日) 10, 36, 37
경씨역(京氏易) 287
계관(鷄冠) 228
계돈동사(鷄豚同社) 245
계륵(鷄肋) 245
계림(鷄林) 245, 246
계명(鷄鳴) 231
계명구도(鷄鳴狗盜) 241, 264
계명지조(鷄鳴之助) 232

계목쟁식은(鷄鶩爭食) 245
계서봉황식(鷄棲鳳凰食) 245
계평자(季平子) 278
계흉구배(鷄胸龜背) 245
고문상서학(古文尙書學) 287
고사가(後嵯峨) 68
고삭(告朔)의 희양(餼羊) 193
고야왕(顧野王) 112
고지마 마사오(小島政雄) 23
공갑(孔甲) 137
공손술(公孫述) 139
공자(孔子) 23, 69, 70, 100, 138, 183, 189, 190, 192, 193, 210, 229, 230, 235~237, 243, 244, 249, 250, 252, 292, 293
곽외(郭隗) 171
교쿠테이 바킨(曲亭馬琴) 259
교토사주구팽(狡兔死走狗烹) 264
교토삼굴(狡兔三窟) 116
구도계명(狗盜鷄鳴) 242
구맹주산(狗猛酒酸) 268
구미속초(狗尾續貂) 264
구방고(九方皐) 170
구스노키 마사시게(楠正成) 188
군계일학(群鷄一鶴) 243
굴원(屈原) 127, 133, 134, 150
귀갑수골문자(龜甲獸骨文字) 66
기요히메(淸姬) 156
기족(驥足) 74

나
네즈미나키(鼠鳴き) 46
네즈미코조(鼠小僧) 46
노자(老子) 63, 69, 70, 92, 119, 138, 193, 210, 217
니탄노시로 다다쓰네(仁田四郞忠常) 282

다
다와라도타 히데사토(俵藤太秀鄕) 134
다카무라 고운(高村光雲) 257
달기(妲己) 86, 244
대우(大禹) 108, 137
도연명(陶淵明) 95
도요토미 히데요시(豊臣秀吉) 213, 214
도조신(道祖神) 35, 36
도쿠가와 쓰나요시(德川綱吉) 252
동공이곡(同工異曲) 286
동곽준(東郭逡) 120, 260
두계량(杜季良) 267
득토망제(得兔忘蹄) 121
등문원(鄧文原) 48
등지(鄧芝) 210

마
마루야마 오쿄(円山応擧) 285
마원(馬援) 267
마이동풍(馬耳東風) 176, 262
만요카나(万葉仮名) 26, 234
망양기로(亡羊岐路) 194
매시충문(罵尸蟲文) 37
맹모단기(孟母斷機) 294
맹모삼천(孟母三遷) 294
맹상군(孟嘗君) 116, 241
맹자(孟子) 64, 73, 191~193, 229, 230, 234, 266, 294
맹헌자(孟獻子) 176
명시(明視) 110

모로하시 데쓰지(諸橋轍次) 6, 11
목계(木鷄) 240
목후이관(沐猴而冠) 214, 216
몽염(蒙恬) 113
무용지용(無用之用) 65
묵적(墨翟) 266
문경지교(刎頸之交) 89
문천상(文天祥) 74
미나모토 요리토모(源賴朝) 282
미나모토 요시쓰네(源義經) 119, 282
미나모토노 다메토모(源爲朝) 207
미야케 요네키치(三宅米吉) 35
미요시 기요유키(三善淸行) 34

바

반경(盤庚) 19
반고(盤古) 19
반초(班超) 98
방공(龐共) 97
방저(方儲) 117
배사지액(杯蛇之厄) 160
백도(伯都) 82
백락(伯樂) 168~174, 261
백락일고(伯樂一顧) 169
백상(白顙) 65
백제(百濟) 92
번쾌(樊噲) 284
범증(范增) 283, 285
변장자(卞莊子) 89, 91
복희(伏羲) 136, 150
봉몽(逢蒙) 110
부독서성남(符讀書城南) 290
부여국(夫餘國) 67

부현(傅玄) 104
분서갱유(焚書坑儒) 54, 258
불도징(佛圖澄) 135
불원징(佛円澄) 188
비연(飛燕) 53
비우(肥牛) 64

사

사가(舍伽) 109
사갈(蛇蝎) 149
사령(四靈) 129
사루다히코노카미(猿田彦神) 36
사루시바이(猿芝居) 213
사루토비사스케(猿飛佐助) 213
사마천(司馬遷) 238
사부조익(蛇蚹蜩翼) 160
사오정(沙悟淨) 209
사이고 다카모리(西鄕隆盛) 257
사카히베노오호키미(境部王) 91
사훼(蛇虺) 149
삼고(三姑) 37
삼시(三尸) 37
삼인성시호(三人成市虎) 96
삼팽(三彭) 37
삼혁설(三革說) 34
삼황오제(三皇五帝) 136, 188
상산지사(常山之蛇) 159
상서(相鼠) 45
상형문자 44, 109, 148, 165, 184, 205, 249
새옹지마(塞翁之馬) 70, 177
서배(鼠輩) 53
서산(鼠算) 42

서선(徐宣) 98
서아작각지쟁(鼠牙雀角之爭) 50
서왕모(西王母) 108
서적(鼠賊) 46
석륵(石勒) 135
석서(碩鼠) 47~49
석호(石虎) 135, 188
선비족(鮮卑族) 188
성가(星家) 22
성복(城濮) 전쟁 86
성호사서(城狐社鼠) 51
세성(歲星) 27
소가주로(曾我十郞) 94
소대(蘇代) 168
소동파(蘇東坡) 99
소무(蘇武) 196~198
소우(素牛) 64
소의(昭儀) 53
소진(蘇秦) 72
손권(孫權) 98
손기(孫期) 287
손숙오(孫叔敖) 154
손오공(孫悟空) 209, 259
송릉자(宋陵子) 200
송옥(宋玉) 126
쇼소인(正倉院) 25
수경신(守庚申) 37
수주지우(守株之愚) 120
순우곤(淳于髡) 120, 168, 260
스가와라노 미치자네(菅原道眞) 34
스사노오노미코토(素戔鳴尊) 159
시교수축(豕交獸畜) 288
시돌(豕突) 288

시부도(豕負塗) 288
시심(豕心) 288
시호삼성(市虎三成) 97
신농(神農) 132
신라(新羅) 92, 245
신선술 195, 290
신자(愼子) 138
신죠 신죠(新城新藏) 23
심남빈(沈南頻) 285
십간십이지(十干十二支) 19
십이지(十二支) 4~11, 18~21, 23~32, 38, 44, 61, 147, 148, 223, 250
십이진(十二辰) 20, 25

아

악비(岳飛) 281
안자(晏子) 180, 255
안친(安珍) 156
안평중(晏平仲) 255
알지(閼智) 246
애뢰이(哀牢夷) 139
야쓰후사(八房) 260
약호지식돈(若虎之食豚) 98
양두구육(羊頭狗肉) 186
양상군자(梁上君子) 50
양수(楊脩) 245
양주(楊朱) 194, 265
양질호피(羊質虎皮) 186
양호(陽虎) 292
어부지리(漁父之利) 260
어토(於菟) 82
엔세이몬인(延政門院) 68
여동(廬仝) 108

여몽(呂蒙) 98
여와(女媧) 150
여왈계명(女曰鷄鳴) 233
역린(逆鱗) 128
염파(廉頗) 88
영척(甯戚) 67
오규 소라이(荻生徂來) 58
오다 노부나가(織田信長) 213
오도부(吳都賦) 104
오오쿠니누시노미코토(大國主命) 116
오자서(伍子胥) 138
오추마(烏騅馬) 178
오카 에치젠노카미(大岡越前守) 58
오토총총(烏兎匆匆) 103
오행(五行) 21, 22, 155, 186
오행상생설(五行相生說) 21
오행상승설(五行相勝說) 21
옥형성(玉衡星) 108
완물상지(玩物喪志) 254
왕육(王育) 194
왕윤소(王允素) 53
왕포(王褒) 142
왕희지(王羲之) 143
요동지시(遼東之豕) 290
요동지학(遼東之鶴) 290
용두사미(龍頭蛇尾) 142
용문(龍門) 128
용백고(龍伯高) 267
용사지칩(龍蛇之蟄) 153
용조서(龍爪書) 143
용한봉익(龍翰鳳翼) 131
용호상박(龍虎相搏) 142
용호지쟁(龍虎之爭) 142

용화호변(龍化虎變) 142
우각괘서(牛角掛書) 68
우각문자(牛角文字) 68
우기동뢰(牛驥同牢) 74
우맹(優孟) 179
우미인(虞美人) 178
우승유(牛僧孺) 74
우이당쟁(牛李黨爭) 74
웅계관(雄鷄冠) 229
원부(鵷扶) 110
원혈괴산(猿穴壞山) 217
월식(月蝕) 108
위서(緯書) 34, 108
위안스카이(袁世凱) 132
위호전익(爲虎傳翼) 98
유곤(劉昆) 93
유루(劉累) 137
유목지(劉穆之) 140
유방(劉邦) 118, 132, 154, 178, 189, 214, 283, 285
유유(劉裕) 140
유자조(柳子肇) 135
유종원(柳宗元) 37
육기(陸機) 256
육서(六書) 44
육수정(陸修靜) 95
음양가(陰陽家) 22
이광(李廣) 92, 208, 286
이누무라이(犬侍) 262
이누오모노(犬追物) 251
이누코로시(犬殺し) 262
이누쿠보(犬公方, 개쇼군) 179, 252
이누하리코(犬張子) 251

이덕유(李德裕) 74
이릉(李陵) 197
이밀(李密) 68
이부(李父) 82
이사(里社) 52
이사(李斯) 53, 258
이수육신(二首六身) 276, 278
이시다 유테이(石田幽汀) 285
이이(李耳) 82
이정(李靖) 135
이종민(李宗閔) 74
이지마 다다오(飯島忠夫) 23
이치가와단주로(市川團十郎) 213
이쿠비(猪首) 289
이백(李白) 106, 198
이획문자(二劃文字) 68
인상여(藺相如) 88
일룡일저(一龍一豬) 290

자

자공(子貢) 100, 192, 252
자로(子路) 229, 236, 292
자리설(自利說) 266
자일(子日) 10
잠삼(岑參) 225
장량(張良) 118, 283~285
장문잠(張文潛) 77
장의(張儀) 72
장자(莊子) 54~56, 64, 70, 72, 193, 194, 217~219, 239
장형(張衡) 104
장횡거(張橫渠) 74
쟁호수(爭虎首) 98

저돌(猪突) 288
저돌희용(猪突豨勇) 289
저양촉번(羝羊觸藩) 186
저팔계(豬八戒) 209
전단(田單) 84
전부지공(田父之功) 261
전순거(錢舜擧) 285
전요(田饒) 227
정기가(正氣歌) 74
정령위(丁令威) 290
젠코지(善光寺) 67
조고(趙高) 173, 258
조삼모사(朝三暮四) 218
조선(朝鮮) 91, 99, 245, 274
조순(趙盾) 255
조조(曹操) 245
좌사(左思) 104
주구백인(走狗白刃) 119
주환(朱桓) 98
중궁(仲弓) 70
즐풍목우(櫛風沐雨) 92
지지(地支) 21
직호사서(稷狐社鼠) 52
진식(陳寔) 50
진진(陳軫) 91

차

채옹(蔡邕) 117, 131
천간(天干) 21
천마행공(天馬行空) 176
천시(天時) 29
천일(天一) 24
천제(天帝) 37, 77, 86, 138

천황(天皇) 19
청면금강(靑面金剛) 35
초부족 구미속(貂不足狗尾續) 264
초자(初子) 26
최위(崔煒) 157~159
추성(樞星) 83
추양(鄒陽) 74, 265
축객령(逐客令) 258
치원착월(痴猿捉月) 217
칠석가(七夕歌) 77

타

탈호구(脫虎口) 98
태세성(太歲星) 27
태호복희씨(太昊伏羲氏) 136
토각귀모(兔角龜毛) 121
토결오침(兔缺烏沈) 121
토기오침(兔起烏沈) 121
토라고젠(虎御前) 94
토사구팽(兔死狗烹) 119
토원(兔爰) 113
토원책(兔園册) 121
토주오비(兔走烏飛) 121
투계(鬪鷄) 238~241

파

파주문월(把酒問月) 106
팔괘(八卦) 32
팽룡포봉(烹龍炮鳳) 144
포사(褒姒) 144
풍환(馮驩) 116

하

하단갑왕(河亶甲王) 66
하수희(巴提使) 92
하승천(何承天) 273
하시모토 마스키치(橋本增吉) 20
하치코(八公) 257
학택지사(涸澤之蛇) 160
한신(韓信) 118, 265
한음(翰音) 226
한자로(韓子盧) 120, 260
한퇴지(韓退之) 113, 168, 290
항아(嫦娥) 106~108
항우(項羽) 178, 214, 216, 258, 283~285
항장(項莊) 283
해당(亥唐) 279
행로(行露) 49
허유(許由) 57
현제(懸蹄) 250
혜시(惠施) 54
혜원(慧遠) 95
호계삼소(虎溪三笑) 95
호공(瓠公) 245
호시탐탐(虎視耽耽) 84
호해(胡亥) 173
홍문지회(鴻門之會) 283, 285
화호유구(畵虎類狗) 98
황이(黃耳) 256
황제(黃帝) 19, 25, 136, 188
황초평(黃初平) 195
후소백(郈昭伯) 238
후지와라노 도키히라(藤原時平) 35
흉노족 196~198
희우(犧牛) 64